T0210804

Oliver Häusler

Business-Impact-Management von Informationstechnologie im Unternehmen

GABLER RESEARCH

Oliver Häusler

Business-Impact-Management von Informationstechnologie im Unternehmen

Geschäftsprozessorientierte Planung, Steuerung und Kontrolle der IT

Mit einem Geleitwort von Univ.-Prof. Dr. Axel C. Schwickert

GABLER

RESEARCH

Bibliografische Information der Deutschen Nationalbibliothek
Die Deutsche Nationalbibliothek verzeichnet diese Publikation in der
Deutschen Nationalbibliografie; detaillierte bibliografische Daten sind im Internet über
<http://dnb.d-nb.de> abrufbar.

Dissertation Justus-Liebig-Universität Gießen, 2011

1. Auflage 2012

Alle Rechte vorbehalten
© Gabler Verlag | Springer Fachmedien Wiesbaden GmbH 2012

Lektorat: Marta Grabowski | Stefanie Loyal

Gabler Verlag ist eine Marke von Springer Fachmedien.
Springer Fachmedien ist Teil der Fachverlagsgruppe Springer Science+Business Media.
www.gabler.de

Das Werk einschließlich aller seiner Teile ist urheberrechtlich geschützt. Jede
Verwertung außerhalb der engen Grenzen des Urheberrechtsgesetzes ist
ohne Zustimmung des Verlags unzulässig und strafbar. Das gilt insbesondere
für Vervielfältigungen, Übersetzungen, Mikroverfilmungen und die Einspei-
cherung und Verarbeitung in elektronischen Systemen.

Die Wiedergabe von Gebrauchsnamen, Handelsnamen, Warenbezeichnungen usw. in diesem
Werk berechtigt auch ohne besondere Kennzeichnung nicht zu der Annahme, dass solche
Namen im Sinne der Warenzeichen- und Markenschutz-Gesetzgebung als frei zu betrachten
wären und daher von jedermann benutzt werden dürften.

Umschlaggestaltung: KünkelLopka Medienentwicklung, Heidelberg
Gedruckt auf säurefreiem und chlorfrei gebleichtem Papier

ISBN 978-3-8349-3456-7

Geleitwort

Die herkömmliche und weithin verbreitete ressourcenorientierte Sicht auf die IT weicht der visionären Idee von einer Steuerung und Überwachung der IT auf Basis von Geschäftsprozessen. Für die Unternehmensleitung soll die Möglichkeit geschaffen werden, auf einen Blick die geschäftliche Relevanz von Problemen in der IT zu erkennen und insbesondere deren monetäre Auswirkungen zu bewerten. Dieses wird durch das Business-Impact-Management (BIM) – die geschäftsprozessorientierte Planung, Steuerung und Kontrolle der IT – ermöglicht. Es ist evident, dass ein rein technisch orientiertes Systems-Managements zur Überwachung fachlicher Geschäftsprozesse nicht ausreicht, da es lediglich eine isolierte Betrachtung der einzelnen IT-Ressourcen bietet, jedoch keine ganzheitliche Sicht auf Geschäftsprozesse.

Vor diesem Hintergrund befasst sich die vorliegende Arbeit mit der idealtypischen Konstruktion eines BIM-Systems, das die Abbildung der Geschäftsprozesse auf ein Systems-Management sowie die Zuordnung von IT-Ressourcen, IT-Services und IT-Kosten zu den übergeordneten Geschäftsprozessen erlaubt. Ausgehend von der Geschäftsprozesslandschaft eines Unternehmens erfolgt die Ableitung eines fachlich orientierten Service-Level-Managements und die Umsetzung in ein technisch orientiertes Systems-Management. Wie dies in die Praxis umgesetzt werden kann, zeigt ein dreiphasiges Einführungskonzept für BIM: Zunächst sind die Geschäftsprozesse eines Unternehmens zu modellieren, daraus ein Service-Level-Management abgestimmter Service-Level-Agreements abzuleiten, die letzlich in einem technisch orientierten Systems-Management operativ überwacht werden. Die Begründungen und Erläuterungen dieser Top-down-Konzeption werden entlang eines fiktiven Modell-Geschäftsprozesses (Kreditvergabe an Privatkunden eines Finanzdienstleisters) sehr anschaulich entwickelt. In jeder der drei Implementierungsphasen werden die relevanten fachlichen, organisatorischen und technischen Rahmenbedingungen besprochen und jeweils in einer Phasen-Checkliste zusammengefasst. Legt man die drei Phasen-Checklisten nebeneinander, ergibt sich ein theoretisch fundiertes und praktisch verwendbares BIM-Referenzmodell mit Ergebnissicht (idealtypische BIM-Interpretation) und Vorgehenssicht (BIM-Implementierungsprozess).

Angesichts der weiterhin steigenden Bedeutung des IT-Beitrages zum Geschäftserfolg bzw. den Auswirkungen der IT auf den Geschäftserfolg dürfte die vorliegende Arbeit, die am Fachbereich Wirtschaftswissenschaften der Justus-Liebig-Universität in Gießen als Dissertation entstanden ist, insbesondere auch für die Praxis von hohem Interesse sein.

Univ.-Prof. Dr. Axel C. Schwickert

Vorwort

Die vorliegende Arbeit entstand im Rahmen meiner Tätigkeit als wissenschaftlicher Mitarbeiter und Doktorand an der Professur für BWL und Wirtschaftsinformatik von Herrn Univ.-Prof. Dr. Axel C. Schwickert an der Justus-Liebig-Universität Gießen. Die Arbeit wurde vom Fachbereich Wirtschaftswissenschaften im Sommersemester 2011 als Dissertation angenommen.

An erster Stelle möchte ich meinem Doktorvater, Herrn Univ.-Prof. Dr. Axel C. Schwickert, für die wertvolle Zeit an seiner Professur, seinen Rat und seine vielfältige Unterstützung danken.

Herrn Univ.-Prof. Dr. Andreas Bausch danke ich für die Erstellung des Zweitgutachtens. Ferner gilt mein Dank Herrn Univ.-Prof. Dr. Wolfgang Bessler und Herrn Univ.-Prof. Dr. Wolfgang Scherf für ihre Mitwirkung in der Promotionskommission.

Einen besonderen Dank verdienen meine geschätzten Freunde, Kollegen und Mitstreiter, die mich in verschiedenen Abschnitten der Arbeit entweder durch den inhaltlichen Diskurs, mit einem offenen Ohr oder bei der Bewältigung von formellen und technischen Fragestellungen tatkräftig unterstützt haben: Herr Dr. rer. pol. Thomas Franke, Herr Dr. rer. pol. Sven Odermatt und Herr Prof. Dr. Bernhard Ostheimer.

Ohne explizite namentliche Nennung gilt mein Dank auch den vielen Menschen aus meinem privaten, universitären und beruflichen Umfeld, die die schwankenden Gemütszustände des Verfassers dieser Zeilen über die Zeit hinweg ertragen haben, und die periodisch, sei es durch positive oder negative Verstärkung, dazu beigetragen haben, dass die vorliegende Arbeit fertiggestellt wurde.

Frau Stefanie Loyal und dem Gabler Verlag Wiesbaden danke ich für die professionelle Unterstützung bei der Veröffentlichung der Arbeit.

Abschließend möchte ich noch meiner Mutter, Frau Waltraud Häusler, herzlich danken, die mich immer bei allen meinen Vorhaben ohne Vorbehalte unterstützt hat, mich unermüdlich ermuntert hat und mit ihrem ausdauernden Einsatz bei der Durchsicht des Manuskriptes einen unschätzbaren Anteil zur vorliegenden Arbeit geleistet hat.

Oliver Häusler

Inhaltsverzeichnis

Abbildungsverzeichnis

Tabellenverzeichnis

Abkürzungsverzeichnis

ARM .... Application Response time Measurement

API .... Application Programming Interface

BA .... British Airways

BaFIN .... Bundesanstalt für Finanzdienstleistungsaufsicht

BIM .... Business-Impact-Management

BMC .... Softwareanbieter von Enterprise Management Solutions

BSM .... Business-Service-Management

BTO .... Business Technology Optimization

BWL .... Betriebswirtschaftslehre

CA .... Computer Associates

CIO .... Chief Information Officer

CMDB .... Configuration Management Database

CMIP .... Common Management Information Protocol

CMIS .... Common Management Information Services

CoBit .... Control Objectives for Information and Related Technology

CPU .... Central Processing Unit

CRM .... Costumer Relationship Management

CTTA .... Central Computing and Telecommunications Agency

D1-Netz .... Mobilfunknetz von T-Mobile

DBMS .... Database Management System

DV .... Datenverarbeitung

E-Business .... Electronic Business

ECG .... Empathy Consulting Group

EMC .... Egan-Marino-Corporation

ERP .... Entity Resource Planning

MOF .... Microsoft Operations Framework

MTBF .... Mean Time Between Failures

NMS .... Netzwerk-Management-System

NSM .... Network and Systems Management

OGC .... Office of Government Commerce

OLA .... Operation Level Agreement

OSI .... Open System Interconnection

PC .... Personal Computer

PDCA .... Plan, Do, Check, Act

RFC .... Request For Comments

RMON .... Remote Monitoring

ROI .... Return On Investment

SAP .... Software, Anwendungen, Produkte

SIP .... Service-Improvement-Programm

SLA .... Service-Level-Agreement

SLM .... Service-Level-Management

SLR .... Service-Level-Requirements

SMI .... Structure of Management Information

SMTP .... Simple Network Transport Protocol

SNMP .... Simple Network Management Protocol

SNMPv1 .... SNMP Version 1

SNMPv2 .... SNMP Version 2

SNMPv3 .... SNMP Version 3

TCO .... Total Cost of Ownership

TCP/IP .... Transmission Control Protocol / Internet Protocol

> „Zähle, was zählbar ist, miss was messbar ist und
> was nicht messbar ist, versuche messbar zu machen."
>
> Galileo Galilei[1]

1 Grundlagen der Untersuchung

1.1 Motivation und Problemstellung

Nach der rasanten Entwicklung der Informationstechnologie (IT) in den 80er Jahren, dem Internet-„Hype" der 90er Jahre des letzten Jahrhunderts und dem Zusammenbruch der New Economy im Jahre 2001 hat sich das Umfeld der IT stark verändert: Den IT-Verantwortlichen wird im Gegensatz zu Verantwortlichen in Querschnittsfunktionen, wie Personal oder Controlling, immer häufiger die Frage gestellt, ob und warum Investitionen in IT-Infrastruktur und IT-Personal notwendig sind und was diese zum Geschäftserfolg beitragen.[2] Die IT soll ihre Ziele darstellen und ihre Wertschöpfung explizit begründen. Eine vollständige Ausrichtung beispielsweise von Personalabteilungen auf die Beantwortung der Frage nach deren Wertbeitrag wird im Gegensatz dazu allerdings oftmals nicht als sinnvoll erachtet.[3] Von der IT wird vielmehr eine Argumentation auf Grundlage von IT-Zielen, Wettbewerbsvorteilen gegenüber Konkurrenten und in Bezug auf die Geschäftsprozessunterstützung der IT verlangt.[4]

Der Forderung nach geringeren Kosten der IT steht eine stetig ansteigende Komplexität der IT-Systemlandschaft sowie der darauf basierenden Geschäftsprozesse gegenüber; es gibt sogar viele Geschäftsprozesse die durch Technologie erst ermöglicht wer-

---

1 Vgl. König, Wolfgang (Hrsg.): Propyläen Technikgeschichte – Technik im hohen Mittelalter zwischen 1000 und 1340/1400, Berlin: Ullstein Verlag, 1997, S. 557.

2 Vgl. Leuze, Theo: IT-Markt - ein Käufermarkt?/Investieren und das Eigenkapital schonen: Mit Leasing günstiger fahren?, Online im Internet: http://www.computerwoche.de/index.cfm?pageid =267&type=ArtikelDetail&id=80111704, 04. 04. 2003.

3 Vgl. Oberschulte, Hans; Mann, Holger: Die Personalabteilung als Wertschöpfungs-Center, in: Personalwirtschaft, 11/98, S. 65.

4 Vgl. Bernhard, Martin G.; Blomer, Roland: Die Entwicklung einer IT-Strategie, in: Strategisches IT-Management, Band 2, Hrsg.: Bernhard, Martin G.; Blomer, Roland; Bonn, Jürgen, Düsseldorf: Symposion Publishing GmbH 2003, S. 26. Vgl. dazu auch Pfeifer, Andreas; Holtschke, Bernhard: Der Netto-IT-Aufwand: ein Beitrag zum wertorientierten Management, in: Strategisches IT-Management, Band 2, Hrsg.: Bernhard, Martin G.; Blomer, Roland; Bonn, Jürgen, Düsseldorf: Symposion Publishing GmbH, 2003, S. 84.

den, z. B. Geschäftsprozesse des E-Business.[5] Den hohen Durchdringungsgrad der Geschäftsprozesse durch IuK-Systeme belegen u. a. folgende Beispiele:

- „Panne im D1-Netz führt zu Einbußen in sechsstelliger Höhe. (...) Vermittlungsrechner wegen eines Software-Fehlers ausgefallen (...)"[6]

- „Nach Computerpanne normalisiert sich BA-Flugverkehr. Elf innereuropäische Flüge waren komplett gestrichen worden (...)"[7]

- „Der Internet-Auftritt der Telekom ist (...) nicht mehr erreichbar. Grund für den Ausfall ist (...) ein Defekt des abschließenden Routers (...)"[8]

Eine Möglichkeit, solche und ähnliche Pannen frühzeitig zu erkennen, ist, abgesehen von der Ergreifung geeigneter organisatorischer Maßnahmen, ein verstärkter IT-Einsatz zur Überwachung der produktiven IT-Systeme. Einen Schritt auf dem Weg zu einer sinnhaften Vollautomation[9] wie sie u. a. von einigen Vertretern der Wirtschaftsinformatik gefordert wird, stellt das Systems-Mangement[10] in seinen verschiedenen Formen dar. Die Begriffe „Systemmanagement" und „Systems-Management" werden oftmals synonym genutzt. Im Folgenden wird Systems-Management zur Bezeichnung der Überwachung von Software, Hardware und IT-Komponenten verwendet und ist somit

5   Pohlmann, Norbert; Blumberg, Hartmut: Der IT-Sicherheitsleitfaden, 2. akt. Aufl., Heidelberg: MITP-Verlag, 2006, S. 78.

6   Kuri, Jürgen: Panne im D1-Netz führt zu Einbußen in sechsstelliger Höhe, Online im Internet: http://www.heise.de/newsticker/data/jk-05.09.03-002, 05.09.2003.

7   Vgl. Löding, Torge: Nach Computerpanne normalisiert sich BA-Flugverkehr, Online im Internet: http://www.heise.de/newsticker/data/tol-07.09.03-004, 07.09.2003.

8   Vgl. Mansmann, Urs: Website Telekom.de ausgefallen, Online im Internet: http://www.heise.de/ newsticker/data/uma-10.09.03-001, 10.09.2003.

9   Vgl. Mertens, Peter: Wirtschaftsinformatik – Von den Moden zum Trend, in: Wirtschaftsinformatik ΄95 – Wettbewerb, Innovation, Wirtschaftlichkeit, Hrsg.: König, Wolfgang, Heidelberg: Physica-Verlag, 1995, S. 46 f.

10   Vgl. dazu auch Kauffels, Franz-Joachim: Herausforderung Netz- und Systemmanagement, in: Online: erfolgreiches Informationsmanagement, 3/1995, S. 67 und Vgl. Klein, Stephan; Schwickert, Axel C.: Netzwerkmanagement, OSI-Framework und Internet SNMP, in: Arbeitspapiere WI, Nr. 3/1997, Hrsg.: Professur BWL – Wirtschaftsinformatik, Justus-Liebig-Universität Giessen, 2004, S. 8.

wie in Abbildung 1 dargestellt als Oberbegriff von System- und Netzwerkmanagement zu verstehen.[11]

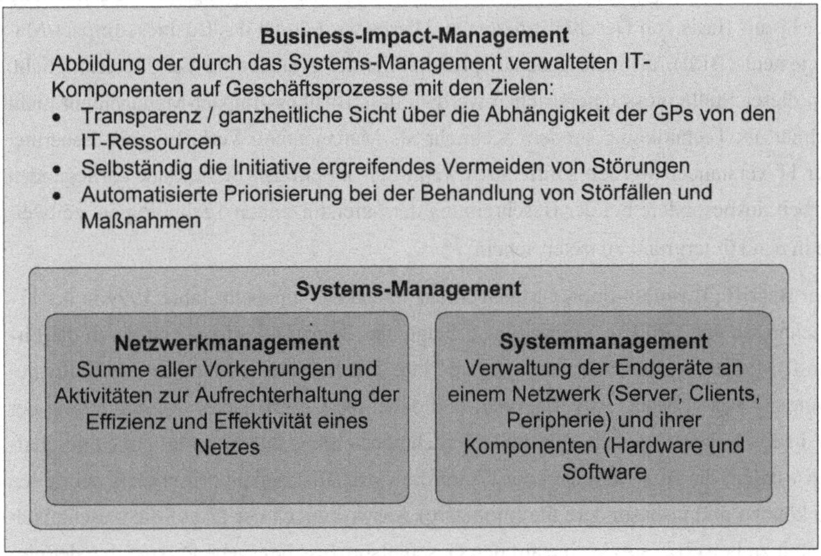

Business-Impact-Management
Abbildung der durch das Systems-Management verwalteten IT-Komponenten auf Geschäftsprozesse mit den Zielen:
- Transparenz / ganzheitliche Sicht über die Abhängigkeit der GPs von den IT-Ressourcen
- Selbständig die Initiative ergreifendes Vermeiden von Störungen
- Automatisierte Priorisierung bei der Behandlung von Störfällen und Maßnahmen

Systems-Management

Netzwerkmanagement	**Systemmanagement**
Summe aller Vorkehrungen und Aktivitäten zur Aufrechterhaltung der Effizienz und Effektivität eines Netzes	Verwaltung der Endgeräte an einem Netzwerk (Server, Clients, Peripherie) und ihrer Komponenten (Hardware und Software

Abbildung 1: Der Systems-Management-Begriff[12]

Diese angestrebte sinnhafte Vollautomation mit Mitteln des Systems-Managements ist nach dem Vorbild der industriellen Fertigung die vollautomatisierte IT, die selbstständig die Initiative ergreift und Fehler möglichst schon erkennt und behebt, bevor es zu einem Ausfall der IT kommt.[13] Effizienzbetrachtungen spielen beim Systems-Management und bei der Vollautomation eine zentrale Rolle, denn nur wenn die IT effizient arbeitet, kann sie Wert für das Unternehmen schaffen.

Ein rein technisch orientiertes Systems-Management reicht zur Überwachung fachlicher Geschäftsprozesse aber nicht aus, da es lediglich eine isolierte Betrachtung der

---

11 Vgl. Haluschak, Bernhard: Grundlagen: System- und Netzwerkmanagement, Online im Internet: http://www.tecchannel.de/netzwerk/management/402047/grundlagen_system_und_netzwerk_management/, 31.01.2003., S. 1.

12 Vgl. Hofmann, Marc: Management operationeller IT-Risiken, in Schriftenreihe Studien zur Wirtschaftsinformatik Band 20, Hamburg: Verlag Dr. Kovač, 2006, S. 142.

13 Vgl. Günther, Hans-Otto; Nitschke, Steffen: Automatisierung, in: Management-Lexikon, Hrsg.: Bühner, Rolf, München et al.: Oldenbourg, 2001, S. 66.

einzelnen IT-Ressourcen erlaubt, jedoch keine ganzheitliche Sicht auf die Prozesse bietet. Deshalb weicht die bisherige und weithin verbreitete ressourcenorientierte Sicht auf die IT seit einiger Zeit der visionären Idee von einer Steuerung und Überwachung der IT auf Basis von Geschäftsprozessen. Dieses wird durch das Business-Impact-Management (BIM), also die geschäftsprozessorientierte Steuerung der IT, ermöglicht. An dieser Stelle muss unterstrichen werden, dass Business-Impact-Management nicht primär als Technologie, sondern vielmehr als Management-Werkzeug zur Steuerung der IT verstanden werden sollte, auch wenn dies an einigen Stellen der vorliegenden Arbeit, insbesondere bei der Beschreibung der unterstützenden Technologien, zeitweise in den Hintergrund zu treten scheint.[14]

Der Begriff „Business-Impact-Management" tauchte erstmals im Jahre 1999 in der IT-Fachpresse auf. Größere Verbreitung erlangte der Begriff allerdings erst durch die Firma IBM, die im Jahr 2002 damit begann, ihre Tivoli-Systems-Management-Software-Suite als BIM-Lösung zu vermarkten und dabei die Geschäftsprozessorientierung der IT in den Fokus zu setzen. Für die Unternehmensleitung soll die Möglichkeit geschaffen werden, die Auswirkungen der IT auf die Geschäftstätigkeit prima facie beurteilen zu können und insbesondere die (monetäre) Auswirkungen der IT auf die Geschäftstätigkeit zu bewerten sowie eine auf den Geschäftsprozess bezogene Perspektive der einzelnen IT-Ressourcen zu schaffen. Die Betrachtung der technischen Aspekte ist daher mit der betriebswirtschaftlichen Ebene in Verbindung zu bringen. Beim BIM werden deshalb die Informationen aus dem Systems-Management (Technik) mit der Wertschöpfungskette (Betriebswirtschaft) des Unternehmens in ein Abhängigkeitsnetz gesetzt. Daneben sollen die wirtschaftlichen Auswirkungen von Ausfällen im IT-Bereich auf die Geschäftsprozesse ermittelt und nach Möglichkeit durch autonom die Initiative ergreifende Systems-Management-Technologien verhindert werden.[15] Die nachfolgende Abbildung 2 stellt den Zusammenhang zwischen Geschäftsprozess, Informations-bedürfnissen der verschiedenen Unternehmensbereiche und den Systems-Management-Technologien grafisch dar.

---

14 Mehr zu Abgrenzungen und Forschungszielen in Kapitel 1.2 dieser Arbeit.

15 Inwieweit dies bisher in der Praxis realisiert werden konnte, wird in Kapitel 2.4 dieser Arbeit behandelt.

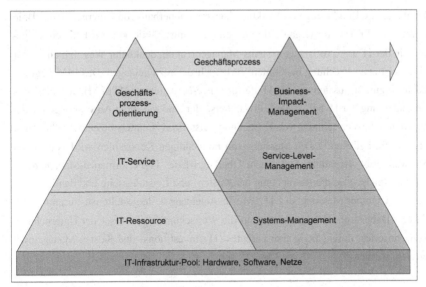

Abbildung 2: Zusammenhang Geschäftsprozesse - Systems-Management - Informationsbedürfnisse

Business-Impact-Management-Technologien bieten darüber hinaus auch Potentiale zur Verrechnung von Kosten und Leistungen in der dezentralen IT und können somit auch über diesen Weg den Bezug zur Wertschöpfungskette der Unternehmen herstellen.[16] Analog zu den eingangs zitierten Worten von Galileo Galilei bietet das Systems-Management als Basis des BIM die Möglichkeit, an vielen Punkten in modernen Client/Server-Umgebungen „Messfühler" anzusetzen, die eine verbrauchsadäquate Verrechnung von Kosten und Leistungen in der modernen IT ermöglichen. Zwingend notwendige Voraussetzung dafür ist in jedem Fall eine zentrale Erfassung aller IT-Betriebsbestände (IT-Assets) in geeigneten Datenbanksystemen, sogenannte Configuration Management Databases (CMDB). Auch bei der Verrechnung von Kosten und Leistungen in der IT rücken beim BIM die Geschäftsprozesse der Unternehmen in den Mittelpunkt der Betrachtung; die alten Bezugsobjekte der Verrechung von Kosten und Leistungen wie z. B. einzelne Reports oder Anwendungen treten in den Hintergrund.

---

16 Vgl. Steiner, Jürgen: IT-Leistungsverrechnung: Pauschale vs. Individuelle Kosten, in IT Management, 6/2003, S. 15.

Sieht man die Einführung von Marktmechanismen innerhalb von Unternehmen z. B. in Form einer Proficenter-Organisation als eine Lösungsmöglichkeit für Effizienzsteigerung in der IT an[17], so ist das Systems-Management ein denkbarer Weg, um an die für eine Leistungsverrechnung benötigten Verbrauchsdaten zu gelangen. Das BIM trägt dabei auch zur Diskussion um das IT-Performance-Management (ITPFM), also der Leistungsmessung der IT bei. Viele Softwarehersteller sind mit ihren Anwendungen angetreten, um die Verrechnung von Kosten und Leistungen zu unterstützen oder überhaupt erst zu ermöglichen.[18] Die Messung von notwendigen Kennzahlen wird von diesen Softwaretools unterstützt. Unter dem Oberbegriff des IT-Performance-Managements wird beispielsweise die Betrachtung der Kosten- und Leistungsseite und damit die Input- und Output-Messung der IT, wie in Abbildung 3 dargestellt ist, zusammengefasst.[19] Dabei soll ein verbessertes, auf die Wertschöpfungsprozesse der Unternehmen konzentriertes, durchgängig transparentes (IT-)Investitions- und Kosten-Management erreicht werden.[20]

---

17 Vgl. Kargl, Herbert: Der Wandel von der DV-Abteilung zum IT-Profitcenter: Mehr als eine Umorganisation!, in: Arbeitspapiere WI, Nr. 1/1997, Hrsg.: Professur BWL - Wirtschaftsinformatik, Justus-Liebig-Universität Gießen, 1997, S. 8.

18 Vgl. Bernhard, Martin G.: Die richtige Software finden und auswählen, in: IT-Outsourcing und Service Management – Praxisbeispiele – Strategien - Werkzeuge, Hrsg.: Bernhard, Martin G.; Mann, Hartmut; Lewandowski, Winfried; Schrey, Joachim, Düsseldorf: Symposion Publishing GmbH, 2003, S. 343.

19 Vgl. Glohr, Carsten: IT-Performance-Management – Die Wertschöpfung in der Informationstechnik, in: IT Management, 10/2003, S. 21.

20 Vgl. Haering, Antoinette; von Arb, Reto: IT-Performance-Management – ein Ansatz zur Steuerung des IT-Bereichs, in HMD, Heft 237, 06/2004, Dpunkt-Verlag: Heidelberg, 2004.

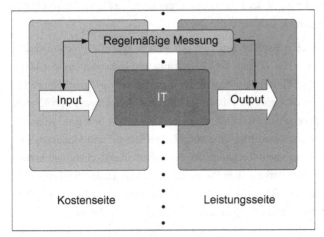

Abbildung 3: IT-Performance-Management[21]

Aus den schon beschriebenen Problemfeldern folgte bereits Anfang der 1990er Jahre die Erkenntnis, dass IT-Abteilungen vor der Herausforderung stehen, sich von einem technologieorientierten Anwendungsentwickler und Infrastrukturbetreiber zu einem kundenorientierten IT-Dienstleister weiterzuentwickeln.[22] Für diesen Wandlungsprozess wurden verschiedene IT-Referenzmodelle entwickelt, die einen Leitfaden zur Realisierung eines serviceorientierten IT-Managements zur Verfügung stellen. Das bekannteste und am weitesten verbreitete dieser Modelle ist die ITIL (Information Technologie Infrastructure Library) des britischen Office of Government Commerce (OGC).[23] Dieses Modell wurde international zum Quasi-Standard für die serviceorientierte Neuausrichtung von IT-Abteilungen.

Im gleichen Ausmaß wie Unternehmen sich und ihre Mitarbeiter mittlerweile auf ITIL-konforme Prozesse zertifizieren lassen, werben Softwarehersteller damit, dass

---

21 Vgl. Glohr, Carsten: IT-Performance-Management – Die Wertschöpfung in der Informationstechnik, a. a. O., S. 21.

22 Vgl. Hochstein, Axel; Zarnekow, Rüdiger; Brenner, Walter: ITIL als Common-Practice-Referenz-modell für das IT-Service-Management - Formale Beurteilung und Implikationen für die Praxis, in: Wirtschaftsinformatik, 46/2004, S. 382.

23 Vgl. Liebe, Rüdiger: ITIL – Entstehung eines Referenzmodells, in: Strategisches IT-Management: Organisation – Prozesse - Referenzmodelle, Band 1, Hrsg.: Bernhard, M. G.; Blomer, Roland; Bonn, Jürgen, Düsseldorf: Symposion Publishing GmbH, 2003, S. 325.

ihre Produkte den Anforderungen der ITIL entsprechen; auch die Hersteller von BIM-Produkten tun dies und müssen sich daran messen lassen.

Die beschriebenen Probleme aus der betrieblichen Praxis, wie die problematische Rechtfertigung des Beitrags der IT zum Geschäftserfolg, die Beherrschung der komplexen, funktionsvernetzten IT-Infrastruktur, die Steigerung der Verfügbarkeit der IT, die Verbindung der Geschäftsprozesse mit der IT und die Verrechnung von Kosten und Leistungen in der dezentralen IT stellen nur eine auf das BIM bezogene Auswahl der in der Realität identifizierbaren Probleme von IT-Abteilungen und Managern dar. Die Anwendung von Management-Techniken in der Informationstechnologie erhebt den Anspruch, viele der oben dargestellten Probleme zu lindern. In der Praxis hat sich jedoch gezeigt, dass aufgrund fehlender Implementierungsregeln und Einführungsbeschreibungen die gesteckten Ziele häufig nicht erreicht werden. Im Rahmen der vorliegenden Arbeit wird deshalb eine Einführungsbeschreibung zur Implementierung eines Business-Impact-Managements von Informationstechnologie erarbeitet, das einen Lösungsweg für die oben genannten Problemfelder aufzeigt.

1.2   Abgrenzungen und Forschungsziele

Der dieser Arbeit zugrunde liegende Untersuchungsbereich ist das Management der betrieblichen Informations- und Kommunikationssysteme (IuK-Systeme) im Sinne von Planung, Durchführung und Kontrolle der betrieblichen Informationsverarbeitung. Zum Untersuchungsbereich zählen die involvierten Personen, Organisationseinheiten und technischen Systeme sowie deren Funktionen, Tätigkeiten und Beziehungen untereinander.

Im Untersuchungsbereich integriert ist das Untersuchungsobjekt der Arbeit: Die Messung und Identifikation des Beitrages der IT zum Geschäftserfolg beziehungsweise der Auswirkungen der IT auf den Geschäftserfolg – das „Business-Impact-Management of IT". Business-Impact-Management wird in dieser Untersuchung immer als Business-Impact-Management of IT verstanden, da auch andere „Business-Impact-Managements of ..." denkbar sind z. B. BIM of Human Resources oder BIM of Finance.

Forschungsziel dieser Arbeit ist es, die Grundlagen eines effizienten und effektiven Business-Impact-Managements of IT systematisch herzuleiten und eine Einführungsbeschreibung für die praktische Umsetzung von BIM zu liefern. Das übergeordnete Forschungsziel kann durch folgende Forschungsfragen konkretisiert werden:

1. Können die Geschäftsprozesse eines Unternehmens auf das vorhandene Systems-Management abgebildet werden? Erfolgt dabei eine integrierte Betrachtung aller IT-Ressourcen, die die Funktionstüchtigkeit der Geschäftsprozesse gewährleistet?

2. Kann die betriebliche Datenverarbeitung von der Ressourcenorientierung weg hin zur Geschäftsprozessorientierung entwickelt werden? Wie kann dabei die Zuordnung der Ressourcen und Services zu den Geschäftsprozessen erfolgen und wie erfolgt die Abbildung der Kosten auf die Ressourcen?

3. Sind die Geschäftsprozesse einer Unternehmung bekannt und werden die Kosten zusammen mit den Ressourcen erfasst, wenn eine Service-Orientierung realisiert ist?

4. Welche Managementinstrumente und Technologien bieten sich für die Umsetzung eines BIM of IT an?

Die stringente Beantwortung dieser Fragestellungen nach den grundlegenden Prinzipien eines BIM of IT sowie die Entwicklung einer Drei-Phasen-Einführungsbeschreibung zur Implementierung eines BIM of IT bilden den wissenschaftlichen Erkenntnisfortschritt der vorliegenden Arbeit. Die Verknüpfung von Technologien, Modellen und Managementtechniken, die in der betrieblichen Praxis bereits vorhanden sind, zu einem idealtypischen BIM-System, das die Frage nach dem Wertbeitrag der IT zum Geschäftserfolg beantwortet, trägt zur Lösung dieser in der Praxis häufig vorkommenden Problematik bei. Die vorliegende Arbeit liefert daher neben dem wissenschaftlichen Erkenntnisfortschritt auch einen Nutzen für die betriebliche Praxis.

1.3   Wissenschaftliche Methode und Aufbau der Arbeit

Die Wissenschaftstheorie als Teil der Philosophie beschäftigt sich mit der Methodologie und Teleologie von Wissenschaft als Form der Erkenntnisgewinnung. Im Mittelpunkt steht somit die Frage, wie Wissen entsteht. Die Frage der im Rahmen der Wirtschaftsinformatik anzuwendenden Forschungsmethode lässt sich jedoch nicht einfach bestimmen. Einen viel zitierten Beitrag hierzu liefern König et. al. in dem insbesondere über die Einordnung der Wirtschaftsinformatik in Bezug auf ihre Methoden und

Forschungsziele im Kontext der Wissenschaftstheorie diskutiert wird.[24] Diese Diskussion wird im Rahmen der Arbeit nicht weiter vorangetrieben; sie wird lediglich als Gültigkeitsbereich für die Einordnung der Arbeit in den wissenschaftstheoretischen Zusammenhang herangezogen.

Die Wirtschaftsinformatik wird als anwendungsorientierte Wissenschaft zwischen der Betriebswirtschaftslehre (BWL) und der Informatik angesiedelt. Die BWL tendiert hierbei eher zu den Sozialwissenschaften wohingegen sich die Informatik hin in Richtung der mathematisch geprägten Natur- und Ingenieurwissenschaften orientiert. Die betriebswirtschaftliche Forschungsmethodik besteht aus Modellbildung (Induktion) und Modelltests (Deduktion)[25] und vereint damit die Konzepte der deduktiven Ideal-bzw. Grundlagenwissenschaften und der induktiven, statistischen Realwissenschaften.[26] Bei der Induktion wird aus einzelnen Beobachtungen auf die Gesamtheit geschlossen, d. h. ein Modell gebildet; demgegenüber werden bei der Deduktion Theorien gebildet, die von der Gesamtheit auf den Einzelfall zu schließen versuchen. Anwendungsorientierte Realwissenschaften wie die Betriebswirtschaftlehre zeichnen sich dadurch aus, dass sie sich mit Problemen beschäftigen, die in der Realität existieren, und versuchen, Lösungsansätze für diese Probleme zu finden. Bedingt durch die Kohärenz der Wirtschaftsinformatik mit der BWL muss sich auch das dort vorliegende Theorieverständnis auf sie anwenden lassen.[27] Demnach muss eine Problemstellung mit einer Problemlösungsidee vorhanden sein. Diese Idee muss in einem Modell formuliert und in der Realität erprobt werden, mit dem Ziel der Bestätigung oder Falsifikation des Modells. Damit geht einher, dass die Modelle der anwendungsorientierten Realwissenschaften wie der Wirtschaftsinformatik einen klaren Bezug zur betriebli-

---

24 Vgl.: König, Wolfgang; Heinzl, Armin; v. Poblotzki, Ansgar; Die zentralen Forschungsgegenstände der Wirtschaftsinformatik in den nächsten zehn Jahren, in: Wirtschaftsinformatik, Heft 6/95, S. 558 ff. und Vgl. Frank, Ulrich: Wissenschaftstheoretische Herausforderungen der Wirtschaftsinformatik, in: Innovationen in der Betriebswirtschaftslehre: Tagung der Kommission Wissenschaftstheorie, Hrsg.: Gerum, Elmar, Wiesbaden: Gabler, 1998.

25 Vgl. Chalmers, Alan F.; Wege der Wissenschaft, Einführung in die Wissenschaftstheorie; 6. Aufl.; Berlin, 2006, S. 46.

26 Vgl. Wöhe, Günther: Einführung in die Betriebswirtschaftslehre, 23., vollständig neu bearbeitete Aufl., München: Verlag Franz Vahlen, 2008, S. 34.

27 Vgl. Schneider, Dieter: Allgemeine Betriebswirtschaftslehre, 3. Aufl., München, Wien, Oldenburg, 1987, S. 31 ff.

chen Praxis aufweisen müssen.[28]

Aus diesem Grund ordnet sich diese Arbeit in den Zusammenhang der induktiv/deduktiven Realwissenschaften ein, da zum einen ein Problem in der Praxis existent ist, nämlich die schwierige Ermittlung des Wertbeitrages der IT zum Geschäftserfolg, und zum anderen ein Lösungsansatz angeboten wird, der durch die betriebliche Praxis überprüft werden kann. Sie trägt damit zum wissenschaftlichen Erkenntnisfortschritt in der Wirtschaftsinformatik bei und liefert strukturierte Handlungsempfehlungen für die Praxis. An dieser Stelle muss herausgestellt werden, dass die Erkenntnisse der Arbeit im abgesteckten Rahmen weder empirisch noch experimentell (quantitativ) bestätigt werden, sondern auf qualitativen Überlegungen beruhen.

Die Gliederung der Arbeit orientiert sich an den Problemlösungsbedürfnissen wie sie in Abbildung 4 dargestellt werden, indem vom Allgemeinen zum Speziellen vorgegangen wird, nämlich vom Top-Management, also der fachlichen Geschäftsprozesssichtweise, hin zur technischen Perspektive, dem Systems-Management.

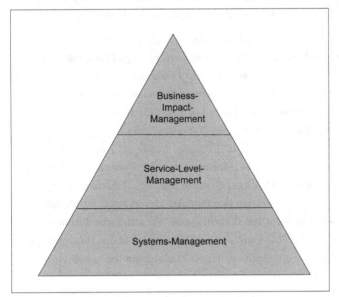

Abbildung 4: Hierarchie der Problemlösungsbedürfnisse

---

28   Vgl. Thommen, Jean-Paul: Betriebswirtschaftslehre, 4. Aufl., Zürich: Versus, 1996, S. 174 ff.

Gemäß dieser Logik wird im zweiten Kapitel zuerst beschrieben, was ein BIM leisten muss und wie die Abbildung der Geschäftsprozesse im Sinne einer Abstraktions-schicht auf die darunter liegenden Ebenen des Service-Level-Managements (SLM) und des ressourcenorientierten Systems-Mangements erfolgen sollten. SLM ist aus der ITIL abgeleitet und dient der Definition, Überwachung und Optimierung von IT-Servi-ce-Leistungen. Im Gesamtblick stellen diese Schritte zusammengefasst ein Modell des Business-Impact-Managements of IT dar.

Während im zweiten Kapitel das eigentliche BIM auf dem höchsten Abstraktionsgrad in Bezug auf die IuK-Technologie definiert wird, nimmt im dritten Kapitel die Verein-fachung diesbezüglich sukzessive ab. Im dritten Kapitel zum Service-Level-Manage-ment wird analog zu ITIL, dem am weitesten verbreiteten serviceorientierten Refer-enzmodell der IT beschrieben, was getan werden muss, um zu einem BIM zu gelan-gen. Es gibt noch weitere serviceorientierte Referenzmodelle in der IT, wie z. B. Cobit[29] und eTOM[30], die aber im Rahmen dieser Arbeit aufgrund Ihrer geringeren Verbreitung im Vergleich zu ITIL nicht berücksichtigt werden. Cobit und eTOM sind umfassender als ITIL und deshalb in der Praxis schwieriger zu handhaben.

Im Hinblick auf das Ziel BIM sind schon an dieser Stelle viele Aspekte zu beachten, die in der Literatur zum IT-Service-Management so nicht ausgeführt werden, die aber auch nicht im Widerspruch zu den vorhandenen IT-Service-Management-Methoden stehen. Dabei wird primär auf das Management von Geschäftsprozessen abgezielt im Gegensatz zu dem in der Praxis verbreiteten Fokus auf die Business-Systeme. Unter Business-Systemen werden im Allgemeinen IT-Systeme oder IT-Verbünde wie z. B. E-Mail-Systeme (Lotus Notes, Microsoft Exchange Server etc.) oder ERP-Systeme (SAP R/3, Microsoft Navision, Oracle E-Business Suite etc.) verstanden. „Herkömm-liches" BIM mit dem Fokus auf Business-Systeme dient den Anbietern von Systems-Management-Lösungen als Vehikel, um ihre Produkte zu verkaufen. Problematisch ist beim Service-Level-Management mit starkem Bezug auf technische Business-Syste-me, dass in dieser Lesart der Fokus auf die Geschäftsprozesse in den Hintergrund tritt. Dieser Fokus ist aber für ein Business-Impact-Management zwingend notwendig,

---

29   Vgl. ISACA: COBIT 4.1, Online im Internet: http://www.isaca.org/, 16.09.2009.

30   Vgl. o. V.: Enhanced Telecom Operations Map, Vgl. TeleManagement Forum: eTOM Docu-ments, Online im Internet: http://www.tmforum.org/DocumentsBusiness/1649/home.html, 16.09.2009.

wenn es den Beitrag der IT zum Geschäftserfolg veranschaulichen soll. Im Rahmen der vorliegenden Arbeit wird aufgezeigt werden wie Systems-Management BIM mit Bezug auf Geschäftsprozesse erst möglich macht.

Im vierten Kapitel werden als Abschluss des BIM-Modells die Basistechnologien des Systems-Mangements beschrieben, die unerlässlich für ein funktionierendes BIM sind. Der Abstraktionsgrad von der eigentlichen IuK-Technologie ist hier am geringsten beziehungsweise kaum noch vorhanden. Das Systems-Mangement bildet das Fundament für ein funktionierendes BIM. Im Systems-Management erfolgt die Überwachung der IuK-Infrastruktur mit Hilfe von Technologien wie SNMP (Simple Network Management Protocoll) oder dem OSI-Protokoll (Open Systems Interconnection).[31] Das vierte Kapitel beinhaltet zur Vollständigkeit auch eine ausgewählte Übersicht über Systems-Management-Produkte verschiedener Hersteller.

Nachdem in den Kapiteln zwei bis vier ein Modell des BIM mit seinen theoretischen Grundlagen aufgebaut wurde, erfolgt anschließend in Kapitel fünf die Beschreibung des Implementierungsprozesses eines BIM mit Hilfe eines Drei-Phasen-Modells. Hierbei wird sowohl auf die organisatorisch-/betriebswirtschaftlichen Aspekte als auch auf die notwendigen technischen Maßnahmen, die bei der Implementierung eines BIM berücksichtigt werden müssen, eingegangen. Abschließend werden konkrete Handlungsempfehlungen für die Umsetzung eines BIM in der Praxis vorgestellt. Die Ergebnisse jeder Phase werden in einer Checkliste zusammengefasst.

Zum Schluss fasst das sechste Kapitel die Ergebnisse der Arbeit zusammen, zeigt noch anhängige offene Forschungsfragen auf und setzt sich kritisch mit Stand und Entwicklung des BIM in der Praxis auseinander. Abbildung 5 stellt die Kapitelstruktur schematisch dar.

31　Das OSI-Protokoll ist ein Protokoll zum Systems-Management und nicht zu verwechseln mit dem OSI-7-Schichten-Modell.

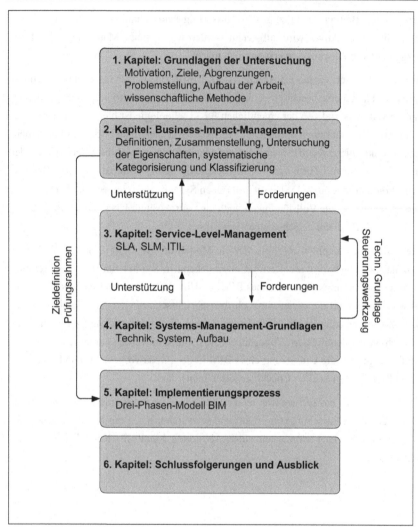

Abbildung 5: Kapitelstruktur

2   Business-Impact-Management

2.1   Zum Begriff „Business-Impact-Management"

Das Business-Impact-Management of IT ist aus dem Bedürfnis heraus entstanden, die zunehmende Komplexität moderner IT-Infrastrukturen zu bewältigen und eine Verbindung der eher funktionsorientierten IT mit übergeordneten Geschäftsprozessen herzustellen. Diese Aufgabe lässt sich sinnvoll und effizient nur mittels technischer Systems-Management-Systeme bewältigen, die wiederum auf standardisierten Systems-Management-Architekturen wie „Simple Network Management Protocol" (SNMP) und „Open System Interconnection" (OSI) aus dem Bereich der Netzwerk-Management-Technik aufbauen.[32] Die steigende Komplexität der IT-Infrastrukturen lässt sich zum einen durch den verstärkten Einsatz und die Vielfalt von IT-Ressourcen erklären,[33] zum anderen aber auch durch die zunehmende Dezentralisierung der Unternehmen mit einhergehenden neuen Netzinfrastrukturen und wachsenden lokalen Netzen.[34]

Im Laufe der Zeit haben sich für die geschäftsprozessorientierte Betrachtung von IT-Services mehrere Begriffe herausgebildet. Obwohl der Begriff des Business-Impact-Managements erstmals 1999 in der IT-Fachpresse zu finden war erlangte er erst 2002 größere Bedeutung, als IBM damit begann, ihre Tivoli-Managementsoftware als BIM-Lösung zu vertreiben. Seit 2003 findet man für das gleiche Themengebiet, wie es das BIM umfasst, in der Literatur häufiger den Begriff des Business-Service-Managements (BSM) was mit dem allgemeinen Trend hin zur Serviceorientierung in der IT einherging. Der Begriff BSM wurde in 2003 von der Firma BMC-Software lanciert. BMC vermarktet unter diesem Begriff die eigenen Software-Lösungen. Beide Begriffe werden in der Literatur ähnlich definiert, sodass sie synonym verwendet werden können.[35] In der vorliegenden Arbeit wird bewusst der Begriff BIM verwendet, da er den Fokus

---

32 Zur Begründung der Notwendigkeit eines Systems-Management siehe Kapitel 4.1.2.

33 Vgl. Kopperger, Dietmar; Kunsmann, Jörg; Weisbecker, Anette: IT-Service-Management, in Hand-buch IT-Management – Konzepte, Methoden, Lösungen und Arbeitshilfen für die Praxis, Hrsg.: Tiemeyer, Ernst, 2. Auflage, München: Hanser, 2007, S. 130.

34 Vgl. Schick, Heinz: IT-Strategie ist die Verantwortung des Top-Managements, Online im Internet: http://www.silicon.de/cio/strategie/0,39038989,39160612,00/it_strategie+ist+die+verantwortung+des+top_managements.htm, 15.06.2010.

35 Vgl. o. V.: CeBIT: BMC Software zeigt Business Service Management, Online im Internet: http://www. bmc.com/de-DE/news/press-releases/2003-archive/9550144-01822.html, 17.02.2003.

auf das Erkennen des wirtschaftlichen Einflusses, also des Wertbeitrags der IT auf einzelne Geschäftsprozesse legt.

Bevor auf die Eigenschaften eines idealisierten BIM of IT näher eingegangen wird, muss zunächst eine hinreichende Definition für den Begriff gefunden werden. Obwohl der Begriff des BIM schon seit einigen Jahren existiert hat sich bisher keine standardisierte Definition herausgebildet. Da der Begriff des BIM von den Software-Herstellern geprägt ist fassen die vorhandenen Definitionen den Begriff unterschiedlich weit, so dass er den Stärken der eigenen Anwendungen am ehesten gerecht wird.[36]

Im Kern handelt es sich bei BIM immer um die Verbindung des Systems-Managements mit den Geschäftsprozessen in einem Unternehmen.[37] Das BIM will aufbauend auf den Informationen eines Systems-Management-Systems alle notwendigen IT-Infrastrukturkomponenten abbilden, die zur Unterstützung eines bestimmten Geschäftsprozesses notwendig sind. Dementsprechend lässt sich BIM ganz allgemein als eine neue Form des Systems-Managements definieren, das durch die Verbindung von Service-Levels mit den Geschäfts(prozess)zielen entsteht. Service-Levels und Service-Level-Agreements sind Bestandteile eines Service-Level-Managements (SLM), das aus der ITIL abgeleitet ist und dienen der Definition, Überwachung und Optimierung von IT-Service-Leistungen. Diese Definition ist inhaltlich unbefriedigend und macht eine Konkretisierung notwendig.

In einer zweiten Definition werden daher die Inhalte von BIM konkretisiert: "Network management software set up to track IT-Service-Levels across IT resources like networks, systems, servers, applications and databases. It allows a business process (...) to be watched and managed as a single service, even though it relies on a variety of IT resources".[38] Wie zu erkennen ist, wird BIM aufbauend auf einem Managementsystem als die Überwachung eines Geschäftsprozesses über verschiedenste Infrastrukturkomponenten mittels Service-Levels definiert. Obwohl der Geschäftsprozess auf unter-

---

36   Vgl. Drogseth, Dennis; Erickson-Harris, Lisa: Can You Buy Business Service Management?, Online im Internet: http://www.cioupdate.com/trends/article.php/3724196/Can-You-Buy-Business-Service-Management.htm, 28.01.2008.

37   Vgl. Dubie, Denise: Never-fail business services: Business-Impact-Management software takes network management to a new level by assuring Service-Levels for business objectives, Online im Internet: http://www.networkworld.com/buzz/2002/bim.html, 10.09.2010.

38   Vgl. o. V.: Business-Impact-Management (BIM), Online im Internet: http://www.network-world.com/details/759.html, 10.06.2003.

schiedlichen IT-Ressourcen beruht, wird er als ein einziger Prozess abgebildet und dementsprechend überwacht und verwaltet. Die beiden Definitionen betonen neben dem Bezug zum Geschäftsprozess die Notwendigkeit von SLM als fundamentale Bestandteile des BIM.

Auch eine dritte Definition beinhaltet diese Aspekte. Diese Definition stammt von IBM, die ihre Tivoli-Produkte aktiv als BIM-Lösung vermarktet. Die Definition ist dreigeteilt und betont die Verknüpfung von täglichen Verwaltungsaufgaben mit den Geschäftszielen, das Festsetzen und Erreichen von Service-Level-Vereinbarungen und das Implementieren von selbstständig die Initiative ergreifenden, Systems-Management-Fähigkeiten.[39] Erreicht werden diese drei Komponenten durch vorhandene Tivoli-Produkte, die den Anwender bei der Umsetzung des BIM unterstützen sollen. Im Vergleich zur zweiten Definition ist die IBM-Definition weniger konkret und zielt stärker auf Überwachungs- und Verwaltungsaufgaben und weniger auf eine explizite Geschäftsprozessperspektive. Nicht umsonst ordnet IBM das BIM in seinem Tivoli-Portfolio dem Funktionsbereich Performance and Availability Management zu.

Um unabhängig von Herstellerdefinitionen zu einer einheitlichen Begriffsdefinition zu gelangen wird dieser Arbeit die BIM-Definition von Forrester Research[40] zugrunde gelegt. Forrester Research definiert BIM so, dass BIM geschäftsfokussierte IT-Services dynamisch mit der darunter liegenden IT-Infrastruktur verbindet. Dabei kann ein geschäftsfokussierter IT-Service ein spezifischer IT-Service oder Teil eines Geschäftsprozesses sein, aber er muss eine signifikante und ersichtliche Metrik für den unterstützten Geschäftsnutzer aufweisen.[41]

Die Forrester Definition macht deutlich, dass das BIM auf geschäftsfokussierte IT-Services aufbaut. Es wird also unterstellt, dass zu einem gewissen Grad bereits ITSM-Praktiken, wie sie beispielsweise in der ITIL empfohlen werden, Anwendung finden. Ausgangspunkt ist also nicht die ressourcenorientierte Systems-Management-Perspek-

---

39 Vgl. IBM (Hrsg.): Business Service Management, Online im Internet: http://www.ibm.com/developerworks/tivoli/bsm/, 20.07.2010.

40 Forrester Research ist ein Forschungsunternehmen das Marktforschungsergebnisse und Analysen über Informationstechnologie veröffentlicht. Website von Forrester Research: http://www.forrester.com/rb/research.

41 Vgl. O'Neill, Peter: Business Service Management wird erwachsen – Zeit für eine genaue Definition Online im Internet: http://www.cio.de/strategien/analysen/818673/index2.html, 27.02.2006., S. 2.

tive, sondern die ITSM-Perspektive, die die optimale Unterstützung der Geschäftsprozesse zum Ziel hat, IT-Ressourcen zu IT-Services transformiert und als Dienstleister
den Kunden zur Verfügung stellt. Die geschäftsfokussierten Services werden dynamisch mit der darunter liegenden IT-Infrastruktur in Verbindung gesetzt.[42] Dies ermöglicht dem Service-Kunden, den Business-Impact der IT auf die Geschäftsprozesse
zu erfassen. Die Definition von Forrester berücksichtigt implizit auch die in der Literatur zum IT-Controlling eingeforderte Notwendigkeit einer Überwachung und Verwaltung aller am Produktionsprozess beteiligten Geräte, deren Ziel die Optimierung
der Ressourcennutzung über die dezentralen Infrastrukturen mittels Aufzeichnung und
Analyse von Monitoring-Informationen sein muss.[43] Das darauf aufbauende Service-
Level-Management soll als zentrales Hilfsmittel verstanden werden, ohne das ein BIM
nicht betrieben werden kann. Das BIM unterstützt also zum einen die Beurteilung des
Beitrags der IT zum Geschäftserfolg und ermöglicht zum anderen das Erkennen der
Relevanz einzelner Infrastrukturkomponenten in Bezug auf die Geschäftsprozesse und
trägt somit dazu bei, einen risikoadäquaten Aufwand bei der Sicherstellung der Verfügbarkeit zu gewährleisten. Forrester Research betont auch die Notwendigkeit einer
zugrunde liegenden Metrik. Über diese Metrik muss der Wertbeitrag der IT-Services
für die Kunden operationalisiert werden können. Wie später noch in Kapitel 3.3.1 beschrieben, kann eine solche Metrik in Service-Level-Agreements festgelegt werden.
Die Forderung nach einer solchen Metrik belegt den Paradigmenwechsel, der in Forschung und Praxis der IT stattgefunden hat.[44] Für einen erfolgreichen durch IT unterstützten Geschäftsbetrieb ist es nicht länger zeitgemäß, dass sich eine IT-Abteilung auf
die interne Organisation und das Vorhalten von IT-Ressourcen konzentriert. Es ist
vielmehr eine Ausrichtung an den Unternehmenszielen notwendig. BIM setzt genau
diese Ausrichtung an den Unternehmenszielen voraus und trägt somit dem bewährten
betriebswirtschaftlichen Grundsatz „Structure follows Strategy" Rechnung.[45]

---

42   Dynamisch bedeutet hier, dass die Zuordnung nicht einmalig, sondern in Echtzeit stattfindet. Um
     dies zu gewährleisten kann eine Configuration Management Database (CMDB) eingesetzt wer-
     den.

43   Vgl Kargl, Herbert; Kütz, Martin: IV-Controlling, 5. Auflage, München: Oldenbourg, 2007,
     S. 114.

44   Vgl. O'Neill, Peter: Business Service Management wird erwachsen – Zeit für eine genaue Defini-
     tion, a. a. O., S. 1.

45   „Structure follows Strategy" ist eine von Alfred Chandler aufgestellte These, mit welcher er die
     Ergebnisse einer empirischen Studie über den Zusammenhang von Strategie und Unternehmens-

Das Zusammenspiel von BIM, SLM und Systems-Management, gemäß der vorgestellten Definition, wird im Folgenden kurz anhand eines vereinfachten Beispiels veranschaulicht: In einem Versandhandel betreibt die IT-Abteilung einen Online-Shop und bietet diese Leistung als IT-Service für die Fachabteilungen im Unternehmen an. Die Fachabteilung Versand nutzt diesen IT-Service für den Geschäftsbetrieb. Für den Betrieb des genannten IT-Services bedarf es einer Kombination verschiedener IT-Komponenten: HTTP-Server, Datenbank-Server, einer Online-Shop-Software, Router und diverser anderer Netzwerkkomponenten, die die Konnektivität zum Internet und den Fachabteilungen sicherstellen. Die genannten IT-Komponenten werden mit Hilfe eines Systems-Management-Systems überwacht und verwaltet. In einem SLA, das die Erbringung des IT-Services „Online-Shop" regelt, ist neben anderen Service-Level-Zielen festgelegt, dass die Website, die den Nutzern des Online-Shops als Frontend präsentiert wird, eine Antwortzeit von höchstens vier Sekunden haben darf. Kommt es nun zu einer Überlastung des Routers und einer Überschreitung der vier Sekunden Antwortzeit, so wird dies durch das Systems-Management-System, in welchem vorher ein entsprechender Grenzwert für den Router definiert wurde, festgestellt. Im BIM-System ist eine Zuordnung des betroffenen Routers zum IT-Service „Online-Shop" getroffen. Diese Zuordnung wird dem Management visuell aufbereitet, in einer Ampeldarstellung, auf einer Website präsentiert. Die Ampel für den Geschäftsprozess „Versand" springt auf die Farbe Gelb und signalisiert somit, dass der Geschäftsprozess nicht einwandfrei funktioniert, aber nicht vollständig zum Erliegen gekommen ist. Mittels eines sog. „Drill-Downs" können weitere Informationen bezüglich des Geschäftsprozesses abgefragt werden, und so lässt sich erkennen, dass der Router, der Bestandteil des IT-Services „Online-Shop" ist, überlastet ist und dass Kunden nur noch begrenzt in der Lage sind, Bestellungen über den Online-Shop zu tätigen. Der Vorfall wird dokumentiert und behoben. Die folgende Abbildung 6 zeigt das vorgestellte Beispiel aus Sicht des BIM-Frontends des Managements. Ausgehend von der eingeschränkten Funktion des Geschäftsprozesses lässt sich mittels Drill-Down die Ursache erschließen.

---

organisation zusammenfasst. Vgl. Chandler, Alfred D.: Strategy and Structure, in Oxford Management Readers, Resources Firms and Strategies – A Reader in the Resource-Based Perspective, Hrsg.: Foss, Nicolai J., Oxford: Oxford University Press 1997, S. 48.

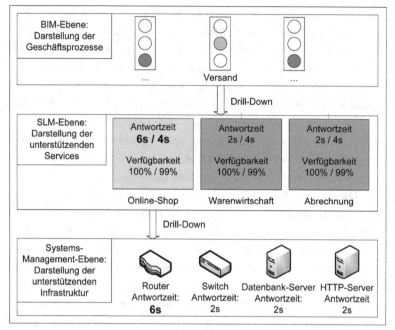

Abbildung 6: Zusammenwirken von BIM, SLM und Systems-Management

Zusammenfassend lässt sich festhalten, dass es beim BIM um eine integrierte Betrachtung aller IT-Komponenten geht, die zur Gewährleistung eines funktionierenden Geschäftsprozesses benötigt werden. In Abgrenzung zum Systems-Management geht das BIM damit über die ressourcenorientierte Betrachtung bisheriger Systems-ManagementAnwendungen hinaus, da es die notwendigen Infrastrukturkomponenten über alle organisatorisch verteilten Systeme zu einer geschäftsprozessspezifischen Perspektive zusammenfassen kann. Abbildung 7 stellt die Verbindung der IT-Komponenten mit den Applikationen über alle Ebenen hinweg bis zu den Geschäftsprozessen grafisch dar.

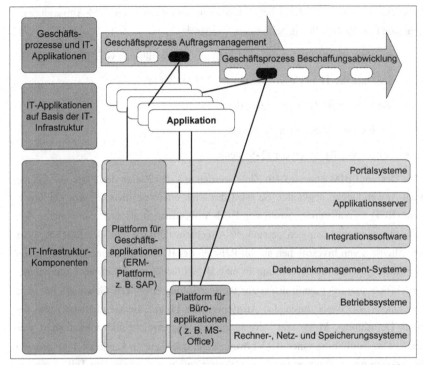

Abbildung 7: Von der IT-Infrastruktur zum Geschäftsprozess (stark vereinfacht)[46]

Nach den Definitionen zum BIM werden im Folgenden die Ziele dargestellt, die mit dem BIM verfolgt werden. Die Ziele leiten sich zum einen aus den operativen Unternehmenszielen ab, zum anderen handelt es sich um allgemeine Effizienz- und Verwaltungsziele.

2.2 Ziele des Business-Impact-Managements

Ein Unternehmen wird sich nur dann für eine Investition in eine BIM-Lösung entscheiden, wenn es sich davon einen entsprechenden Nutzen verspricht. Neben allgemeinen Effizienz- und Verwaltungszielen spielen deswegen auch operative Ziele eine

---

46 Vgl. Dernbach, Wolfgang: IT-Strategie und Geschäftsstrategie, in: Strategisches IT-Management, Band 1, Hrsg.: Bernhard, Martin G.; Blomer, Roland; Bonn, Jürgen, Düsseldorf: Symposion 2003, S. 24.

entscheidende Rolle bei den Überlegungen zur Einführung von BIM-Anwendungen.

Folgende fünf Ziele sollen dabei erreicht werden:[47]

- positiver Return On Investment (ROI) aus der Einführung von BIM

- Senkung der Total Cost of Ownership (TCO) der IT

- Vereinfachung der Verwaltung der IT

- gesteigerte Effizienz der Prozesse

- höhere Verfügbarkeit der IT-Systeme

Viele der vom BIM angestrebten Ziele werden aus den Zielen der Systems-Management-Anwendungen abgeleitet. So wird das Ziel, einen positiven *Return On Investment* (ROI) zu realisieren sowohl von BIM-Anwendungen als auch von anderen Systems-Management-Lösungen genannt.[48] Allgemein definiert gibt der ROI die Wirtschaftlichkeit von Investitionen an. Im Rahmen des BIM kennzeichnet er den Nutzenüberschuss, der aus der Investition in eine BIM-Lösung wieder in das Unternehmen zurückfließt und trägt damit direkt zur Wertschöpfung bei.[49] Das Gewinnziel des Unternehmens soll dabei durch das Ausrichten der IT auf die Geschäftsprozesse und durch Definitions-, Mess- und Verwaltungsprozesse erreicht und dokumentiert werden.[50] Die Einführung einer BIM-Lösung kann dabei zur in Kapitel 1.1 geforderten Rechtfertigung des Beitrags der IT zur Wertschöpfung einen gewissen Teil beisteuern, denn frühzeitig erkannte Engpässe und damit die Vermeidung von Ausfällen im IT-Bereich wirkt sich positiv auf IT gestützte Geschäftsprozesse aus und vermeidet damit die Kosten von IT-Ausfällen.

Ein weiteres Ziel, das mit der Einführung einer BIM-Lösung angestrebt wird, ist die Senkung der Total Cost of Ownership (TCO). Dieses von BIM-Herstellern vorgebrachte Argument zielt auf die transparente Darstellung aller Kosten, die von IT-Infra-

---

47   Vgl. Wippel, Steffen: Selbst-Management von IT-Systemen: Durch Autonomic Computing die
     Administration reduzieren, in: IT Fokus, 3/2003, S. 75.

48   Vgl. Wippel, Steffen: Selbst-Management von IT-Systemen: Durch Autonomic Computing die
     Administration reduzieren, a. a. O., S. 75.

49   Vgl. Pulliam Phillips, Patricia; Phillips, Jack J.: Return on Investment Basics, Alexandria (USA):
     Astd 2006, S. 1.

50   Vgl. O'Neill, Peter: Business Service Management wird erwachsen – Zeit für eine genaue Defini-
     tion, a. a. O. S. 1 ff.

strukturen verursacht werden.[51] Der von den IT-Analysten der Gartner Group geprägte Begriff weist auf den Missstand hin, dass beim Betrieb von IT-Komponenten zu häufig die Anschaffungskosten im Mittelpunkt der Betrachtungen stehen, während die Kosten für den laufenden Betrieb nicht berücksichtigt werden.[52] Durch die Erfahrungen mit der Anwendung der TCO-Konzepte ist bekannt, dass sich die betrieblichen Gesamtkosten, die aus der Beschaffung einer IT-Komponente entstehen, zu ca. 25 Prozent auf die tatsächlichen Anschaffungskosten und zu ca. 75 Prozent auf die laufenden Kosten verteilen.[53] Eine BIM-Lösung kann zwar die ohnehin stetig sinkenden Anschaffungskosten für IT-Komponenten nicht noch weiter senken, allerdings kann sie durch die angestrebte automatische Erkennung, Diagnose und Problemlösung positiv auf die Verwaltungskosten und damit auf den großen Block der laufenden Kosten einwirken.[54]

Ein Problem aller Systems-Management-Anwendungen ist ihre zum Teil hohe Komplexität. BIM-Lösungen wollen primär Transparenz für das (IT-)Management schaffen. Den IT-Managern wird ohne Detailkenntnisse der zugrunde liegenden technischen Infrastrukturen die Möglichkeit gegeben, Zusammenhänge in der Funktionsvernetzung zwischen Geschäftsprozessen und IT-Infrastruktur zu erkennen. Aber auch der andere Weg, nämlich der IT-Abteilung ein besseres Verständnis der übergeordneten Geschäftsprozesse zu vermitteln, kann ein Nebeneffekt der Einführung eines BIM-Systems sein. Dabei können zum einen mögliche Auswirkungen von Maßnahmen der IT-Abteilung, z. B. Wartungsarbeiten an einem Datenbankserver oder auch Störungen, z. B. der Ausfall eben dieses Datenbankservers schon auf Management-Ebene bewertet werden, und zum anderen können die eher technikorientierten Mitarbeiter der IT-Abteilung die Auswirkungen von den geplanten Wartungsarbeiten auf die betroffenen Geschäftsprozesse besser abschätzen und damit auch ihre Maßnahmen besser in Zusammenarbeit mit den betroffenen Fachabteilungen planen und ankündigen.

---

51 Gadatsch, Andreas: IT-Controlling realisieren, Wiesbaden: Vieweg & Teubner 2005, S. 41 ff.

52 Die Anschaffungskosten beziehen sich nur auf die ursprünglichen Kosten der Beschaffung. Zu den laufenden Kosten zählen z. B. Kosten für Upgrades, Verwaltung, technischer Support etc. Das TCO-Konzept kann im Rahmen dieser Arbeit nur sehr vereinfachend dargestellt werden.

53 Vgl. o. V.: TCO, Online im Internet: http://www.webopedia.com/TERM/T/TCO.html, 17.06.2010.

54 Vgl. Wippel, Steffen: Selbst-Management von IT-Systemen: Durch Autonomic Computing die Administration reduzieren, a. a. O. S. 75.

Ein sekundäres Ziel des BIM ist es, die Einrichtung und Bedienung des Systems-Management-Systems zu erleichtern und damit eine Verwaltungsvereinfachung für die IT-Abteilung zu erreichen, indem die IT-Abteilungen von manueller Arbeit entlastet werden. Durch die Einführung von BIM-Lösungen als zusätzlichem Bestandteil des Systems-Managements kann es für die IT-Abteilung komplexitätssteigernd wirken, denn es werden für den Betrieb der BIM-Anwendung wiederum zusätzliche Server und Infrastruktur-Komponenten benötigt, die betrieben, gewartet und überwacht werden müssen. Die eigentliche Entlastung für das IT-Personal sollen die BIM-Lösungen durch weitestgehend selbstverwaltende Funktionen erreichen. Diese Eigenständigkeit hat beispielsweise als „Autonomic Computing" Einzug in die IT-Welt gefunden – ein Begriff, den auch IBM für ihre Tivoli-Produkte verwendet. [55]

Als weiteres Ziel ist eine gesteigerte Effizienz der externen und internen Prozesse von Unternehmen zu nennen, die BIM-Lösungen einsetzen. Auf der externen Seite kann durch die erleichterte Abbildung der Geschäftsprozesse auf das Systems-Management die Beziehung des Unternehmens zu Partnern und Kunden verbessert werden. In der internen Sicht steigt die Effizienz insbesondere hinsichtlich Mitarbeiterproduktivität und Mitarbeitersupport. So kann die Unterstützung der Mitarbeiter bei gleichbleibender Menge des IT-Personals verbessert werden, da sich die Verwaltung einfacher gestaltet und Probleme genauer eingegrenzt werden können.[56] Weiterhin kann der Koordinationsaufwand zwischen Management, Fachbereichen und IT-Abteilung signifikant gesenkt werden, da viele Sachverhalte und deren Auswirkungen, die sonst umständlich kommuniziert werden müssen, aus den Informationen und Visualisierungen der BIM-Anwendung heraus für alle Beteiligten transparent hervorgehen.

Ein weiteres Ziel ist die bessere Verfügbarkeit der IT-Systeme. Durch die Ausrichtung des BIM auf die IT-gestützten Geschäftsprozesse nimmt die wahrgenommene Bedeutung der daran beteiligten IT-Komponenten zu.[57] Eine größere Verfügbarkeit auch bei komplexen IT-Infrastrukturen kann z. B. durch adaptives Event-Management erreicht

---

55   Vgl. Wippel, Steffen: Selbst-Management von IT-Systemen: Durch Autonomic Computing die Administration reduzieren, a. a. O., S. 75.

56   Vgl. Dubie, Denise: Never-fail business services: Business-Impact-Management software takes network management to a new level by assuring Service-Levels for business objectives, a. a. O.

57   Vgl. o. V.: Tivoli Produktinformationen für eine Business-Impact-Management-Lösung, Hrsg.: IBM Deutschland GmbH, München, 27.05.2003, S. 16.

werden.[58] Dabei handelt es sich um eine Technik, die dazu dient, aus einer Vielzahl von gemeldeten Alarm- und Statusmeldungen die Events herauszufiltern, die für die Verfügbarkeit eines Geschäftsprozesses besonders notwendig sind.[59] Welche Funktionen sich daraus für das BIM ergeben, wird im folgenden Kapitel erläutert.

2.3 Funktionen des Business-Impact-Managements

Aus der vorgenannten Definition und den genannten Zielen ergibt sich die Frage, welcher Vorteil sich aus der Abbildung der Geschäftsprozesse auf das Systems-Management ableiten lässt. Als Antwort lassen sich Funktionen formulieren, die das BIM bieten soll:

- Ganzheitliche Sicht auf die Geschäftsprozess-IT[60]

- Proaktive Verhinderung von Störungen[61]

- Priorisierung von Störungen[62]

Bei der ganzheitlichen Sicht auf die Geschäftsprozess-IT sollen mögliche Auswirkungen von Vorfällen der an Geschäftsprozessen beteiligten IT-Komponenten ermittelt werden. Unter Geschäftsprozess-IT werden dabei alle IT-Komponenten verstanden, die direkt oder indirekt an einem Geschäftsprozess beteiligt sind. Vorfälle können z. B. verlangsamte Antwortzeiten, geringer Datendurchsatz oder schlicht ein Komplettausfall von Infrastrukturkomponenten sein. Bei einer geschäftsprozessbezogenen Darstellung lassen sich die Folgen eines Ausfalls für davon betroffene Applikationen und von ihnen abhängige Geschäftsprozesse erkennen und idealtypischer Weise monetär be-

---

58 Events oder auch Incidents sind automatisierte Alarme und Meldungen aus dem Systems-Management.

59 Vgl. Patel, Manoj: Konsolidierung von Ereignissen: Adaptives Event-Management, in: LANLine, 03/2002, S. 90.

60 Vgl. Seiler, Martin: Tivoli konzentriert Management-Suite, in: Computerwoche, 17/2002, S. 24.

61 Vgl. Fonseca, Brian: Tivoli targets Business-Impact-Management, Online im Internet: http://www.computerworld.com.au/article/11159/tivoli_targets_business_impact_management/, 09.04.2002.

62 Vgl. Annuscheit, Martina: IBM: Selbstverwaltende Tivoli Software für effektives IT-Management: Neue Features erhöhen Produktivität und Return on Investment (ROI) von Unternehmen, Online im Internet: http://www.itseccity.de/?url=/content/produkte/securitymanagement/021022_pro_sec_ibm.html, 22.10.2002.

werten.[63] Störungen und Ausfälle von Geschäftsprozessen haben i. d. R. auch eine monetäre Komponente. Durch eine eindeutige Fehleridentifikation werden extensive Fehlersuchvorgänge umgangen und Einschränkungen im Betrieb verkürzt.

Aufbauend auf der Ermittlung möglicher geschäftsprozess-beeinträchtigender Vorfälle lässt sich eine zweite Funktion ableiten. Dabei handelt es sich um die proaktive Verhinderung möglicher Vorfälle, d. h., durch frühzeitiges Erkennen möglicher Störungen soll eine kostenintensive Beeinträchtigung der Geschäftsprozesse vermieden werden. Neuartig ist dabei die monetäre Komponente, denn bei Systems-Management ohne BIM wird klassischerweise kein Bezug zu den Kosten gegeben, sondern nur auf technische Aspekte abgestellt. Dies setzt natürlich, wie schon eingangs erwähnt, voraus, dass die Kosten zusammen mit den zugehörigen IT-Komponenten zentral in Datenbanken wie einer Configuration Management Database (CMDB) erfasst und zugeordnet werden.

In einer weiteren idealisierenden Steigerung sollen sich die Systeme komplett ohne menschliche Eingriffe steuern, regeln und ggf. sogar selbst reparieren. Einen Hauptaspekt bildet hierbei wieder das SLM. Steigt z. B. die in einem SLA vordefinierte Antwortzeit einer Komponente, d. h., dass die Gefahr besteht, ein SLA zu verletzten, lässt sich so u. U. auf einen „schleichenden" Ausfall schließen.[64] Durch eine sofortige Fehlerdiagnose kann das Problem gelöst werden, bevor es zu kritischen Störungen des abhängigen Geschäftsprozesses kommt.[65] Ein Beispiel für solche Automatismen aus dem Systems-Management ist die Festlegung von bestimmten Grenzwerten (Thresholds) für u. a. den Speicherplatzbedarf einer Datenbank. Es ist z. B. möglich, dass eine Datenbank im täglichen Einsatz einwandfrei und mit hoher Performanz funktioniert. In bestimmten Situationen, wie beispielsweise bei einem Monatsabschluss, kann es aber dazu kommen, dass der zur Verfügung stehende Speicherplatz aufgrund von einer durch die Monatsendverarbeitung gestiegenen Anzahl von Transaktionen voll-

---

63 Vgl. Dubie, Denise: Never-fail business services: Business-Impact-Management software takes network management to a new level by assuring Service-Levels for business objectives, a. a. O.

64 Vgl. Bacheldor, Beth; Hume George V.: Tivoli Launches New Products And Closer Ties To IBM: Strategy stresses flexible systems management, simpler licensing schemes, Online im Internet: http://www.informationweek.com/story/IWK20020405S0013, 08.04.2002.

65 Vgl. Dubie, Denise: Same software, different name? Business-Impact-Management software resembles service-Level-Managent tools, but they have critical differences, Online im Internet: http://www.networkworld.com/buzz/2002/bimside.html, 10.09.2010.

läuft und es damit zu Geschwindigkeitseinbußen oder zum Systemstillstand kommt. Dies ist zum einen nicht wünschenswert, weil abhängige Prozesse dann ebenfalls still stehen und zum anderen oftmals besonders kritisch, da nach einem Stillstand gegebenenfalls die gesamte Monatsverarbeitung erneut gestartet werden müsste. Tritt dieses Problem regelmäßig auf und ist entsprechend bekannt, können für diesen speziellen Fall im Systems-Management-System Grenzwerte festgelegt werden, die einen Alarm auslösen - oder besser noch sollten bestimmte Automatismen definiert werden, die z. B. programmgesteuert den Speicherplatz vergrößern und nach Unterschreiten einer definierten Speicherplatz-Unterschwelle den Platz für den Regelbetrieb wieder reduzieren, denn hochverfügbarer, mehrfach redundanter und gespiegelter Speicherplatz ist sehr teuer und wird deshalb in der Praxis besonders restriktiv eingesetzt.[66]

Sollten sich trotzdem kritische Vorfälle ergeben, so lässt sich als eine dritte Funktion des BIM die Priorisierung von Vorfällen nennen. Störungen werden dabei hinsichtlich ihrer Relevanz für einen Geschäftsprozess abgearbeitet bzw. es werden ggf. Parallelmaßnahmen eingeleitet, z. B. der Schwenk eines virtualisierten Servers auf eine andere Hardware beim Defekt einer Komponente des Ausgangssystems.[67,68] Auf diese Weise ist sichergestellt, dass sich zuerst um die Komponenten gekümmert wird, die besonders kritisch sind, bevor die Störungen bei weniger wichtigen Infrastrukturressourcen behoben werden. Ein nicht funktionierender Abteilungsdrucker zur Rechnungserstellung kann z. B. weniger wichtig sein als ein E-Mail-Gateway, mit dem Auftragsbestätigungen an Kunden versendet werden. Das Problem der Festlegung einer Reihenfolge, nach der Störungen und Schäden an IT-Systemen behoben werden, ist dabei kein generisches Problem des Systems-Managements sondern wird explizit über gesetzliche Vorgaben der IT-Compliance von den Unternehmen eingefordert. Exemplarisch für die Finanzdienstleistungsbranche sollen Regelungen von BASEL II aufgeführt werden, die über die Mindestanforderungen an das Risikomanagement (MaRisk) der Bundesanstalt für Finanzdienstleistungsaufsicht (BaFIN) in Deutschland Einzug in natio-

---

66 Vgl. Hackmann, Joachim: Redundanter Speicher ist teuer, Online im Internet: http://www.computerwoche.de/management/it-services/1876270/, 15.09.2010.

67 Vgl. Ebel, Nadine: ITIL V3 Basis-Zertifizierung, München: Addison-Wesley, 2008., S. 204.

68 Vgl. Lenz, Ulrich: Hochverfügbarkeit für virtualisierte Server – Risiken durch Virtualisierung vermeiden, Online im Internet: http://www.tecchannel.de/server/virtualisierung/2026813/ratgeber _mehr_ausfallsicherheit_fuer_virtualisierte_server/, 11.05.2010, S. 4.

nales Recht gefunden haben.[69] In der MaRisk wird im Rahmen des Managements des operationellen Risikos das Vorhandensein von Wiederanlaufplänen nach Krisenfällen (Brand, Naturkatastrophen, Unfällen, Terroranschlägen etc.) für die Geschäftstätigkeit im Allgemeinen und für die IT im Speziellen gefordert. Die Wiederanlaufreihenfolge für die IT muss sich zwangsläufig an den Unternehmenszielen und damit an den Geschäftsprozessen orientieren, so dass in dieser Wiederanlaufreihenfolge die wichtigsten IT-Systeme dementsprechend auch zuerst wieder in Betrieb genommen werden.

Sachlogisch bedeutet dies, dass in den Unternehmen eine Rangreihenfolge der IT-Systeme nach ihrer Relevanz für die Geschäftsprozesse vorhanden sein muss, die für das BIM als ex ante gegeben angenommen und für das Systems-Management übernommen werden können. Zusammenfassend ist der wichtigste Aspekt des BIM dabei, dass das BIM dem fachlichen Management erstmals die Möglichkeit bietet, sehr schnell regulierend einzugreifen, wenn mehrere Geschäftsprozesse von Ausfällen in der IT betroffen sind. Dies kann notwendig sein, wenn die im BIM-System hinterlegte Hierarchie der Geschäftsprozesse, d. h. die Priorität, mit der Ausfälle behoben werden, den Ad-hoc-Geschäftsprozessanforderungen aus Sicht des fachlichen Managements nicht entspricht.

Ad-hoc-Geschäftsprozessanforderungen könnten z. B. sein, dass ein System zur Rechnungsstellung vor einem Logistik-System wieder instand gesetzt wird, weil der Ausfall auf ein Wochenende fällt, an dem beim Zulieferer nicht gearbeitet wird, obwohl dies den im BIM-System hinterlegten Regeln widerspricht. Dieses regulierende Eingreifen wird erstmals durch das BIM möglich, da durch die der Abbildung der IT-Ressourcen auf die Geschäftsprozesse, die notwendige Abstrahierung von den IT-Ressourcen vorliegt, die es dem Management erlaubt, fundierte Entscheidungen in diesem Kontext zu treffen.

---

69   Vgl. Bundesanstalt für Finanzdienstleistungsaufsicht (Hrsg.): Rundschreiben 15/2009: Mindestanforderungen an das Risikomanagement, Online im Internet: http://www.bundesbank.de/down load/bankenaufsicht/pdf/marisk/090814_rs.pdf, 15.10.2010.

2.4 Grundlagen der Business-Impact-Management-Implementierungen

2.4.1 Verbindung des Systems-Managements mit der Wertschöpfungskette

BIM soll die Perspektive des fachlichen Managements und der IT-Abteilungen auf das Systems-Management und damit auf die zugrunde liegenden IT-Infrastrukturen verändern - von der traditionellen ressourcenbezogenen Sichtweise weg, hin zu einer geschäftsprozessspezifischen Sicht.[70] Damit rücken die Geschäftsprozesse eines Unternehmens auch in den Mittelpunkt des Interesses der IT-Abteilungen, die sich aus historischer Sicht eher auf funktionale Aspekte ihres Handelns fokussiert haben. Als theoretische Grundlage für jede geschäftliche Aktivität in einem Unternehmen kann die Wertschöpfungskette von Michael E. Porter angesehen werden.[71] Die Wertschöpfungskette ist eine abstrakte Darstellung der umfassenden Unternehmensprozesse. Durch BIM werden die Elemente des Systems-Managements mit der Wertschöpfungskette verbunden.

Hierfür ist zunächst das Konzept der Wertschöpfungskette darzustellen. Der auf Porter zurückgehende Ansatz teilt den generellen Unternehmensprozess in primäre und sekundäre Aktivitäten auf. Die primären Aktivitäten beschreiben die Prozesse der tatsächlichen Leistungserstellung, während die sekundären Aktivitäten die primären Aktivitäten unterstützen.[72] Zu den primären Aktivitäten zählen Eingangslogistik, Operationen (Produktion), Marketing/Vertrieb, Ausgangslogistik und Service/Support. Die primären Aktivitäten als Kernprozesse sind maßgeblich am wirtschaftlichen Erfolg des Unternehmens beteiligt. Die auch als Querschnittsprozesse bezeichneten sekundären Aktivitäten wirken unterstützend und beinhalten Unternehmensinfrastruktur, Personalwirtschaft, Forschung und Entwicklung sowie Beschaffung. Die folgende Abbildung 8 zeigt die klassische Darstellung einer Wertschöpfungskette:

---

70 Vgl. Vizard, Michael; Fonseca, Brian: Tivoli preps for Business-Impact-Management, Online im Internet: http://www.networkworld.com/news/2002/0321ibmtiv.html, 31.03.2002.

71 Vgl. Porter, Michael E.: Competitive Advantage: Creating and Sustaining Superior Performance, New York: Free Press, 2004, S. 36.

72 Vgl. Kurbel, Karl; Szulim, Daniel; Teuteberg, Daniel: Internet-Unterstützung entlang der Porter'schen Wertschöpfungskette – innovative Anwendungen und empirische Befunde, Online im Internet: http://131.173.161.105/eng/downloads/Iunterstuetzung.pdf, 21.08.2003, S. 2.

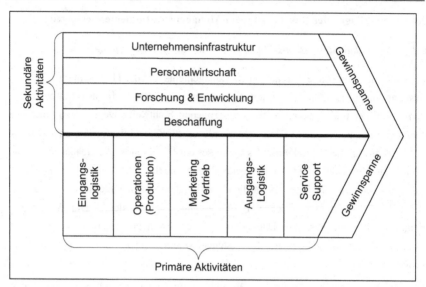

Abbildung 8: Klassische Wertschöpfungskette nach Porter[73]

Wie zu erkennen ist, liefert die Wertschöpfungskette die Grundlage für die einzelnen Prozesse im Unternehmen. Sie umfasst sowohl horizontal als auch vertikal verlaufende Aktivitäten. Daraus folgt, dass Geschäftsprozesse übergreifend sind und sowohl horizontale als auch vertikale Funktionen umfassen. Mit dem klassischen Systems-Management konnte diese übergreifende Perspektive lange Zeit nicht dargestellt werden. Mit dem BIM sollte eine Lösung entwickelt werden, die diese mehrdimensionale, ganzheitliche Sicht auf die Geschäftsprozesse wiedergeben kann. In der praktischen Umsetzung in BIM-Anwendungen ist es allerdings die Regel, dass dieses Konzept nicht konsequent und vollständig umgesetzt wird.

Die Wertschöpfungskette eines Unternehmens setzt sich aus Geschäftsprozessen zusammen.[74] Im Allgemeinen versteht man unter Geschäftsprozessen Aktivitäten, bei denen am Ende eine Leistung für den Kunden entsteht, die berechnet werden kann und damit zu dem Unternehmensziel beiträgt. Allgemeiner lässt sich ein Geschäftsprozess

---

73   Vgl. Porter, Michael E.: Competitive Advantage: Creating and Sustaining Superior Performance, a. a. O., S. 37.

74   Vgl. Elben, Helmut; Handschuh, Martin: Handbuch Kostensenkung – Methoden, Fallstudien, Konzepte und Erfolgsfaktoren, Weinheim: Wiley 2004, S. 84.

als eine Abfolge von Eingabe-, Verarbeitungs- und Ausgabe-Vorgängen (EVA-Prinzip) darstellen.[75] Durch den Einsatz materieller und immaterieller Ressourcen soll über verschiedene Teilprozesse (TP) hinweg ein festgelegter Endzustand erreicht werden. Demnach lässt sich ein Geschäftsprozess sehr allgemein als eine Reihe von Teilprozessen definieren.[76] Die folgende Abbildung 9 zeigt schematisch den Ablauf eines Geschäftsprozesses:

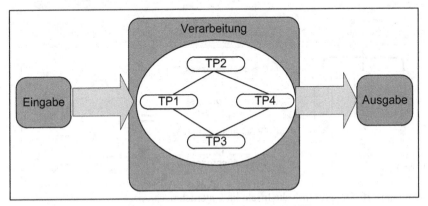

Abbildung 9: Vereinfachte Struktur eines Geschäftsprozesses[77]

Jeder der Teilprozesse symbolisiert einen Schritt in der Leistungserstellung und wird von unterschiedlichen funktionalen Unternehmensbereichen ausgeführt. Funktional bedeutet, dass ein Unternehmen in traditionelle betriebswirtschaftliche Funktionen wie Beschaffung, Marketing, Vertrieb, Verwaltung gegliedert ist und jede Einheit ihren Teil zur Leistungserstellung beiträgt. Im Gegensatz zur Ausrichtung der unternehmerischen Aktivitäten an der Wertschöpfungskette des Unternehmens und damit an den Geschäftsprozessen geht mit einer solchen funktionsorientierten statischen Aufbauor-

75   Vgl. Zacharias, Roger: Geschäftsprozess-Analyse/Modellierung, Online im Internet: http://www.roger-zacharias.de/documents/GPA_GPM_10.01.06.pdf, Januar 2006, S. 9.

76   Vgl. Scherm, Ewald; Pietsch, Gotthard: Organisation, München: Oldenbourg Verlag 2007, S. 194 f.

77   Vereinfachende Darstellung in Anlehnung an Schwickert, Axel C.; Fischer, Kim: Der Geschäftsprozess als formaler Prozess, in: JfB – Journal für Betriebswirtschaft, 2/1997, S. 91.

ganisation i. d. R. eine verrichtungsorientierte Ablauforganisation einher.[78] Auf diese Weise entstehen Inselsysteme in den funktionalen Unternehmensbereichen, die die Koordination und den Informationsfluss der quer zur Hierarchie verlaufenden Geschäftsprozesse behindern. Abbildung 10 verdeutlicht die Problematik:

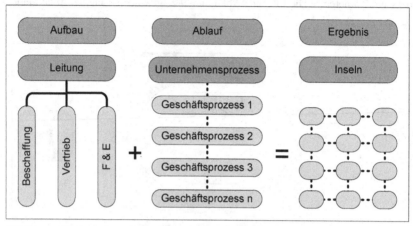

Abbildung 10: Organisatorische Inseln im Unternehmensprozess

De facto ist eine Vielzahl von Unternehmen als Matrix vertikaler Funktionsbereiche und horizontaler Prozesse organisiert. Die Sicherstellung der Verfügbarkeit und damit der Ablauf der Geschäftsprozesse über Funktionsbereichsgrenzen hinaus werden durch die mit dieser Organisationsform häufig entstehenden IT-Inseln erschwert. Diese IT-Inseln sind Systeme, bestehend aus Hardware- und Software, die oftmals von oder für einzelne Funktionsbereiche beschafft und unter eigener Regie betrieben werden ohne eine Integration in die Gesamt-IT.[79] Gerade wenn diese IT-Inseln sich in Funktionsbereichen der Wertschöpfungskette befinden, die zu den primären Unternehmensaktivitäten gehören, stellen sie ein Problem für eine stringente Geschäftsprozessorientierung dar und somit auch für das BIM. Für ein funktionierendes BIM muss ein durchgängi-

---

78 Vgl. Plate, Lars: Qualitätsmanagement im bankbetrieblichen Kreditgeschäft – Wettbewerbsvorteile durch Prozessorientierung und Differenzierung im Marktauftritt, Wiesbaden: Deutscher Universitäts-Verlag, 2005, S. 138 f.

79 Ein klassisches Beispiel für solche Verhaltensmuster sind die Apple Macintosh Rechner, die von vielen Markting Abteilungen in Eigenregie beschafft und betrieben werden, obwohl ansonsten im Unternehmen nur Windows PCs im Einsatz sind.

ges Systems-Management realisiert werden, das alle Geschäftsprozesse, die von der IT abhängig sind, durchgängig überwacht, denn Ziel des BIM ist die Verknüpfung der Daten und Informationen des Systems-Managements mit den Geschäftsprozessen und damit der Wertschöpfungskette. Es müssen folglich die den bereichsübergreifenden Prozessen zugehörigen IT-Ressourcen in angemessener Weise überwacht und gesteuert werden können, was durch IT-Insellösungen verhindert bzw. stark erschwert wird. Aus Sicht der IT-Verantwortlichen bedeutet dies, dass die in den unterschiedlichen Fachabteilungen befindlichen IT-Ressourcen gemeinsam betrachtet werden müssen.[80] IT-Insellösungen stellen nicht nur ein Problem für die Umsetzung eines BIM dar, sondern erschweren auch die Umsetzung von aufsichtsrechtlichen Vorgaben wie z. B. Basel II im Finanzdienstleistungssektor oder Solvency II in der Versicherungsbranche, in der IT-Insellösungen in der Vergangenheit besonders starke Verbreitung gefunden haben.[81]

Bei der Verknüpfung der Wertschöpfungskette mit dem Systems-Management ergeben sich diverse Schwierigkeiten. Schon das allgemeine Modell der Wertschöpfungskette verdeutlicht das Dilemma eines darauf angewendeten Systems-Managements. Die primären Aktivitäten sind funktional gegliedert und verlaufen vertikal zu den funktionsübergreifenden, horizontal verlaufenden Geschäftsprozessen. Das Systems-Management muss in der Lage sein, den Prozess funktionsübergreifend, horizontal darzustellen. Die hierarchische Gliederung bewirkt allerdings, dass das Systems-Management zwar die einzelnen Funktionalbereiche in angemessener Weise überwachen kann, Verknüpfungen mit anderen Bereichen aber zumeist problematisch sind.[82] Beispielsweise ist der Produktionsbereich über den Ausfall eines produktionsbezogenen Servers informiert und drosselt die Produktion. Der Ausfall wird vom Vertrieb erst dann erkannt, wenn der Fertigungsfluss der Produkte abreißt.

---

80 Vgl. Seiler, Martin: Was bringt Software für das Business? Roundtable zum Thema Geschäftsprozess-Management, in: Computerwoche, 23/2002, S. 14.

81 Vgl. o. V.: IT-Inseln behindern Umsetzung von Solvency II – Solvency II: Herausforderung für das Datenmanagment, in: vb – Versicherungsbetriebe, IT & Kommunikation in der Assekuranz, Heft 1/2008, Hans Holzmann Verlag, Wörishofen: 2008, Online im Internet: http://www.versicherungsbetriebe.de/service/impressum.html, 26. 08. 2008.

82 Vgl. Greiner, Wilhelm: IT-Ressourcen nach Bedarf: Automation im Rechenzentrum, in: LAN-Line, 08/2003, S. 70.

2.4.2 Geschäftsprozesse als primäre Perspektive für das IT-Management

Es ist evident, dass dauerhafte Störungen in den Geschäftsprozessen für ein Unternehmen nicht tragbar sind, weil das reibungslose Funktionieren von Geschäftsprozessen und der an den Prozessen beteiligten IT-Ressourcen für ein Unternehmen überlebenswichtig sein können.[83] Daraus folgt, dass eine Betrachtung aller IT-Ressourcen über die Funktionsbereiche der Unternehmen hinweg wünschenswert ist. Das klassische Systems-Management kann bedingt durch die funktionale Trennung der Organisationseinheiten diese prozessbezogene Sicht nicht darstellen. Der BIM-Ansatz trägt dazu bei, diesen Bruch zwischen dem Systems-Management und der über die verschiedenen Funktionsbereiche der Unternehmen aufgeteilten IT-Landschaft zu überbrücken.

Mit Hilfe der Wertschöpfungskette als abstrakter Darstellung des Unternehmensprozesses ist die Definition und Modellierung vielfältiger Prozesse möglich. Für ein modernes Unternehmen ist die genaue Kenntnis von Struktur und Ablauf der Geschäftsprozesse über die einzelnen Fachabteilungen hinweg unerlässlich.[84] Das Vorhandensein eines dokumentierten Geschäftsprozessmodells ist für das BIM eine grundlegende Voraussetzung. Sind die Geschäftsprozesse eines Unternehmens nicht bekannt, kann kein BIM implementiert werden! Dies ist die Begründung dafür, dass Geschäftsprozesse nicht nur für das Management der Fachabteilungen die primäre Perspektive sein müssen, sondern gerade auch für das IT-Management, das mit der Unterstützung der Geschäftsleitung und der Fachabteilungen ein BIM implementieren will.

Nachfolgend wird anhand eines exemplarischen Geschäftsprozesses gezeigt, welche Auswirkungen durch den Ausfall von IT-Komponenten entstehen können und wie diese Ausfälle durch frühzeitige Erkennung von Störungen, wie sie das BIM gewährleisten soll, vermieden werden können. Dazu wird der Geschäftsprozess „Einzelteilfertigung" betrachtet.

Geschäftsprozesse laufen immer nach einem bestimmten Muster ab. Der Geschäftsprozess beginnt mit dem Kunden, durchläuft verschiedene Teilprozesse und endet mit dem Kunden. Über den Verlauf eines Prozesses kann eine Vielzahl von Problemen in den unterstützenden IT-Systemen auftreten, die die Prozessausführung behindern bzw.

---

83 Vgl. Mutschler, Stefan: An den richtigen Rädchen drehen: Dienstleistung Netzoptimierung, in: LANLine Spezial, II/2003, S. 28.

84 Vgl. Martin, Wolfgang: Optimierung der geschäftlichen Abläufe: Business Performance Management, in: IT Management, 6/2003, S. 9.

verhindern oder ihn in seiner Qualität beeinflussen. Im schlimmsten denkbaren Szenario führt die Störung eines einzelnen IT-Systems sogar zum Abbruch eines Geschäftsprozesses oder zum Ausfall der gesamten IT.[85] Die folgende Abbildung 11 verdeutlicht die einzelnen Prozessschritte der Einzelfertigung:

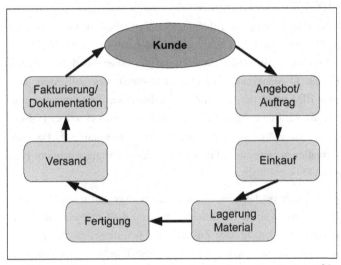

Abbildung 11: Geschäftsprozess Einzelteilfertigung (vereinfacht) [86]

Nimmt man den Ausfall einer Datenbank im Bereich des Materiallagers an, wird die Fertigung nicht mit Materialien zur Produktion beliefert. Dadurch entstehen nicht nur im unmittelbar betroffenen Bereich der Lagerung und Fertigung Probleme, sondern auch in den vor- und nachgelagerten Bereichen. In der Auftragsannahme fallen Aufträge an, die zunächst gesammelt werden müssen, um sie später abzuarbeiten. Aufgrund der heute üblichen engen Prozessabstimmungen ist mit einem Lieferverzug zu rechnen. Im nachgelagerten Bereich sind Leerlaufzeiten und Lieferverzögerungen zu erwarten. Das stark vereinfachte Beispiel zeigt auf, dass ein Unternehmen durch den

---

85   Vgl. Bundesamt für Sicherheit in der Informationstechnik (Hrsg.): Netz- und Systemmanagement, Online im Internet: https://www.bsi.bund.de/cln_134/ContentBSI/grundschutz/kataloge /baust/b04/b04002.html, 06.05.2010.

86   In Anlehnung an: Engelhardt, Peter; Budde, Roland: Ein kundenorientiertes Unternehmensmodell zur inhaltlichen Strukturierung von nach Geschäftsprozessen ausgerichteten Lernfeldern im Ausbildungsberuf Industriekaufmann/-kauffrau, Online im Internet: http://www.ibw.uni-hamburg.de /bwpat/ausgabe4/engelhardt_budde_bwpat4.pdf, 2003, S. 15.

scheinbar harmlosen Ausfall einer einzelnen Datenbank erhebliche wirtschaftliche Schäden erleiden kann. Die hier beschriebene Datenbank ist nur ein Beispiel für mögliche Probleme, das belegt, dass die Implementierung eins BIM of IT eine lohnenswerte Zielvorstellung für die Geschäftsleitung, das Management der Fachabteilungen und das IT-Management ist.

Neben den klassischen Maßnahmen zur Erhöhung der Verfügbarkeit, wie z. B. dem Einsatz redundanter Systeme, lässt sich nun auch prozessbezogen die Verfügbarkeit der IT-Systeme verbessern. Dazu werden die notwendigen Daten aus dem Systems-Management zu für das IT-Management geeigneten Informationen aufbereitet. Dadurch ermöglicht das BIM nicht nur eine höhere Verfügbarkeit sondern auch eine größere Transparenz. Es wird eine Aggregation der Informationen einzelner IT-Ressourcen zu einer auf den Geschäftsprozess bezogenen Sicht vorgenommen.[87] Dadurch werden nur die Informationen gewonnen, die tatsächlich für das Management des Prozesses benötigt werden.[88]

In der Praxis sieht dies idealtypischerweise so aus, dass in einer grafischen Benutzeroberfläche wie z. B. auf einer Website die Geschäftsprozesse des Unternehmens durch Ampelsymbole dargestellt werden. Je nach Zustand der IT-Systeme, die den jeweiligen Geschäftsprozess unterstützen, stellen die Ampeln durch grüne, gelbe oder rote Anzeigen den aktuellen Status der Geschäftsprozess-IT dar.

In einem Bottom-Up-Vorgehen werden die durch die Systems-Management-Lösungen erhobenen Daten mittels Korrelationen, Filterungen und Zuordnungen zu Geschäftsprozessen in relevante Informationen verdichtet.[89] Neben der Aggregation der Daten soll BIM auch die zeitnahe Auswertung der gesammelten Daten und damit die Verwaltung von Hard- und Software über eine reine Verfügbarkeitsmessung und –Sicherstellung hinaus ermöglichen.[90] Dies erfolgt über die Ampelsymbolik der abgebildeten Ge-

87 Vgl. Karlstetter, Florian: Mit Business Service Management zu mehr Geschäftserfolg (Teil 1), Online im Internet: http://www.searchsoftware.de/strategieundprozesse/soa/articles/269608/index.html, 23.06.2010, S. 2.

88 Vgl. Dubie, Denise: Never-fail business services: Business-Impact-Management software takes network management to a new level by assuring Service-Levels for business objectives, a. a. O.

89 Vgl. Kintscher, Burkhard: Horizontal statt vertikal: Überwachung IT-gestützter Geschäftsprozesse, in: IT Management, 5/2003, in: IT Management, 5/2003, S. 26.

90 Vgl. Dubie, Denise: Never-fail business services: Business-Impact-Management software takes network management to a new level by assuring Service-Levels for business objectives, a. a. O.

schäftsprozesse auf der grafischen Oberfläche.

Diese prozessbezogene Sicht des BIM lässt sich an einem weiteren Beispiel des oben vorgestellten Geschäftsprozesses darstellen.[91] Durch die Priorisierungsmöglichkeiten bei der Behebung von Störungen können in BIM-Lösungen kritische von unkritischen Geschäftsprozessvorfällen differenziert werden. So kann durch die ganzheitliche Sicht auf den Prozess festgestellt werden, dass der Ausfall eines Druckers im Bereich des Versands eine deutlich kritischere Störung darstellt als der Ausfall eines Switches in einer dem Versand vorgelagerten Abteilung. Der Drucker ist hier für die Erstellung der Lieferscheine verantwortlich, ohne die die wartenden Speditions-LKWs nicht beladen werden können, während der ganze Prozess der Einzelteilfertigung von dem Ausfall des Switches nur peripher betroffen ist. Durch das BIM wird deutlich, dass durch den Ausfall des Druckers ein höherer wirtschaftlicher Schaden entstehen kann als beispielsweise durch die mit dem Ausfall des Switches verbundenen Verzögerungen. Diese prozess-spezifische Sichtweise auf die IT erleichtert zusätzlich die Priorisierung der Fehlersuche, wodurch wiederum die Verfügbarkeit der Prozesse deutlich verbessert wird.[92]

Das tradierte Systems-Management konzentrierte sich bislang nur auf die isolierte Betrachtung einzelner Ressourcen, ohne die Verflechtungen zu berücksichtigen, die bei einer ganzheitlichen Sicht zu Tage treten. Für ein geschäftsprozessorientiert handelndes Unternehmen ist die Prozessperspektive des Systems-Managements unabdingbar.[93] Mit dem BIM wird versucht, diese Perspektive zu implementieren.

Dieser Entwicklung tragen auch IT-Abteilungen Rechnung, indem sie sich nicht mehr als Infrastruktur-Anbieter und -Verwalter sondern als serviceorientierte Dienstleister auf die tatsächlichen durch die Fachabteilungen nachgefragten Leistungen einstellen. Die Anpassung der IT an die Anforderungen der Abteilungen kann durch die Einfüh-

---

91 Das folgende Beispiel wurde entwickelt nach Kintscher, Burkhard: Horizontal statt vertikal: Überwachung IT-gestützter Geschäftsprozesse, a. a. O., S. 25.

92 Vgl. Kintscher, Burkhard: Horizontal statt vertikal: Überwachung IT-gestützter Geschäftsprozesse, a. a. O., S. 26 f.

93 Verstärkt wird die Geschäftsprozessorientierung noch durch die ISO 9000 Norm. Diese fordert ein prozessorientiertes Qualitätsmanagement in einem Unternehmen. Vgl. Binner, Hartmut F.: Einführung eines prozessorientierten Qualitätsmanagement-Systems nach der ISO 9000:2000 mit Rechnereinsatz, in: Leistung und Lohn – Zeitschrift für Arbeitswirtschaft, Nr. 363-366/2001, Hrsg.: Bundesvereinigung der Deutschen Arbeitgeberverbände, Bergisch Gladbach: Heider, 2001, S. 10 f.

rung eines SLM zusammen mit der Definition von SLAs erreicht werden.[94] SLAs werden für die Überwachung der Verfügbarkeit bestimmter Dienste eingesetzt, allerdings gehen die im Rahmen von BIM notwendigen SLAs über die reine Überwachung der Einhaltung von definierten Vorgaben hinaus. Wie SLAs im Rahmen von BIM gestaltet werden, damit sich Vorfälle in Prozessen proaktiv vermeiden lassen, skizziert das folgende Kapitel.

2.4.3 Qualitätsanforderungen an das Business-Impact-Management

SLAs sind als zentraler Bestandteil für das BIM anzusehen. Die Dokumentation und Überwachung der SLAs, eingebettet im Oberbegriff des Service-Level-Managements, wird über vorhandene Systems-Management-Lösungen realisiert.[95] Wie in Kapitel 1 noch näher erläutert wird enthalten Systems-Management-Systeme in der Regel auch eigene Anwendungen und/oder Schnittstellen zu Anwendungen von Drittanbietern, die die Unternehmen bei der Definition, Steuerung und Überwachung von SLAs und damit beim Service-Level-Management unterstützten.[96] Allgemein orientiert sich das Design dieser Anwendungen an den Best-Practice-Empfehlungen der ITIL, die sich seit einigen Jahren als Quasi-Standard für das IT-Service-Management etabliert haben.

SLAs liefern die eigentliche Grundlage für die Koppelung des Systems-Managements an die Geschäftsprozesse.[97] Nur hierüber lässt sich feststellen, inwieweit ein Geschäftsprozess funktioniert und sich ankündigende Probleme automatisiert vermeiden lassen. Im Folgenden wird daher ein kurzer Überblick über die Möglichkeiten einer proaktiven Feststellung von Problemen und der damit einhergehenden Vermeidung von Ausfällen IT-gestützter Geschäftsprozesse unter Nutzung von SLAs dargestellt.

Fundamentales Prinzip von SLAs ist die Vereinbarung von Indikatoren und deren Abgleich mit festgelegten Richtwerten. Hintergrund ist die Überlegung, dass nur das „ge-

---

94   Vgl. Stadler, Annette: Netzwerkmanagement muss Kosten senken, in: LANLine, 2/2003, S. 70.

95   Vgl. Seiler, Martin: Was bringt Software für das Business? Roundtable zum Thema Geschäftsprozess-Management, a. a. O., S. 14.

96   Vgl. IBM (Hrsg.): Tivoli Service-Level Advisor – Software, Online im Internet: http://www-01.ibm.com/software/tivoli/products/service-level-advisor/, 28.06.2010.

97   Vgl. Greiner, Wilhelm: IT-Ressourcen nach Bedarf: Automation im Rechenzentrum, a. a. O., S. 70.

managed" und gesteuert werden kann, was sich auch messen lässt.[98] Typische Indikatoren zur Bestimmung des Netzzustandes sind u. a. Durchsatz, Verfügbarkeitszeiten, Abbruch- und Wiederaufnahmezeiten.[99] Dabei ist zu beachten, dass jede Vereinbarung auf individuellen Anforderungen beruht.[100] Gleiche Indikatoren können also je nach Aufgabenstellung unterschiedliche Richtwerte annehmen. Akteure im Rahmen eines SLAs sind auf der einen Seite die Dienstleister, die die Serviceleistung erbringen, auf der anderen Seite Kunden, die die Einhaltung der vereinbarten Serviceziele verlangen.[101] Im BIM ist der Dienstleister normalerweise die IT-Abteilung, die für die einzelnen Fachabteilungen (im Sinne von Kunden) oder Geschäftsprozessteams die Geschäftsprozesse mit IT unterstützt. Innerhalb der SLAs muss zwischen den Parteien auch festgelegt werden, wie auf Störungen reagiert wird und welche Konsequenzen im Falle von Vertragsverletzungen auf den Dienstleister zukommen.[102]

Das grundsätzliche Problem der klassischen SLAs bei der Überwachung von Geschäftsprozessen ist die funktionale Trennung in der Aufbauorganisation des Unternehmens. Durch die Definition von SLAs lassen sich zwar isolierte Teile eines Systems überwachen und administrieren, eine Verknüpfung mit den Geschäftsprozessen im Sinne von End-to-end-SLA ist aber nicht ohne weiteres möglich.[103] Die Notwendigkeit von prozessorientierten Dienstvereinbarungen wurde rasch erkannt und ausführlich thematisiert.[104] Für das BIM gilt es nun, diese Verbindung mit Hilfe des Ser-

---

98 Vgl. Martin, Wolfgang: Optimierung der geschäftlichen Abläufe: Business Performance Management, a. a. O., S. 9.

99 Vgl. Pesch, Ulrich: Geregeltes Auskommen: Service-Level-Agreements, in: Informationweek, 2/2000, S. 54.

100 Vgl. Hackmann, Joachim: Kennzahlen-Korsett für Service-Provider: SLAs im Outsourcing-Umfeld, in: Computerwoche, 11/2002, S. 66.

101 Vgl. Lehner, Franz; Locher, Christian; Graf, Tanja: Application Service Providing (ASP) und Service-Level-Agreements (SLA), in: Schriftenreihe des Lehrstuhls Wirtschaftsinformatik III, Nr. 53/2001, 1. Auflage, Hrsg.: Lehrstuhl für Wirtschaftsinformatik III, Universität Regensburg: Regensburg, 2001, S. 40.

102 Eine ausführliche Darstellung, insbesondere der rechtlichen Regelungen, liefert Schreibauer, Marcus; Taraschka, Klaus: Service-Level-Agreements für Softwarepflegeverträge, in: Computer und Recht, 8/2003, S. 560 ff.

103 Vgl. Hackmann, Joachim: Kennzahlen-Korsett für Service-Provider: SLAs im Outsourcing-Umfeld, a. a. O., S. 66.

104 Für eine umfassende Beschreibung Vgl. Schmidt, Holger: Entwurf von Service-Level-Agreements auf Basis von Dienstprozessen, München: Utz, 2001, S. 61 ff.

vice-Level-Managements herzustellen.[105] Dabei wird versucht, wichtige IT-abhängige Geschäftsprozesse durch Service-Level-Manager zu unterstützen, die als Verantwortliche den Prozess begleiten.[106] Ein Grund, warum sich Service-Level-Management trotz der Orientierung an Geschäftsprozessen bis jetzt noch nicht durchsetzen konnte, ist seine IT-Lastigkeit bei der Definition von zu überwachenden Indikatoren, d. h., dass dem klassischen Service-Level-Management der fachliche Bezug fehlt.[107] So kann mit Service-Level-Management zwar eine 99,99-prozentige Verfügbarkeit einer Website oder eine durchschnittliche Antwortzeit dieser Website von z. B. kleiner 2 Sekunden vereinbart werden, aber die für den Geschäftsprozess ebenfalls wichtige Größe der Verarbeitungsdauer für bspw. eine Kundenadressänderung kann es nicht garantieren.[108] Auch diese Lücken will das BIM schließen und die Überwachung von geschäftsprozessbezogenen SLAs ermöglichen. Dies wird über das Application Response Time Measurement (ARM) realisiert. Mit dem ARM werden, bezogen auf einen Geschäftsprozess, typische Benutzeraktionen simuliert und aus den Bearbeitungszeiten ein Mittelwert gebildet, der dann als Richtwert für geschäftsprozessbezogene SLAs herangezogen werden kann.

Dies beantwortet teilweise auch die Frage wie Service-Levels im Rahmen des BIM gestaltet sein müssen. Service-Levels werden nun nicht mehr im Hinblick auf klassische IT-Objekte wie Server-, Netzwerk- oder Anwendungsverfügbarkeit hin erstellt, überwacht und ausgewertet, sondern mit Bezug auf Geschäftsprozesse, z. B. Angebotserstellung oder Rechnungsversand, definiert.[109] Das heißt, SLAs werden für ganze Geschäftsprozesse abgeschlossen und nicht mehr über den Verfügbarkeitsnachweis ein-

105 Vgl. Walker, Diana: What is business service management?, Online im Internet: http://www. informationage.com/channels/management-and-skills/features/273886/what-is-business-service-management.thtml, 21.01.2005.

106 Vgl. Kintscher, Burkhard: Horizontal statt vertikal: Überwachung IT-gestützter Geschäftsprozesse, a. a. O., S. 25.

107 Vgl. Kourim, Nicolas: IT-Service braucht Kontrolle: Service-Level-Management, in: Computerwoche, 32/2001, S. 41.

108 Vgl. Dubie, Denise: Same software, different name? Business-Impact-Management software resembles service-Level-Managent tools, but they have critical differences, a. a. O.

109 Vgl. o. V.: Tivoli Produktinformationen für eine Business-Impact-Management-Lösung Hrsg.: IBM Deutschland GmbH, München, 27.05.2003, S. 16.

zelner IT-Ressourcen.[110] Auf den Geschäftsprozess bezogen, müssen die Ziele, die mit diesem verfolgt werden, so formuliert werden, dass sie messbar sind und somit in eine leicht herstellbare Indikatorendarstellung transformiert werden können.[111] Ziel muss also sein, „(...) die Geschäftsanforderungen in IT-Performance-Levels zu übersetzen, mit Referenzwerten zu versehen und deren Einhaltung kontinuierlich zu überwachen. Das erlaubt, die Leistung und Verfügbarkeit der IT-Ressourcen in Abhängigkeit von Geschäftsprozessen zu evaluieren"[112]. Performance-Level bedeuten in diesem Zusammenhang bspw. die durchschnittliche Verarbeitungsdauer eines Geschäftsprozesses. Sind die SLAs in Abhängigkeit der Geschäftsprozesse definiert, kann die BIM-Lösung die gewünschten Leistungsdaten sammeln und analysieren.[113] Dazu bieten verschiedene Hersteller unterschiedliche Tools an, die sowohl detaillierte Berichte als auch allgemeine Verfügbarkeits- und Performancenachweise transparent über Geschäftsprozesse erbringen.[114]

BIM will Abläufe und Abhängigkeiten innerhalb der Prozesse darstellen. Durch die prozessspezifische Auswertung und Überwachung der Daten soll es dann möglich sein, frühzeitig Probleme zu erkennen und gegenzusteuern.[115] Das BIM vergleicht dazu vordefinierte Werte mit aktuell ermittelten Werten, um anormale Daten zu erkennen. Damit kann es entweder durch die Alarmierung der jeweiligen Verantwortlichen oder durch automatisiertes Handeln potenzielle Probleme im Geschäftsprozess schon vor ihrer Entstehung verhindern.[116] So kann BIM z. B. Bandbreitenkapazitäten an Engpässen bereitstellen, wodurch die IT-Infrastruktur wieder in ihrem optimalen Be-

---

110 Vgl. Kintscher, Burkhard: Horizontal statt vertikal: Überwachung IT-gestützter Geschäftsprozesse, a. a. O., S. 27.

111 Vgl. Martin, Wolfgang: Optimierung der geschäftlichen Abläufe: Business-Performance-Management, a. a. O., S. 9.

112 Greiner, Wilhelm: IT-Ressourcen nach Bedarf: Automation im Rechenzentrum, a. a. O., S. 70.

113 Vgl. Dubie, Denise: Never-fail business services: Business-Impact-Management software takes network management to a new level by assuring Service-Levels for business objectives, a. a. O.

114 Vgl. Stadler, Annette: Netzwerkmanagement muss Kosten senken, a. a. O., S. 70.

115 Vgl. Kintscher, Burkhard: Horizontal statt vertikal: Überwachung IT-gestützter Geschäftsprozesse, a. a. O., S. 27.

116 Vgl. Dubie, Denise: Never-fail business services: Business-Impact-Management software takes network management to a new level by assuring Service-Levels for business objectives, a. a. O.

reich arbeitet.[117] Weitere Beispiele für proaktive Maßnahmen lassen sich praktisch über alle am Geschäftsprozess beteiligten IT-Ressourcen finden. So kann im Bereich des Servermanagements eine dynamische Anpassung von Partitionen bei drohenden Speicherengpässen erfolgen, oder durch automatisiertes Load Balancing können rechenzeitintensive Aufgaben auf mehrere Server verteilt werden.[118]

---

117 Vgl. BMC Software (Hrsg.): Business Service Management: Wie schnell können Sie dieses Ziel erreichen?, Online im Internet: http://documents.bmc.com/products/documents/08/21/50821/ 50821.pdf, 20.07.2010, S. 10.

118 Vgl. Greiner, Wilhelm: IT-Ressourcen nach Bedarf: Automation im Rechenzentrum, a. a. O., S. 70.

3   Vom Geschäftsprozess zum Service-Level-Management

3.1   Grundlagen des Service-Level-Managements

3.1.1   Einordnung des Service-Level-Managements in ITIL

Das Business-Impact-Management baut auf dem Service-Level-Management (SLM) auf, d. h. dass SLM in einem Unternehmen realisiert sein muss um BIM umzusetzen. SLM stellt eine Teildisziplin des IT-Service-Managements (ITSM) dar, wie es z. B. in der IT-Infrastructure-Library (ITIL) beschrieben wird.[119] Neben der ITIL gibt es noch andere Frameworks, die die Umsetzung eines ITSM beschreiben. Zu nennen sind hier z. B. die Control Objectives for Information and Related Technology (CobiT), das Microsoft Operations Framework (MOF) oder die Enhanced Telecom Operations Map (eTOM). Im Gegensatz zu den anderen Frameworks hat sich die ITIL in der Praxis aber als De-facto-Standard[120] zur Implementierung eines ITSM durchgesetzt.[121]

Die ITIL ist eine Sammlung von Best Practices, die von der Central Computing and Telecommunications Agency (CTTA), dem heutigen Office of Government Commerce (OGC),[122] veröffentlicht wurde und beschreibt die Umsetzung eines ITSM.[123] Ziel des ITSM ist die Neuorientierung der IT: Weg von der Rolle eines kostenorientierten Bereitstellers von IT-Ressourcen, hin zu der Rolle eines Dienstleisters, der an den strategischen Unternehmenszielen ausgerichtet ist.[124] Teil der Serviceorientierung ist die

---

119 Vgl. Blokdijk, Gerard; Menken, Ivanka: Service-Level-Managent Best Practice Handbook, Brisbane: Emereo Publishing 2008, S. 17.

120 Der Begriff De-Facto-Standard bedeutet hier, dass sich die ITIL in der Praxis bewährt hat und weit verbreitet Anwendung findet. Die ITIL wird als De-facto-Standard beschrieben, da eine Bezeichnung als Standard (auch De-jure-Standard) streng genommen die Anerkennung eines staatlichen Normungsinstituts zur Vorraussetzung hat. Diese Anerkennung ist bei ITIL jedoch nicht gegeben. Vgl. Ebel, Nadine: ITIL V3 Basis-Zertifizierung, a. a. O., S. 56.

121 Vgl. Ebel, Nadine: ITIL V3 Basis-Zertifizierung, a. a. O., S. 56.

122 Die CTTA wird heute als Office of Government Commerce (OGC) bezeichnet und ist eine britische Regierungsbehörde, die eine Unterstützungsfunktion für andere Organisationen des öffentlichen Sektors hat. Handlungsziel der OGC ist die effiziente Nutzung von Steuergeldern im öffentlichen Sektor. Website der OGC: http://www.ogc.gov.uk/.

123 Vgl. o. V.: ITIL.org – Overview, Online im Internet: http://www.itil.org/en/vomkennen/itil/ueber blick/index.php, 04.05.2010.

124 Vgl. van Bon, Jan; van der Veen, Annelies; Pieper, Mike (Hrsg.): Foundations in IT-Service Management basierend auf der ITIL, Zaltbommel (NL): Van Haren Publishing, 2006, S. 15. In

kontinuierliche Verbesserung der angebotenen Services. Hierzu wird jedem Service von der ITIL ein Lebenszyklus zugeschrieben.[125] Die ITIL ist ein gebündeltes Gesamtwerk aus Büchern, in welchem jedes Buch eine Phase des Service-Lebenszyklus beschreibt.[126] Das gebündelte Gesamtwerk wird stetig weiterentwickelt und in Revisionen veröffentlicht. Die seit 2007 aktuelle Revision ist ITIL V3.[127] Die Gliederung und Terminologie der Phasen und Teilprozesse, aus denen sich der Service-Lebenszyklus zusammensetzt, hat sich im Laufe der Revisionen verändert.[128] Die ITIL V3 umfasst folgende Publikationen (auch als Kernpublikationen bezeichnet), die den Phasen des Service-Lebenszyklus zugeordnet sind:[129]

- Servicestrategie (Service-Strategy)

- Serviceentwurf (Service-Design)

- Serviceüberführung (Service-Transition)

- Servicebetrieb (Service-Operation)

- Kontinuierliche Serviceverbesserung (Continual-Service-Improvement)

Die einzelnen Phasen des Lebenszyklus setzen sich aus mehreren Prozessen zusammen. Der Service-Lebenszyklus nach der ITIL V3 wird im Folgenden verbal und grafisch (Abbildung 12) dargestellt.

Die *Service Strategy* beschreibt die strategische Einbindung des ITSM. Die Service Strategy bildet den Kern des Service-Lebenszyklus und dient somit als Fundament für

---

Verbindung mit Ingendahl, Norbert; Tigelaar, Menno: IT-Service Management – Eine Einführung in ITIL, Aachen: Verlag Mainz 2000, S. 4.

125 Vgl. van Bon, Jan (Hrsg.): IT-Service Management basierend auf ITIL V3 – ein Taschenbuch, Zaltbommel (NL): Van Haren Publishing 2008, S. 22.

126 Vgl. van Bon, Jan (Hrsg.): IT-Service Management basierend auf ITIL V3 – ein Taschenbuch, a. a. O., S. 22.

127 Vgl. Ebel, Nadine: ITIL V3 Basis-Zertifizierung, a. a.. O., S. 60.

128 Vgl. Tainter, Mike; Likier, Martin: Key Differences Between ITIL v2 and v3, Online im Internet: http://www.itsmwatch.com/itil/article.php/3707341/Key-Differences-Between-ITIL-v2-and-v3.htm, 25.10.2007, S. 1 f.

129 Vgl. van Bon, Jan (Hrsg.): IT-Service Management basierend auf ITIL V3 – ein Taschenbuch, a. a. O., S. 22.

die anderen vier Phasen.[130]

Das *Service-Design* definiert und entwirft Services auf Basis der strategischen Ziele, die in der Service Strategy festgelegt wurden. In der Service-Design-Phase findet eine Transformation vom Bereitstellen der IT-Infrastruktur zum Anbieten eines Portfolios von IT-Services statt. Das Service Design beinhaltet auch die Änderung und Verbesserung von IT-Services, um zum einen den Wert für den Kunden zu steigern und zum anderen die Service-Qualität sicherzustellen.[131]

Service-Transition beschreibt die Koordinierung der Prozesse, Aufgaben, Systeme und Aktivitäten, die benötigt werden, um einen IT-Service zusammenzustellen, zu testen und zu veröffentlichen.[132] Service Transition beschreibt also die praktische Umsetzung der geschäftlichen Anforderungen in konkrete IT-Services.[133] Bestandteil der Service Transition ist auch das Configuration Management mitsamt der Configuration Management Database (CMDB). Die CMDB ist eine von der ITIL empfohlene Datenbank, in der die gesamte IT-Infrastruktur logisch erfasst und zueinander in Beziehung gesetzt wird. Die Informationen der CMDB stehen dann anderen ITIL-Prozessen zur Verfügung.[134]

Service-Operation beschreibt den operativen Teil des ITSM. Service Operation beinhaltet eine Anleitung zum effizienten Bereitstellen von IT-Services und deren Support, mit dem Ziel, einen störungsfreien Betrieb aufrecht zu erhalten und somit den angestrebten Wert der IT-Services für den Kunden zu realisieren.[135] Unter Wert ist hierbei der Beitrag zum Geschäftserfolg zu verstehen, der dann realisiert wird,wenn die Kundenanforderungen erfüllt werden.

---

130 Vgl. Buchsein, Ralf; Victor, Frank; Günther, Holger; Machmeier, Volker: IT-Management mit ITIL V3, aktualisierte und erweiterte 2. Auflage, Wiesbaden: Teubner Verlag 2008, S 15 f.

131 Vgl. Buchsein, Ralf; Victor, Frank; Günther, Holger; Machmeier, Volker: IT-Management mit ITIL V3, a. a. O., S 18.

132 Vgl. Ebel, Nadine: ITIL V3 Basis-Zertifizierung, a. a. O., S. 325.

133 Vgl. Buchsein, Ralf; Victor, Frank; Günther, Holger; Machmeier, Volker: IT-Management mit ITIL V3, a. a. O., S 19 f.

134 Vgl. Reiss, Manuela; Reiss, Georg: Praxishandbuch IT-Dokumentationen, München: Addison-Wesley, 2009, S. 53.

135 Vgl. Buchsein, Ralf; Victor, Frank; Günther, Holger; Machmeier, Volker: IT-Management mit ITIL V3, a. a. O., S 21.

Das *Continual-Service-Improvement* hat die nachhaltige Verbesserung der Effektivität und Effizienz der IT-Services zum Gegenstand. Weiterhin hat das Continual Service Improvement die Anpassung der IT-Services an die sich ständig ändernden Kundenanforderungen zum Ziel.[136] Das Continual Service Improvement umfasst Methoden zur Identifikation und Umsetzung von potenziellen[137] Service-Verbesserungen.[138]

Abbildung 12 zeigt die verschiedenen Phasen des ITIL-Lebenszyklus mit den zugeordneten Prozessen.

---

136 Vgl. Buchsein, Ralf; Victor, Frank; Günther, Holger; Machmeier, Volker: IT-Management mit ITIL V3, a. a. O., S 22 f.

137 Potenziell bedeutet hier, dass das Continual Service Improvement möglicherweise mehr Verbesserungsmöglichkeiten identifiziert, als mit den gegebenen finanziellen Mitteln umgesetzt werden können. Es muss deshalb eine Priorisierung der Verbesserungsprojekte stattfinden.

138 Vgl. Olbrich, Alfred: ITIL kompakt und verständlich, erweiterte und verbesserte 4. Auflage, Wiesbaden: Teubner Verlag, 2008, S. 94.

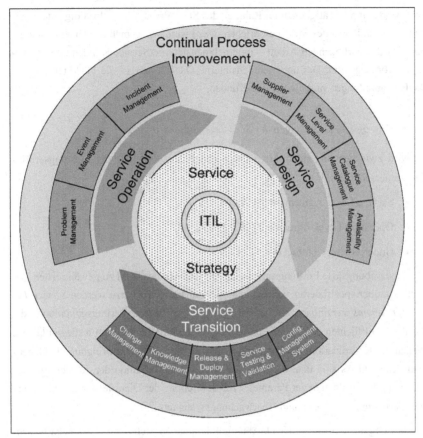

Abbildung 12: SLM im ITIL V3 Service-Lebenszyklus[139]

Das SLM ist wie in der Abbildung dargestellt Bestandteil der Service-Design-Pha-se.[140] Das SLM ist der zentrale Prozess des ITSM und hat im Wesentlichen die Auf-gabe der Aufrechterhaltung und Optimierung von IT-Serviceleistungen.[141] Verhand-lung und Abschluss von Service-Level-Agreements, die die Leistungserbringung re-

139 In Anlehnung an OGC (Hrsg.): ITIL V3 – Service Design, London: TSO, 2007, S. 6.

140 Vgl. Buchsein, Ralf; Victor, Frank; Günther, Holger; Machmeier, Volker: IT-Management mit ITIL V3, a. a. O., S 19.

141 Vgl. Olbrich, Alfred: ITIL kompakt und verständlich, a. a. O., S. 90.

geln, sind zentrale Tätigkeiten im Rahmen des SLM-Prozesses.[142] Im Folgenden werden die Grundlagen des SLM beschrieben. Dazu werden – gemäß des Untersuchungsbereichs der vorliegenden Arbeit – unternehmensinterne Service-Kunden und Dienstleister vorausgesetzt. Der unternehmensinterne Dienstleister ist die IT-Abteilung und die Fachabteilungen sind die Service-Kunden.

3.1.2 Vertragliche Grundlagen der SLM-Leistungserbringung

Es wird zwischen folgenden Arten der vertraglichen Regelung der Leistungserbringung unterschieden:[143]

- Service-Level-Agreement (SLA)

- Operation-Level-Agreement (OLA)

- Underpinning Contract (UC)

Um eine reibungslose Leistungserbringung im Rahmen des SLM zu gewährleisten, bedarf es sauber spezifizierter vertraglicher Vereinbarungen. Hierzu werden *Service-Level-Agreements* vereinbart, die, in Form eines schriftlichen Vertragsdokuments, die Rechte und Pflichten der Vertragsparteien (Kunde und Dienstleister) festlegen.[144] Sie dienen der Koordination, Lenkung und Kontrolle der Leistungserbringung.[145] Gegenstand eines SLAs sind u. a. die Vertragsparteien, die Definition der zu erbringenden Leistung, die Festlegung der Parameter zur Beurteilung der Dienstleistungsqualität und die Einrichtung von Mess- und Überwachungssystemen.[146]

Je nach Organisationsform der IT-Abteilung können an Stelle von SLAs auch *Operation-Level-Agreements* getroffen werden. Bei OLAs handelt es sich um unternehmens-

---

142 Vgl. Olbrich, Alfred: ITIL kompakt und verständlich, a. a. O., S. 84.

143 Vgl. Buchsein, Ralf; Victor, Frank; Günther, Holger; Machmeier, Volker: IT-Management mit ITIL V3, a. a. O., S 125 f.

144 Vgl. Olbrich, Alfred: ITIL kompakt und verständlich, a. a. O., S. 91.

145 Vgl. Burr, Wolfgang: Service-Level-Agreements, in Praxishandbuch Service-Level-Management, Hrsg: Bernhard, Martin G.; Mann, Hartmut; Lewandowski, Winfried; Schrey, Joachim, 2. überarbeitete Ausgabe, Düsseldorf: Symposion, 2006, S. 43.

146 Vgl. Burr, Wolfgang: Service-Level-Agreements, a. a. O., S. 30. In Verbindung mit Quack, Karin: Was Sie schon immer über SLAs wissen wollten, Online im Internet: http://www.com puterwoche.de/management/compliance-recht/1866335/, 11.06.2008.

interne Vertragswerke, in denen analog zu SLAs die Leistungserbringung vertraglich geregelt wird. Bei Nichteinhaltung von OLAs kommt es zur Anwendung des Unternehmensrechts, da sie im Gegensatz zu SLAs kein juristischer Vertrag sind.[147]

Eine dritte Vertragsform zur Regelung der Leistungserbringung ist der *Underpinning Contract*. Dieser bezieht sich auf ein Vertragsverhältnis zwischen dem Dienstleister und einem externen Lieferanten.[148] Der UC wird hier jedoch nicht weiter behandelt, da er sich thematisch außerhalb des Untersuchungsbereichs befindet.

Das Aufstellen vertraglicher Vereinbarungen zur Leistungserbringung ist in der Praxis oftmals problematisch,[149] da Frameworks wie ITIL keinerlei Hinweise zu deren Gestaltung geben.[150] Schlecht spezifizierte Vereinbarungen können jedoch zu Problemen bei der Leistungserbringung führen. Dies wird anhand eines Beispiels kurz erläutert:

Ein Dienstleister betreibt eine Website für einen Service-Kunden. Für die Bereitstellung des Dienstes wurde im SLA eine Verfügbarkeit der Website von 99 Prozent festgelegt, jedoch wurden keine Spezifikationen bezüglich der Antwortzeiten des Servers vorgenommen. Kommt es nun zu einer starken Auslastung des hostenden Servers, resultiert dies in sinkenden Antwortzeiten. Der Dienstleister sieht jedoch keinerlei Handlungsbedarf, da lediglich die Verfügbarkeit der Website der entscheidende Parameter für ihn ist. Wie dieses Beispiel zeigt, ist die Entwicklung von effektiven SLAs ein aufwendiger Prozess, der jedoch von entscheidender Bedeutung für die Leistungserbringung ist.[151]

In Kapitel 3.4 wird eine Einführungsbeschreibung für SLAs als Hilfestellung für die Praxis spezifiziert. Nachdem nun SLAs als vertragliches Instrument zur Regelung der SLM-Leistungserbringung vorgestellt wurden, wird im Folgenden der SLM-Prozess näher untersucht. Der SLM-Prozess wird dazu in mehrere Teilprozesse unterteilt.

---

147 Vgl. Olbrich, Alfred: ITIL kompakt und verständlich, a. a. O., S. 92.

148 Vgl. Olbrich, Alfred: ITIL kompakt und verständlich, a. a. O., S. 91 f.

149 Vgl. Bernhard, Martin G.: Service-Level-Management=Supply-Chain-Management!, in Service-Level-Management in der IT, Hrsg: Bernhard, Martin G.; Lewandowski, Winfried; Mann, Hartmut, 5. Auflage, Düsseldorf: Symposion 2004, S. 67 f.

150 Vgl. Quack, Karin: Leitfaden des itSMF hilft beim SLA-Management, Online im Internet: http://www.computerwoche.de/management/it-services/1932190/, 18.03.2010.

151 Vgl. Thejendra, B. S.: Practical IT-Service Management; UK: IT Governance Publishing 2008, S. 120.

3.1.3 Der SLM-Prozess

Service-Level-Management ist ein kontinuierlicher Prozess, der sich mit der ständigen Verbesserung vorhandener[152] und mit der Entwicklung neuer SLAs[153] befasst, mit dem Ziel, die IT-Service-Qualität auf die Kundenwünsche abzustimmen[154] und somit einen optimalen Wertbeitrag zur Erreichung der Unternehmensziele zu leisten. Wie Abbildung 12 weiter oben gezeigt hat, ist das SLM der Service-Design-Phase des ITIL Service-Lebenszyklus-Konzepts zuzuordnen.

Der SLM-Prozess lässt sich in verschiedene Teilprozesse unterteilen. Die Terminologie und genaue Abgrenzung der einzelnen Teilprozesse ist in der vorhandenen Literatur uneinheitlich. Grundsätzlich lässt sich jedoch sagen, dass der SLM-Prozess auf die kontinuierliche Verbesserung der Services abzielt.[155] Zur kontinuierlichen Prozessverbesserung wird in IT-Forschung und -Praxis häufig ein vierphasiger Prozess angewendet, der als PDCA-Zyklus (Plan, Do, Check, Act) oder Demingkreis bezeichnet wird.[156] Der PDCA-Zyklus wird beispielsweise innerhalb des Total-Process-Managements[157], Kaizen[158] oder des IT-Sicherheitsmanagements nach ISO/IEC 27001[159] verwendet. Er unterteilt den Verbesserungsprozess in sich wiederholende Phasen der Planung der Problembehebung, der Implementierung der geplanten Maßnahmen, der Überprüfung der Maßnahmen und der Anpassung der Maßnahmen.[160] Aufgrund der Etabliertheit dieses Regelkreis-Vorgehens bietet sich auch für den SLM-Prozess ein derartiges Vorgehen als Erfolg versprechend an. Bernhard und Lüder schlagen eine

---

152 Vgl. Bernhard, Martin G.: Service-Level-Management=Supply-Chain-Management!, a. a. O., S. 63 f.

153 Vgl. Lüder, Christoph: Wadenbeißer Service-Level-Manager, in der EDV-Leiter 01/07, S. 22 f.

154 Vgl. Schiefer, Helmut; Schitterer, Erik: Prozesse optimieren mit ITIL, überarbeitete 2. Auflage, Wiesbaden: Vieweg & Teubner, 2008, S. 54.

155 Vgl. Bernhard, Martin G.: Service-Level-Management=Supply-Chain-Management!, a. a. O., S. 63 f.

156 Vgl. Weigert, Johann: Der Weg zum leistungsstarken Qualitätsmanagement, Hannover: Schlütersche, 2004, S. 68 f.

157 Vgl. Reitz, Andreas: Lean TPM, München: Moderne Industrie Verlag, 2008, S. 11.

158 Vgl. Brunner, Franz J.: Japanische Erfolgskonzepte, München: Hanser, 2008, S. 11.

159 Vgl. Kersten, Heinrich; Reuter, Jürgen; Schröder, Klaus-Werner: IT-Sicherheitsmanagement nach ISO 27001 und Grundschutz, Wiesbaden: Vieweg, 2008, S. 38.

160 Vgl. Weigert, Johann: Der Weg zum leistungsstarken Qualitätsmanagement, a. a. O., S. 69 f.

Untergliederung des SLM-Prozesses in vier Teilprozesse vor.[161] Diese Unterteilung lässt sich in ein PDCA-Vorgehen übersetzen und wird deshalb hier übernommen. Folgende Teilprozesse lassen sich unterscheiden:

- Management neuer bzw. veränderter Geschäftsanforderungen

- Verbesserung der IT-Leistungsfähigkeit durch Entwicklung bzw. Optimierung von SLAs

- Überwachung und Steuerung der definierten Ziele

- Rückkopplung und Verbesserungsprozess

Die identifizierten Teilprozesse des SLM lassen sich grafisch als Regelkreis darstellen:

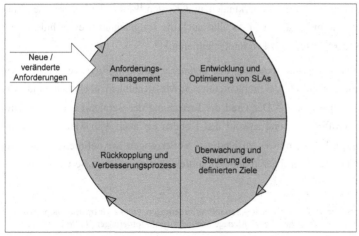

Abbildung 13: Regelkreisdarstellung der SLM-Teilprozesse[162]

Im Rahmen des *Anforderungsmanagements* werden von den Fachabteilungen Anforderungen in Form von Service-Level-Requirements (SLRs) an die IT gestellt.[163] In den SLRs wird dargelegt, welche Anforderungen die Fachabteilungen an die IT-Ser-

---

161 Vgl. Bernhard, Martin G.: Service-Level-Management=Supply-Chain-Management!, a. a. O., S. 64. In Verbindung mit Lüder, Christoph: Wadenbeißer Service-Level-Manager, a. a. O., S. 23.

162 In Anlehnung an Lüder, Christoph: Wadenbeißer Service-Level-Manager, a. a. O., S. 23.

163 Vgl. Olbrich, Alfred: ITIL kompakt und verständlich, a. a. O., S. 84.

vices stellen, indem die gewünschten Service-Level-Ziele definiert werden.[164] SLRs dienen als Grundlage für spätere SLAs und werden im SLM-Anforderungsmanagement hinsichtlich ihrer Machbarkeit überprüft.[165] In diesem Teilprozess werden bereits Messtechniken zur Überwachung des entstehenden SLAs geplant.[166] Eine weitere Aktivität im Rahmen des Anforderungsmanagements ist ein Review bestehender SLAs hinsichtlich ihrer Erfüllung der neuen bzw. veränderten Anforderungen.[167]

Im folgenden Teilprozess, der *Entwicklung und Optimierung von SLAs*, werden SLAs – unter Berücksichtigung der Machbarkeit – strukturiert und ausgehandelt bzw. im Falle von bereits existenten, nicht mehr anforderungsgerechten SLAs optimiert.[168] Alle entwickelten bzw. modifizierten Services werden im sog. Service-Katalog dokumentiert. Der Service-Katalog beinhaltet alle angebotenen IT-Services und liefert detaillierte Angaben zu Leistungsmerkmalen und Kosten.[169] Im Teilprozess der Entwicklung und Optimierung von SLAs sind auch die festgelegten Messtechniken zur Überwachung der Service-Level zu implementieren.[170]

Bei der *Überwachung und Steuerung der definierten Ziele* werden die vereinbarten Service-Level-Ziele mittels der implementierten Messtechniken überwacht und Abweichungen dokumentiert.[171] Der Grad der Erreichung der Service-Level-Ziele wird in Berichten veröffentlicht und sowohl den Kunden als auch dem Management zugänglich gemacht.[172] Kommt es zu häufigen Verletzungen der definierten Ziele, so sind die Ursachen zu identifizieren und ggf. mittels Initiierung eines Service-Improve-

---

164 Vgl. o. V.: Service-Level-Managent – Service Anforderungen, Online im Internet: http://www.e-itsm.de/site/Lernstoff/Service_Level_Management/Service_Anforderungen, 17.06.2010.

165 Vgl. Bernhard, Martin G.: Service-Level-Management=Supply-Chain-Management!, a. a. O., S. 61.

166 Vgl. o. V.: Service-Level-Managent – Teilprozess Planung , Online im Internet: http://www.e-itsm.de/site/Lernstoff/Service_Level_Management/Teilprozess_Planung, 18.06.2010.

167 Vgl. Ebel, Nadine: ITIL V3 Basis-Zertifizierung, a. a. O., S. 218.

168 Vgl. Schiefer, Helmut; Schitterer, Erik: Prozesse optimieren mit ITIL, a. a. O., S. 55.

169 Vgl. Olbrich, Alfred: ITIL kompakt und verständlich, a. a. O., S. 85 f.

170 Vgl. o. V.: Service-Level-Managent – Teilprozess Implementierung, Online im Internet: http://www.e-itsm.de/site/Lernstoff/Service_Level_Management/Teilprozess_Implementierung, 18.06.2010.

171 Vgl. Schiefer, Helmut; Schitterer, Erik: Prozesse optimieren mit ITIL, a. a. O., S. 56.

172 Vgl. Lüder, Christoph: Wadenbeißer Service-Level-Manager, a. a. O., S. 23 f.

ment-Programms (SIP) zu beheben.[173]

Im *Teilprozess zur Rückkopplung und Verbesserung* kommt es zu einem Dialog zwischen Kunde und Dienstleister. Hierbei wird geprüft, ob die Anforderungen des Kunden eingehalten werden können, ob es zu Budgetüberschreitungen kommt oder wie die Services verbessert werden können. Neben der Verbesserung der Services ist auch die Verbesserung des SLM-Prozesses an sich Ziel des Teilprozesses der Rückkopplung und Verbesserung.[174]

Die vorgestellten SLM-Teilprozesse stellen ein grobes Grundgerüst dar und sind an die jeweilige Organisation anzupassen und zu verfeinern.[175] Die Teilprozesse setzen sich aus einzelnen Aufgaben zusammen, die nicht immer eindeutig einem Prozess zuzuordnen sind bzw. Prozessgrenzen überschreiten. Der Grundgerüstcharakter und die fließenden Prozessgrenzen liefern somit eine Erklärung für die eingangs erwähnte Heterogenität der Darstellung in den existierenden Quellen zum SLM.

Zur Bewältigung der anfallenden Aufgaben des SLM-Prozesses liegt dem SLM ein Rollenmodell zu Grunde. In der vorliegenden Literatur wird auch hier wieder der Grundgerüstcharakter des SLM deutlich, da die beschriebenen Rollen, ihre Terminologie und die ihnen zugeordneten Aufgaben uneinheitlich sind.

3.1.4 Rollenaufteilung im SLM-Prozess

Folgende drei Rollen können unterschieden werden:[176]

- Service-Manager

- Service-Level-Manager

- Service-Level-Administrator

---

173 Vgl. Buchsein, Ralf; Victor, Frank; Günther, Holger; Machmeier, Volker: IT-Management mit ITIL V3, a. a. O., S. 97.

174 Vgl. Lüder, Christoph: Wadenbeißer Service-Level-Manager, a. a. O., S. 23.

175 Vgl. Lüder, Christoph: Wadenbeißer Service-Level-Manager, a. a. O., S. 22.

176 Vgl. Lüder, Christoph: Wadenbeißer Service-Level-Manager, a. a. O., S. 23 f. In Verbindung mit Net-Consult (Hrsg.): Service-Level-Managent nach ITIL – Rollen und Gremien, Online im Internet: http://www.netcons.net/rollen_slm.htm, 19.06.2010.

Den Rollen sind Aufgaben zugeordnet, die im SLM-Prozess zu erfüllen sind. Eine Auswahl der wesentlichen Aufgaben wird im Folgenden exemplarisch vorgestellt:

Der *Service-Manager* übernimmt die Verantwortung für Aushandlung und Abschluss der SLAs. Die Aushandlung der SLAs geschieht unter Beachtung der Anforderungen der Fachabteilungen, der finanziellen Rahmenbedingungen und der Leistungsfähigkeit der IT. Er trägt die Verantwortung für Kosten und Termine und ist für die Qualität der Services insgesamt verantwortlich. Weiterhin ist der Service-Manager der Ansprechpartner für die Service-Kunden im Rahmen des Anforderungsmanagements.[177]

Der *Service-Level-Manager* stellt das Bindeglied zwischen Management- und Technikaufgaben dar. Er klärt mit den Fachabteilungen die Qualitätsanforderungen an die IT-Services ab und legt anhand dieser Anforderungen die Messmethoden zur Überwachung der SLAs fest. Weitere Aufgaben des Service-Level-Managers sind die Verbesserung und Weiterentwicklung der erbrachten Services sowie das Erstellen von Berichten für Management und Service-Nutzer. Der Service-Level-Manager unterstützt den Service-Manager bei der Erfüllung seiner Aufgaben.[178]

Der *Service-Level-Administrator* ist für die technischen Aspekte des SLM verantwortlich. Dazu gehört die Überprüfung der Realisierbarkeit der Anforderungen der Fachabteilungen, insbesondere hinsichtlich der entstehenden Kosten. Weiterhin ist er für die Einrichtung und den Betrieb der Messverfahren zur Überwachung der SLAs verantwortlich. Kommt es im Rahmen des SLM-Betriebs zu einer Verletzung der Service-Ziele, so gehört es zu den Aufgaben des Service-Level-Administrators, diese Verletzungen zu dokumentieren und Korrekturmaßnahmen einzuleiten. Der Service-Level-Administrator unterstützt den Service-Manager und den Service-Level-Manager bei der Erfüllung ihrer Aufgaben.[179]

Abbildung 14 gibt abschließend einen Überblick über die vorgestellten Rollen im SLM und fasst die wesentlichen Aufgaben der Akteure zusammen.

---

177 Vgl. Net-Consult (Hrsg.): Service-Level-Managent nach ITIL – Rollen und Gremien, Online im Internet: http://www.netcons.net/rollen_slm.htm, 19.06.2010.

178 Vgl. Lüder, Christoph: Wadenbeißer Service-Level-Manager, a. a. O., S. 23 f.

179 Vgl. Net-Consult (Hrsg.): Service-Level-Managent nach ITIL – Rollen und Gremien, a. a. O.

Abbildung 14: Exemplarisches Rollenmodell im SLM-Prozess[180]

Im Kontext der vorliegenden Arbeit stellt das SLM ein Bindeglied zwischen dem Systems-Management und dem Business-Impact-Management dar. Das SLM nutzt, im Rahmen seiner Monitoring-Funktion, die Grundlagen des Systems-Management, welche die zentrale Überwachung von IT-Ressourcen ermöglichen. Der SLM-Prozess löst sich aber gleichzeitig von der Ressourcensicht auf die IT, indem es zu einer Redefinition der IT-Ressourcen zu IT-Services kommt. Diese IT-Services bilden den Anknüpfpunkt zum BIM, welches auf die überwachten IT-Services zurückgreift und diese in Beziehung zu den Geschäftsprozessen setzt. Im Hinblick auf die Implementierung von BIM ist es ratsam, die IT-Services direkt an den Geschäftsprozessen auszurichten und dementsprechend auch die SLAs an den Geschäftsprozessen zu orientieren. Das bedeutet, dass die SLAs sich nicht mehr ausschließlich an technischen, sondern auch an fachlichen prozessorientierten Größen orientieren sollen.[181]

---

180 Vgl. Lüder, Christoph: Wadenbeißer Service-Level-Manager, a. a. O., S. 24.

181 Eine inhaltliche Erläuterung zur SLA-Ausrichtung an Geschäftsprozessen erfolgt in Kapitel 5.3. Hinweise zur praktischen Umsetzung von SLAs erfolgen in Kapitel 5.3.

3.2   Motivation für Service-Level-Management

3.2.1   Motive für die Anwendung von Service-Level-Management

Wie in den vorangegangenen Kapiteln erläutert, sehen sich Unternehmen einer immer stärkeren Abhängigkeit von der Verfügbarkeit und Zuverlässigkeit der von Geschäftsprozessen benötigten Komponenten der Informationstechnologie gegenüber. Die IT-Landschaft wird vielfältiger und schwieriger beherrschbar. Wesentliche Probleme liegen in der Abbildung und Kontrolle von geschäftsrelevanten Parametern der IT-Systeme wie z. B. Antwortzeit, Verfügbarkeit oder Zuverlässigkeit auf ihre tatsächliche Auswirkung auf das operative Geschäft. Dies Auswirkungen auf das Geschäft, den sogenannten Business Impact, will das Business Impact Management transparent machen. Dazu ist ein Paradigmenwechsel hin zu einer verstärkten Servicekultur – auch in der IT-Abteilung – notwendig, und Instrumente, wie z. B. SLAs, helfen, diesen Wandel zu gestalten. Die Veränderung der IT und ihre zunehmende Bedeutung lassen sich aus verschiedenen Blickwinkeln betrachten:

- Strategische Perspektive

- Organisatorische Perspektive

- Outsourcing Perspektive

- Technische Perspektive

- Personal-Perspektive

- Finanz-Perspektive

Aus strategischer Perspektive ergibt sich eine zunehmende Bedeutung der IT, vor allem durch den erhöhten Einfluss und die steigende Abhängigkeit der Geschäftsprozesse von der IT. Des Weiteren ergeben neue Geschäftsmodelle (wie Online-Banking, ecommerce u. a.) neue Potentiale z. B. bei potentiellen Umsatzsteigerungen durch den Einsatz von IT. Durch die direkte Beeinflussung des Umsatzes verstärkt sich auch die Wirkung auf andere geschäftskritische Größen. Diesen Wertbeitrag zu ermitteln hilft das BIM.

Die Organisationsstrukturen innerhalb der IT verändern sich. Damit ist der Wandel von einer Ressourcenorientierung hin zu einer Prozess- und Serviceorientierung gemeint. Daraus ergeben sich auch Auswirkungen auf die Perspektive aus der die IT gesehen wird: Die bisher vorherrschende vertikale Sicht (Netzwerke, Datenbanken etc.)

wandelt sich verstärkt zu einer horizontalen Sicht (Geschäftsprozesse, Business Impact).[182]

In Zusammenhang mit SLM wird von Literatur und Praxis oftmals auf IT-Outsourcing als Beispiel für eine bedeutende Organisationsänderung verwiesen. Zurzeit nutzen bspw. große Kreditinstitute, wie die Deutsche Bank, dieses Instrument.[183] Obwohl BIM gerade in diesem Umfeld sehr nützlich wäre, liegt das IT-Outsourcing außerhalb des Untersuchungsbereichs der Arbeit, weil das IT-Outsourcing ein eigenständiger, sehr umfangreicher Themenbereich des Service-Managements ist.

Technischer Fortschritt führt durch zunehmende Komplexität und immer kürzere Entwicklungszeiten zu einer sinkenden Transparenz bei den eingesetzten Technologien. Erhöhte Koordinationsansprüche, Schnittstellenproblematik und gestiegene Qualitätsansprüche an die IT sind zu beachten, da diese moderne Ansätze, wie z. B. Systems-Management-Lösungen, erfordern.

In der heutigen Zeit verfügen annähernd alle Mitarbeiter in einem Unternehmen über grundlegende IT-Kenntnisse. Die Ansprüche an die IT wachsen durch diese neuen Kenntnisse des Personals. IT ist nicht wie früher eine „Black Box" innerhalb des Unternehmens, sondern wird durch die Mitarbeiter grundlegend verstanden. Allerdings ist die Vorstellung über die Bereitstellung von IT-Leistungen oftmals zu einfach ausgeprägt. Das subjektive Urteil der Endanwender über die Qualität der Unternehmens IT stimmt nicht mit der Wirklichkeit der IT-Bereitstellung überein.[184]

Finanziell wirken sich die veränderten Anforderungen an die IT vor allem auf IT-Investitionen und -Budgets aus. Sowohl die Zielsetzung der IT-Investitionen als auch die Struktur der IT-Budgets verändern sich. Während in der Vergangenheit ein großer Anteil der IT-Investitionen auf „Umsatzwachstum" abzielte (E-Business, Customer Rela-

---

182 Vgl. Blomer, Roland: Die zukünftige Rolle der IT im Unternehmen – Motor für Veränderungen, in: Service-Level-Management in der IT – Wie man erfolgskritische Leistungen definiert und steuert, Hrsg.: Bernhard, G. Martin; Lewandowski, Winfried; Mann, Hartmut, Düsseldorf: Symposion Publishing GmbH, 2002, S. 17.

183 Vgl. Müller, Dietmar: Jeder fünfte IT-Euro fließt ins Outsourcing, Online im Internet: http://www. zdnet.de /news/business/0,39023142,39121189,00.htm, 21.02.2004.

184 Vgl. Bernhard, Martin; Mann, Hartmut; Lewandowski, Winfried: Einführung – Zielsetzung und Motivation des Buches, in: Service-Level-Management in der IT – Wie man erfolgskritische Leistungen definiert und steuert, Hrsg.: Bernhard, Martin G.; Lewandowski, Winfried; Mann, Hartmut, 4. Aufl., Düsseldorf: Symposion Publishing GmbH, 2002, S. 11.

tionship Management usw.), wird heute von IT-Leitern eine klare Darlegung des zu erzielenden ROI verlangt, der meist innerhalb eines halben bis ganzen Jahres erzielt werden muss. Die Restriktionen sowie die veränderten Zielsetzungen der IT-Investitionen haben auch eine strukturelle Veränderung der IT-Budgets – weniger Investitionen und mehr Betrieb – hervorgerufen.[185]

3.2.2 Verhältnis zwischen IT und Fachbereichen

Damit die Unternehmen auf die oben dargestellten Veränderungen effektiv und effizient reagieren können, ist es nahe liegend, einen Wechsel in der Unternehmenskultur und der Denkweise der Betroffenen einzuleiten. Die Prozesse zwischen IT und Fachbereichen sollen aus dem Blickwinkel des Servicegedankens gesehen werden.[186]

Anwender und Fachbereiche sollen von den Mitarbeitern und Managern der IT-Abteilungen als Kunden betrachtet werden. Ein Dienstleistungsverhältnis, wo einerseits Servicegeber, die IT-Abteilung, und andererseits Servicenehmer, die Fachbereiche, vorhanden sind, ist in vielen Unternehmen nur rudimentär vorzufinden.[187] Oftmals fehlen klare Vereinbarungen zwischen der IT und den Fachbereichen. Somit sind auch das Angebot der IT und die Nachfrage seitens der Fachabteilungen nicht aufeinander abgestimmt.

Die Frage nach dem optimalen IT-Service-Angebot ist dabei als bedeutend einzustufen. In der Literatur gibt es zu dieser Fragestellung gegensätzliche Ansichten. Diese basieren vor allem auf dem Unterschied zwischen subjektiver und objektiver IT-Nachfrage. Die subjektive Nachfrage ist Ausdruck der Forderungen des Anwenders, während die objektive Nachfrage auf die Anforderungen der jeweiligen Aufgabenstellung

---

185 Vgl. Schmid, Hans-Joachim; Ortwein, Tobias: Application Management. Eine wirtschaftliche Strategie zur Optimierung der Anwendungsbetreuung, Online im Internet: http://www.unilog-integrata.de/beratung/Dateien/AM_Unilog_PAC.pdf, 03.04.2004.

186 Vgl. Schmid, Hans-Joachim; Ortwein, Tobias: Application Management. Eine wirtschaftliche Strategie zur Optimierung der Anwendungsbetreuung, Online im Internet: http://www.unilog-integrata.de/beratung/Dateien/AM_Unilog_PAC.pdf, a. a. O.

187 Vgl. Bernhard, Martin: Schritt für Schritt zum Service-König – Anwendungsmöglichkeiten und ihre Facetten, in: Service-Level-Management in der IT – Wie man erfolgskritische Leistungen definiert und steuert, in: Service-Level-Management in der IT – Wie man erfolgskritische Leistungen definiert und steuert, Hrsg.: Bernhard, Martin G.; Lewandowski, Winfried; Mann, Hartmut, 4. Aufl., Düsseldorf: Symposion Publishing GmbH 2002, S. 27.

ausgerichtet ist.[188] Eine Orientierung an den Geschäftsprozessen, wie Sie das BIM fordert schafft hier eine einheitliche Basis.

Ein SLM kann dabei als Abstimmungsinstrument für Angebot und Nachfrage zwischen IT und Fachabteilungen dienen.[189] Eine positive Folge davon kann beispielsweise ein Gleichgewicht zwischen dem Angebot von IT-Leistungen und der Nachfrage dieser IT-Leistungen und damit die Erhöhung der Zufriedenheit der IT-Abteilungen und Fachbereiche sein.

Genauso wie jeder Mitarbeiter im Unternehmen danach strebt, seinen eigenen Nutzen zu maximieren gilt gleiches auch auf Abteilungsebene; diese verfolgen oftmals nicht nur die Unternehmensziele, sondern arbeiten eigenständig an ihrer individuellen Strategie. Dies kann negative Auswirkungen haben, da die individuellen Strategien nicht zwangsläufig konform mit der Unternehmensstrategie laufen. Durch Instrumente bzw. Verträge, wie z. B. SLAs, die zu einem BIM of IT gebündelt werden, kann hier regulierend eingegriffen werden, so dass Abteilungen optimal miteinander und im Sinne des Unternehmens arbeiten können.

3.2.3 Service-Level-Management, Service-Level-Agreement und Business-Impact-Management

Geschäftsprozesskritische IT-Leistungen werden über Service-Level-Agreements definiert, per Service-Level-Management gesteuert und per Business-Impact-Management auf Geschäfts(prozess)ziele abgebildet.

Ein Service-Level-Agreement ist wie schon in Kapitel 3.1.2 eine vertragsähnliche Formulierung über ein Dienstleistungsverhältnis. Innerhalb dieses Dienstleistungsverhältnisses gibt es Rechte und Pflichten. Die Qualität und der Servicegrad werden explizit beschrieben und somit werden Diskussionen zwischen Servicegeber (IT-Abteilung) und Servicenehmer (Fachbereich) inhaltlich fixiert.

---

188 Vgl. Wurl, H.-J.; Mayer, J. H.: Ansätze zur Gestaltung effizienter Führungsinformationssysteme für die internationale Management-Holding: Ergebnisse einer empirischen Untersuchung, in: Controlling, 1999, Nr. 2, S. 13–21.

189 Vgl. Bernhard, Martin: Schritt für Schritt zum Service-König – Anwendungsmöglichkeiten und ihre Facetten, in: Service-Level-Management in der IT – Wie man erfolgskritische Leistungen definiert und steuert, a. a. O., S. 29.

Dabei ist das „Service-Level-Management (SLM) [...] eine zentrale Funktion des IT-Service-Management. Die Hauptaufgaben bestehen in der Vereinbarung der Service-Level-Agreements (SLA) und dem Management der damit notwendigen Prozesse".[190] Ziel des Service-Level-Managements ist es, den IT-Service transparenter zu gestalten (s. Kapitel 3.1.1).

3.3   Spezifizierung Service-Level-Agreements

3.3.1 Anwendungsbereiche von Service-Level-Agreements

Service-Level-Agreements können grundsätzlich überall definiert werden, wo Auftraggeber-Auftragnehmer-Verhältnisse bzw. Kunden-Lieferanten-Verhältnisse existieren.[191] Es gibt verschiedene Anwendungsbereiche von SLA, wie z. B. Service-Level zwischen Geschäftsbereichen und der Organisationseinheit IT,

- innerhalb der Organisationseinheit IT,

- zwischen IT und einem externen Dienstleister,

- im Call-Center,

- bei einem E-Commerce-Betreiber und

- bei einem E-Commerce-Zulieferer.[192]

Für jeden Anwendungsfall werden unterschiedliche Zielsetzungen mit den SLAs verfolgt. Ebenso ist je nach Anwendungsbereich eine mehr oder weniger detaillierte Beschreibung der SLAs gefordert. So müssen SLAs bei einer Outsourcing-Beziehung z. B. juristisch unangreifbar formuliert werden und Sanktionsmechanismen bei Nicht-

---

190 Vgl. o. V.: Kess DV-Beratungs-GmbH: Service-Level-Management nach ITIL, Online im Internet: http://www.kess-dv.de/StandardsUndMethoden/ITIL/ServiceDelivery/ServiceLevelM/servicelevelm.html, 20.05.2004.

191 Vgl. Bernhard, Martin: Schritt für Schritt zum Service-König – Anwendungsmöglichkeiten und ihre Facetten, in: Service-Level-Management in der IT – Wie man erfolgskritische Leistungen definiert und steuert, a. a. O., S. 28.

192 Vgl. Bernhard, Martin; Mann, Hartmut; Lewandowski, Winfried: Einführung – Zielsetzung und Motivation des Buches, in: Service-Level-Management in der IT – Wie man erfolgskritische Leistungen definiert und steuert, a. a. O., S. 12.

einhaltung im Vertrag festgelegt werden[193], um im Nachhinein Streitigkeiten über zu erbringende Leistungen und die damit verbundenen Kosten zu verhindern. Analog gilt dies idealer Weise auch für das Innenverhältnis. Hier müssen ebenfalls klare Regeln und Sanktionsmechanismen vorliegen. Eine Möglichkeit dazu bietet die interne Leistungsverrechnung, die durch eine eigenständig handelnde IT-Abteilung im Sinne eines Profit-Centers, erleichtert wird. Die Eigenständigkeit bzw. Vertragsfreiheit der IT-Abteilung ist ein konstituierendes Merkmal des IT-Service-Managements gemäß ITIL V3. Ein weiteres Ziel von SLAs zwischen Fachbereichen und IT ist oftmals die durch die Fachbereiche wahrgenommene Wertigkeit der IT im Unternehmen zu verbessern und damit auch das Ansehen der IT, da der interne Servicegeber seine Leistungen transparenter darstellen kann und damit ein besseres Verständnis aufbaut, welchen Beitrag die IT zur Wertschöpfungskette leistet. Im Rahmen dieser Arbeit wird wie oben schon erwähnt nur der Anwendungsfall von SLAs zwischen den IT-Anwendern in den Fachbereichen und den IT-Organisationseinheiten betrachtet.

3.3.2 Nutzen und Ziele von Service-Level-Agreements

Ein Service-Level-Management-System hilft Unternehmen dabei, die Wertschöpfung der IT eindeutig zu ermitteln.[194] Die Voraussetzung dafür sind die Service-Level-Agreements. SLAs zwischen IT und den Fachbereichen sind unternehmensinterne Vereinbarungen, in denen sich die Beteiligten wechselseitig verpflichten.[195] Dabei werden Rechte und Pflichten zwischen dem Servicegeber (IT) und dem Servicenehmer (IT-Anwender, Fachbereiche) über Inhalt, Qualitätsmerkmale und Umfang der Leis-

---

193 Vgl. Bernhard, Martin: Schritt für Schritt zum Service-König – Anwendungsmöglichkeiten und ihre Facetten, in: Service-Level-Management in der IT – Wie man erfolgskritische Leistungen definiert und steuert, a. a. O., S. 38.

194 Vgl. Wengorz, Jürgen: Service-Level-Management: ein strategisches Planungs- und Steuerungsinstrument, in Praxishandbuch Service-Level-Management, Hrsg: Bernhard, Martin G.; Mann, Hartmut; Lewandowski, Schrey, Joachim, 2. überarbeitete Ausgabe, Düsseldorf: Symposion 2006, S. 49.

195 Vgl. Schrey, Joachim: Ein Wegweiser für effektive vertragliche Regelungen – Fehlende gesetzliche Regelungen erfordern detaillierte Absprachen, in: Service-Level-Management in der IT – Wie man erfolgskritische Leistungen definiert und steuert Hrsg.: Bernhard, Martin G.; Lewandowski, Winfried; Mann, Hartmut, 4. Aufl., Düsseldorf: Symposion Publishing GmbH 2002, S. 154.

tung aufgebaut und verbindlich definiert.[196] Service-Level-Agreements dienen dazu, die Qualität von Dienstleistungen zu standardisieren, zu messen und Dienstleistungsqualität zu normieren und zu garantieren. Die Besonderheit bei SLAs im Rahmen eines BIM-Konzeptes ist dabei der Bezug auf Geschäftsprozesse und nicht auf einzelne IT-Services bzw. Business-Systeme wie z. B. die unternehmensweite E-Mail-Infrastruktur.

Eine Nutzenbetrachtung für SLAs ist abhängig von dem Standpunkt des Betrachters – IT-Einheit oder interne Abteilung. Auf der einen Seite wird durch SLAs die interne Leistungsdarstellung, wie durch das BIM gefordert, transparent gemacht und auf der anderen Seite die Serviceleistung für die Fachbereiche verbessert.

Durch Service-Management sollen IT-Leistungen über die Abbildung im BIM messbar gemacht werden. Mit Hilfe von SLAs werden die Leistungen qualitativ und quantitativ dargestellt und beschrieben. Dadurch soll Transparenz über die angebotenen und zu erwartenden Leistungen zwischen Servicenehmer und Servicegeber geschaffen werden. Das Leitbild einer Servicekultur wird durch diese Messbarkeit der IT-Leistungen für die Mitarbeiter deutlicher und erlernbarer gemacht. Eine Folge davon ist ein Kunden-Lieferanten-Verhältnis zwischen IT und den Fachabteilungen. Die IT erhält die Chance sich als Servicegeber eine höhere Wertigkeit zu erwerben und ein besseres Image im Unternehmen anzueignen.

Die Vereinbarungen über Qualität und Servicegrad von IT-Leistungen bezogen auf Geschäftsprozesse sollen klar und eindeutig definiert sein. Die Forderungen und Erwartungen der Fachbereiche werden an die Leistungsmöglichkeiten der IT in Abhängigkeit von Kosten angepasst. Die Kostentransparenz hilft die Akzeptanz der Kunden zu steigern und reduziert die allgemeine Unzufriedenheit. Es entsteht ein gemeinsames Verständnis zwischen Serviceanbieter und Servicenehmer. Somit trägt ein Geschäftsprozess bezogener SLA dazu bei, die Kommunikation zwischen IT und Fachabteilungen zu verbessern und dient gleichzeitig als Absicherung gegenüber den Fachberei-

---

196 Vgl. Bernhard, Martin; Lewandowski, Winfried; Mann, Hartmut: Schritt für Schritt zum Service-König – Anwendungsmöglichkeiten und ihre Facetten, in: Service-Level-Management in der IT – Wie man erfolgskritische Leistungen definiert und steuert, a. a. O., S. 28.

chen in Streitfällen.[197] SLAs ermöglichen eine leistungsspezifische Überwachung und können als Basis für die zukünftige IT-Planung genutzt werden, z. B. für die Bedarfsermittlung der personellen und systemtechnischen Kapazitäten und sonstigen Ressourcen.

Die Nutzenaspekte von SLAs, als Baustein von SLM, decken große Bereiche des Controllings (Kostentransparenz) und der Steuerung der IT-Services (Zusammenhänge zwischen IT und den Geschäftsprozessen) ab.[198] Die Ausschöpfung des SLA-Nutzens geschieht durch eine systematische Analyse der Geschäftsprozesse und durch die Zusammenarbeit von beiden Seiten.[199] In der folgenden Übersichtsdarstellung der Tabelle 1 sind Nutzen und Ziele für die beteiligten Parteien zusammengefasst.

Nutzen und Ziele von SLAs	IT	FB
Leistungen messbar machen	•	•
Bestimmte Leistungsstandards definieren	•	•
Höhere Transparenz über die IT-Leistungen	•	•
Klare, eindeutige und transparente Beschreibung der Leistung, Qualität und des Servicegrades einer IT-Dienstleistung	•	•
Transparenz über IT–Landschaft (Optimierung der IT–Prozesse)	•	•
Bessere Positionierung IT im Unternehmen	•	
Basis für IT-Planung (Ressourcen, Kapazitäten, Kosten)	•	
Verbessert die Kommunikation zwischen IT und den Fachbereichen	•	•
Für Konfliktfälle und Vertragsbrüche existiert eine klare Leistungsgrundlage	•	•

Tabelle 1: Nutzen und Ziele von Service-Level-Agreements

---

197 Vgl. Bernhard, Martin: Schritt für Schritt zum Service- König – Anwendungsmöglichkeiten und ihre Facetten, in: Service-Level-Management in der IT – Wie man erfolgskritische Leistungen definiert und steuert, a. a. O., S. 36.

198 Vgl. Wengorz, Jürgen: Ein strategisches Planungs- und Steuerungsinstrument, a.a.O., S. 51.

199 Vgl. Bernhard, Martin: Schritt für Schritt zum Service- König – Anwendungsmöglichkeiten und ihre Facetten, in: Service-Level-Management in der IT – Wie man erfolgskritische Leistungen definiert und steuert, a. a. O., S. 36.

3.3.3 Elemente eines Service-Level-Agreements

Service-Level-Agreements dienen dazu, die Qualität von Dienstleistungen zu standardisieren, zu messen sowie Dienstleistungsqualität zu normieren und zu garantieren. Zu diesem Zweck vereinbart die IT mit dem internen Kunden (Fachbereich) Bandbreiten oder *Kennzahlen* für einzelne, möglichst objektiv messbare Qualitätsparameter, die in der Summe die Servicequalität beschreiben.[200] Ein Service-Level-Agreement beinhaltet eine Vielzahl von Einzeldefinitionen zu Messgrößen, Erhebungszeiträumen, Messmethoden, Messverfahren sowie vertragliche Regelungen im Fall der Nichteinhaltung der Vereinbarungen.

Zunächst müssen allerdings die beteiligten Parteien definiert und die Verantwortlichkeiten bei der Identifizierung der Services, ihrer Messgrößen und der Leistungsnormen zugewiesen werden. Der Kernbestandteil eines SLA ist der Leistungsrahmen, bestehend aus der Beschreibung des Services, der Verfügbarkeit, Antwortzeiten, Reaktionszeiten, Servicezeiten etc. In Tabelle 2 sind einige der möglichen Messgrößen beschrieben und erklärt. Da Verfügbarkeit eine wesentliche Messgröße bildet, wird sie hier stärker betont.

Mögliche Messgrößen	Beschreibung und Erklärung
Verfügbarkeitsquote	Wird in Prozentsätzen dargestellt. Ausgedrückt als Summe der Zeiten, zu denen das System, im SLA definierten Sinn, tatsächlich verfügbar war, im Verhältnis zur Summe der Zeit, in der das System hätte maximal verfügbar sein müssen.
Antwortzeit	Zeitspanne zwischen der Dateneingabe und Ankunft der Ausgabedaten beim Benutzer. Wichtig für die Messung sind das einheitliche Verständnis des Ereignisses, ab dem die Leistung gemessen werden soll und die Definition des Ereignisses, das als Antwort verstanden wird.

---

200 Vgl. Burr, Wolfgang: Service-Level-Agreements: Arten, Funktionen und strategische Bedeutung, in: Praxishandbuch Service-Level- Management, Die IT als Dienstleistung organisieren, Hrsg.: Bernhard, Martin G.; Mann, Hartmut; Lewandowski, Winfried; Schrey, Joachim, Düsseldorf: Symposion Publishing GmbH 2003, S. 34.

Mögliche Messgrößen	Beschreibung und Erklärung
Reaktionszeit	Zeit, die vom Zugang einer Fehlermeldung bei einem Servicedesk bis zu einem bestimmten, zu definierenden Ereignis, mit dem auf diese Fehlermeldung reagiert wird, maximal vergehen darf. Zu definieren sind: Übermittlungsweg, die notwendigen Angaben, Kommunikationsmedium, Maßnahmen zur Fehlerbehebung als tatsächliche Reaktion auf eine Fehlermeldung, Abstimmung der Reaktionszeit und der Betriebszeit.
Anzahl bereitgestellter Personeneinheiten	Dies können Personenstunden, -tage, -wochen oder –monate sein. Zur Erbringung von Entwicklungs-, Test- und/oder Pflege- oder Wartungsleistungen.
Zu bearbeitende Kapazitäten	Pro Zeiteinheit sowie Reaktionszeiten zwischen einem Leistungsbedarf auslösenden Ereignisses und dessen Erfüllung. Bsp.: Abwicklungsleistungen, Wertpapiere, Zahlungsverkehr, Kredite.

Tabelle 2: Verschiedene in Service-Level-Agreements häufig verwendete Messgrößen[201]

Bei der Fixierung der Verfügbarkeit ist der Bezugszeitraum (pro Woche, Monat, Jahr) zu beachten. Zum Beispiel 98,5 Prozent bezogen auf eine Woche bedeuten 2,52 Std./Woche des ununterbrochenen Stillstands. Werden aber 98,5 Prozent auf ein Jahr bezogen, entstehen 5,47 Tage des kompletten Ausfalls. Das bedeutet, dass das System an 5,47 aufeinander folgenden Kalendertagen stillstehen kann. Dieser Zeitraum von 5,47 Tagen kann sich aber auch als die Summe einer Vielzahl kleinerer Ausfälle, verteilt über die gesamte Periode, ergeben.[202]

In beiden Fällen wäre die vertraglich festgelegte Leistung des Serviceanbieters erfüllt. Auf Grund dessen sollte neben der Verfügbarkeitsquote auch die maximal zulässige Dauer eines einzelnen Systemausfalls und die maximal zulässige Anzahl von Systemausfällen pro Zeiteinheit definiert werden. Neben Hardware, Betriebssystem und systemnaher Software sollten auch konkrete Vereinbarungen bzgl. der Anwendungen ge-

---

201 Vgl. Schrey, Joachim: Wegweiser für effektive vertragliche Regelungen, in: Praxishandbuch Service-Level-Management Die IT als Dienstleistung organisieren, a. a. O., S. 281-292.

202 Vgl. Schrey, Joachim: Wegweiser für effektive vertragliche Regelungen, in: Praxishandbuch Service-Level-Management Die IT als Dienstleistung organisieren, a. a. O., S. 289.

troffen werden, um zu vermeiden, dass ein System zwar läuft, aber nicht für mehrere Benutzer verfügbar ist (z. B. Abwicklung von lediglich einer umfangreichen Transaktion).

Die Messmethoden, die zur Einhaltung der vertraglich vereinbarten Service-Levels verwendet werden, sollen ebenfalls für beide Parteien verbindlich festgelegt werden. Auf die Messmethoden und die Messverfahren wird im folgenden Kapitel näher eingegangen.

3.3.4 Messmethoden von Service-Level-Agreements

Die in SLAs definierten Leistungen sollen gemessen werden. Hierfür können qualifizierte Methoden und quantifizierbare Kennzahlen eingesetzt werden. Dies kann durch die Generierung von entsprechenden Erfahrungswerten geschehen. Diese Erfahrungswerte können z. B. durch mehrmaliges Messen von Antwortzeiten oder durch Programme, die im Betrieb übliche Nutzung von Programmen simulieren und dabei Antwortzeiten ermitteln (ARM = Application Response time Measurement), gewonnen werden.

Der Auftraggeber, z. B. die Fachabteilung, erhält regelmäßige Berichte vom Auftragnehmer (IT-Abteilung) mit den oben genannten Kennzahlen. Darin enthalten sind auch Störungen und Abweichungen von Sollwerten. Beispiele für auf Basis der im SLA festgelegten Kriterien und Messmethoden können sein:[203]

- Welche Systemressourcen werden am meisten belastet?

- Wie groß ist die Prozessorauslastung eines Clients?

- Wie groß ist die durchschnittliche Antwortzeit?

- Wie viel CPU-Auslastung erzeugt ein Email-Server am Tag?

- Wie viel Bandbreite wird vom Internetverkehr in einem Firmennetz verwendet?

---

203 Vgl. dazu DVGW (Deutsche Vereinigung des Gas- und Wasserfaches e.V.) Arbeitskreis Service-Level-Agreements: Leitfaden zur Erstellung von Service-Level-Agreements (SLA), Online im Internet: http://www.dvgw.de/pdf/sla.pdf, 2001, S. 7, 24.03.2004 und Heinecke, Mathias: Performance-Messung (1), Online im Internet: http://ivs.cs.uni-magdeburg.de/~dumke/ProSemWeb Perf/Heinecke/, 2002, 16.05.2004.

Die Messung der Ergebnisse der obigen Fragestellungen ergibt sich in vier Schritten:[204]

(1.) Messpunkte angeben:
Messpunkt kann z.b. ein bestimmter Server im LAN sein.

(2.) Spezifizieren, was gemessen werden soll:
Pakete und Kollisionen pro Sekunde können beispielsweise in der Ethernet-Statistik gefunden werden.

(3.) Daten messen und sammeln:
Messtools installieren bzw. konfigurieren.

(4.) Analysieren und Transformieren der Daten:
Wichtige Informationen herausfiltern.

3.4   Vorgehensbeschreibung bei der Einführung von Service-Level-Agreements

Nachdem bisher näher auf SLAs und deren Anwendungsbereiche, Nutzen und Ziele, Elemente und Messmethoden eingegangen wurde, befasst sich dieses Kapitel nun mit einem Modell zur systematischen Einführung von SLAs. Exemplarisch wird das Sechs-Phasen-Projektmodell von der ECG Management Consulting GmbH vorgestellt, da es eine umfassende Methode für ein strukturiertes Vorgehen bei der Erarbeitung von SLAs bietet, das für die systematische Einführung von SLAs erforderlich ist. Dieses Modell ist als Werkzeugkasten für die praktische Anwendung für unterschiedliche Situationen, Geschäftstypen und Organisationsgrößen zu verstehen.

Da sich bei der Erarbeitung von Service-Levels zwischen Fachbereichen und IT andere Zielsetzungen und Schwerpunkte ergeben als z. B. bei der Erarbeitung von Service-Levels für einen Outsourcing-Vertrag, kommen in den einzelnen Projektphasen verschiedene Werkzeuge zum Einsatz, und nicht jede Phase muss für jedes Projekt durchlaufen werden.[205] Wie bereits in Kapitel 3.3.1 beschrieben, gibt es verschiedene An-

---

204 Vgl. Heinecke, Mathias: Performance-Messung (1), Online im Internet: http://ivs.cs.uni-magdeburg.de/~dumke/ProSemWebPerf/Heinecke/, 2002, a. a. O.

205 Vgl. Bernhard, Martin: Ein Projektmodell für die praktische Anwendung, in: Service-Level-Management in der IT – Wie man erfolgskritische Leistungen definiert und steuert, Hrsg.: Bernhard, Martin G.; Mann, Hartmut; Lewandowski, Winfried; Schrey, Joachim, Düsseldorf: Symposion Publishing GmbH 2003, S. 177.

wendungsbereiche von SLAs. Das Sechs-Phasen-Modell wird lediglich am Anwendungsfall zwischen IT und den Geschäftsbereichen erläutert.

Das Sechs-Phasen-Projektmodell ist folgendermaßen aufgebaut:

- Phase 1:   Festlegung der Service-Level-Bezugsebenen

- Phase 2:   Identifikation und Festlegung von Service-Level-Requirements (SLR) für die zu bedienenden Prozesse und Funktionen

- Phase 3:   Verknüpfung der SLR zu einem Service-Level-Kennzahlensystem

- Phase 4:   Aufzeigen der Kostentreiber (im Kennzahlensystem) und Erarbeitung eines Verrechnungsmodells

- Phase 5:   Festlegung der SLA und SLM-Prozesse

- Phase 6:   Einführungsplan für die SLA und SLM-Prozesse

In der ersten Phase werden die relevanten Entscheidungsträger in der IT und den Fachabteilungen identifiziert und die Verantwortlichkeiten geklärt.[206] Beispielsweise könnten dies die Leiter von Applikationssupport und Server-Management als Vertreter der IT-Abteilung und die IT-Koordinatoren und Führungskräfte in den Fachbereichen als Vertreter der Kundenseite sein. Mit diesen im Serviceprozess involvierten Einheiten werden dann die mit den Service-Levels zu erreichenden Ziele erarbeitet. Beispiele hierfür sind eine bessere Positionierung der IT im Unternehmen im Hinblick auf Serviceorientierung und Leistungsfähigkeit oder die Bereitstellung messbarer, transparenter und vergleichbarer Leistungen für die IT-Kunden.[207]

In Phase 2 müssen zunächst wettbewerbskritische Dienste und Anwendungen bestimmt werden. Dann erfolgen eine Ist-Aufnahme der Leistungen, die derzeit von der IT für die Fachabteilungen erbracht werden, und ein Vergleich mit den von den Servicenehmern geforderten Service-Levels. Mit diesem Vergleich erhält man eine Diskussionsgrundlage, die verdeutlicht ob diese Service-Levels überhaupt benötigt werden

---

206 Vgl. Lewandowski, Winfried; Mann, Hartmut: Die AgrEvo GmbH und ihr Service-Projekt – Drei Phasen für eine optimale IT, in: Service-Level-Management in der IT – Wie man erfolgskritische Leistungen definiert und steuert, Hrsg.: Bernhard, Martin G.; Lewandowski, Winfried; Mann, Hartmut, Düsseldorf: Symposion Publishing GmbH, 2003, S. 49.

207 Vgl. Bernhard, Martin: Schritt für Schritt zum Service- König – Anwendungsmöglichkeiten und ihre Facetten, in: Service-Level-Management in der IT – Wie man erfolgskritische Leistungen definiert und steuert, a. a. O., S. 34.

oder realisierbar sind und ob Schwachstellen oder Anpassungsbedarfe bei den bisher erbrachten Produkten bestehen. Anschließend erfolgt eine detaillierte Beschreibung der SLR mit Attributen und Messmethoden, die bereits in Kapitel 3.3.3 und 3.3.4 beschrieben wurden. Dabei ist es wichtig, klare, einfach messbare und nachvollziehbare Werte und Messverfahren zu wählen, die auch dem IT-Kunden verständlich und leicht kommunizierbar sind. Die Verfügbarkeit kann z. B. als ein solches SLR definiert werden. Es ist darauf zu achten, dass auch die Bezugszeit, die mittlere Betriebsdauer zwischen zwei Ausfällen (mean time between failures, MTBF) und die maximale Datenverlustzeit definiert werden, damit diese Bestandteil der Vereinbarung sind (siehe dazu Kapitel 3.3.3).

Das Service-Level-Kennzahlensystem der Phase 3 ist aufgebaut aus Top-Kennzahlen, die die gesamte Serviceleistung des Servicegebers vermitteln die, z. B. ein Kundenzufriedenheitsindex, und Ergebniskennzahlen, welche gegenüber dem IT-Kunden kommuniziert werden. Innerhalb der IT werden die Kennzahlen bis zu ihren ursprünglichen Leistungstreibern heruntergebrochen, um die Einhaltung der Ergebniszahlen zu messen und diese als Frühwarnsystem zu nutzen. Eine Ergebniskennzahl könnte z. B. die Antwortzeit einer Anwendung auf dem Client beim Kunden sein. Die entsprechenden Leistungstreiber wären dann die Antwortzeiten der einzelnen Komponenten. Kennzahlen werden im Gegensatz zu den Leistungstreibern, die als „Frühindikatoren" bezeichnet werden als „Spätindikatoren" bezeichnet.

Zielsetzung der Phase 4 ist es, einen detaillierten Überblick über die internen und externen Kostentreiber wie Personal, Systeme und sonstige Ressourcen und die zur Erfüllung der SLR erforderlichen Personalkapazitäten zu erhalten. Dies führt dann von Seiten der IT-Kunden häufig zu einer Anpassung der geforderten hin zu den wirklich benötigten Service-Levels. Ein mögliches Modell zur Verrechnung der IT-Services könnte darin bestehen, den Kunden einen Grundpreis für ein fest definiertes Basisservicepaket in Rechnung zu stellen zuzüglich eines variablen Anteils bei der Inanspruchnahme spezifischer weiterer Service-Levels.

Auf Grundlage der vorherigen Phasen werden in Phase 5 die endgültigen SLAs als zukünftige Leistungsvereinbarungen zwischen der IT und den Kunden der IT verabschiedet. Außerdem kann eine Vorauswahl von Software-Tools für das spätere SLA-Monitoring erfolgen.

Die Ergebnisse der sechsten Phase sind die Erstellung einer Roadmap für die Kommunikation der Gesamtergebnisse und das Einleiten von Einführungsmaßnahmen, Kontrollmechanismen und SLM-Prozessen.[208] Ein SLM-Prozess ist ein kontinuierlicher Prozessablauf zur Steuerung der IT-Servicequalität auf Basis kundenorientierter Leistungsmerkmale; für das BIM also IT unterstützte Geschäftsprozesse. Dabei muss darauf geachtet werden, dass die Serviceziele an die sich stetig ändernden Anforderungen angepasst werden (s. dazu Kapitel 3.1.3).[209]

Wassermann et al. beschreiben in ihrem Artikel „Online-Banking & Co" ein Vier-Phasen-Konzept, das sich in der Praxis bewährt habe. In Stufe 1 -Analyse- werden die wesentlichen Zielgrößen definiert und die IT-Service-Prozesse identifiziert, deren Funktion die Umsetzung der Zielgrößen auf Geschäftsprozessebene beeinflusst. Anschließend werden SLRs erarbeitet, wobei es sich um eine grundlegende Beschreibung der Anforderungen an die zu erbringenden Services handelt. In Stufe 2, der Konzept-Phase, werden für die identifizierten Service-Levels die Messgrößen erstellt. Diese Phase gleicht Phase zwei und drei des Sechs-Phasen-Projektmodells. In Stufe 3, der Implementierungs-Phase, werden die Inhalte der SLAs formuliert. Die letzte Stufe „Monitoring" sieht eine durchgängige und zeitnahe Überwachung der vereinbarten Service-Levels vor.[210]

Das vorangegangene Kapitel zum Service-Level-Management konnte nur einen groben Überblick über die Grundlagen des Themas geben. Diese Grundlagen sind für das Verständnis der Besonderheiten eines geschäftsprozessbezogenen Service-Level-Managements im Rahmen eines BIM notwendig. Für eine Vertiefung der Thematik wird auf die einschlägige Fachliteratur verwiesen und insbesondere auf die Veröffentlichungen des iTSMF Deutschland e.V., der u. a. die Übersetzungen der ITIL-Veröffentlichungen ins Deutsche vorantreibt.[211]

---

208 Vgl. Bernhard, Martin: Ein Projektmodell für die praktische Anwendung, in: Service-Level-Management in der IT – Wie man erfolgskritische Leistungen definiert und steuert, a. a. O., S. 187-207.

209 Vgl. Woyke, Martin; Schüler, Carsten: Business-Intelligence-Technologien, in: Praxishandbuch Service-Level-Management Hrsg.: Bernhard, Martin G.; Mann, Hartmut; Lewandowski, Winfried; Schrey, Joachim, Düsseldorf: Symposion Publishing GmbH, 2003, S. 394.

210 Vgl. Wassermann, Dirk; Kleinhans, Peter; Richardt, Martin: Online-Banking & Co.: IT-Servicequalität wird für Finanzdienstleister zum Wettbewerbsfaktor, in: Praxishandbuch Service-Level-Management – Die IT als Dienstleistung organisieren, Hrsg.: Bernhard, Martin G.; Mann, Hartmut; Lewan-dowski, Winfried; Schrey, Joachim, Düsseldorf: Symposion Publishing GmbH, 2003, S. 146-149.

211 Vgl. o. V.: IT-Service Management Forum Deutschland e. V., Online im Internet: http://www .itsmf. de/, 16.09.2009.

4 Vom Service-Level-Management zum Systems-Management

4.1 Theoretische Grundlagen des Systems-Management

4.1.1 Der Begriff des Systems-Management

BIM sowie SLM bauen auf dem Systems-Management auf. Die Überwachung von Kennzahlen und Indikatoren für BIM und SLM ist ohne Unterstützung durch Systems-Management auf sinnvolle Art und Weise nicht möglich. Im Folgenden wird ein Überblick über die Grundlagen des Systems-Managements gegeben. Dies erfolgt zunächst auf einer theoretischen Ebene, bevor auf die technischen Grundlagen eingegangen wird.

Als Fundament für die weiteren Betrachtungen wird zunächst die Definition des Systems-Managements besprochen. Der Begriff des Systems-Management wird in der Literatur häufig synonym zum Netzwerkmanagement verwendet. System- und Netzwerkmanagement lassen sich jedoch – wenn auch nicht exakt – voneinander abgrenzen. Das Netzwerkmanagement konzentriert sich auf die technischen Aspekte eines Netzwerks mit dem Ziel, einen störungsfreien Betrieb zu gewährleisten und für eine optimale Leistung aller Netzwerkkomponenten zu sorgen.[212] In diesem Sinne kann Netzwerkmanagement als „(...) die Administration der untersten Ebene des Netzwerks (...)"[213] verstanden werden. Es lässt sich erkennen, dass sich Netzwerkmanagement auf die IT-Komponenten bezieht, die die Netzwerkinfrastruktur bereitstellen, wie z. B. Kabelmedien, Router und Switches. Aufgabe von Netzwerkmanagementanwendungen ist die Unterstützung des Administrators bei der Pflege sowie der Überwachung von Verfügbarkeit und Auslastung eines Netzwerks.[214]

Demgegenüber hat das Systemmanagement die an die Netzwerkinfrastruktur angeschlossenen Endgeräte und deren Verwaltung zum Gegenstand der Betrachtung. Zu denken ist dabei u. a. an PC-Arbeitsstationen und Server. Neben diesen Hardwarekomponenten spielt insbesondere die darauf laufende Software eine zentrale Rolle im Systemmanagement. In der Praxis geht man zunehmend dazu über, den Begriff Systems-

---

212 Vgl. Haluschak, Bernhard: Grundlagen: System- und Netzwerk-Management, a. a. O., S. 1.

213 Klein, Stephan; Schwickert, Axel C.: Netzwerkmanagement, OSI-Framework und Internet SNMP, in: Arbeitspapiere WI, Nr. 3/1997, a. a. O., S. 9.

214 Vgl. Haluschak, Bernhard: Grundlagen: System- und Netzwerk-Management, a. a. O., S. 1.

Management als Oberbegriff für alle Verwaltungs- und Managementaufgaben in einem Netzwerk zu verwenden. Daraus folgt, dass Netzwerkmanagement genauso wie BIM ein Teil des Systems-Managements ist.[215]

Diese Begriffsauffassung aus der betrieblichen Praxis wird in der vorliegenden Arbeit verwendet. Die oben dargestellte klassische Abgrenzung zwischen Netzwerk- und Systemmanagement ist bei den heutigen heterogenen Netzwerken nicht mehr sinnvoll, da die Grenze zwischen den beiden Begriffen mittlerweile fließend verläuft. Außerdem sollen aktuelle Managementsysteme alle Ebenen der Verwaltung abdecken, um ihre Aufgaben vollständig zu erfüllen.[216] Die zunehmende Komplexität in den Netzwerk-Topologien sowie die daraus entstehende Notwendigkeit eines Managements dieser Netzwerke wird im nächsten Kapitel dargestellt.

4.1.2 Notwendigkeit eines Systems-Management

Die Notwendigkeit zur Administration von Netzwerken ergibt sich aus der Heterogenität heutiger Netzwerke. Frühere Netzwerke bestanden zumeist aus einem zentralen Großrechner und mehreren direkt angeschlossenen Terminals. Die auch als Mainframe-Netzwerk bezeichnete ursprüngliche Topologie zeichnete sich durch einen sternförmigen Aufbau aus mit einem zentralen Großrechner, der die Rechenleistungen für die Terminals übernahm. Da die "dummen" Terminals über keine eigene Logik verfügten, konnten die Kosten für den Betrieb gering gehalten und jegliche Administrationstätigkeiten zentral am Großrechner durchgeführt werden. Die nachfolgende Abbildung 15 zeigt ein solches Mainframe-Netzwerk:

---

215 Vgl. o. V.: Whatis.com Definitions: systems management, Online im Internet: http://searchcio.techtarget.com/sDefinition/0„sid19_gci510449,00.html, 20.07.2003.

216 Vgl. Schuhknecht, Ulrich: Durchblick auf physikalischer Ebene: Netzwerkmanagement in geswitchten Netzen, in: LANLine, 2/2003, S. 78.

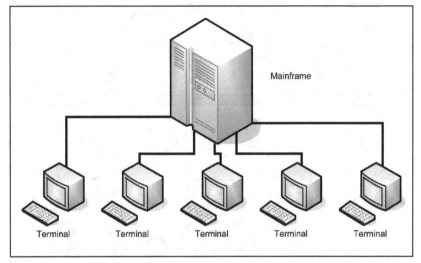

Abbildung 15: Stern-Topologie eines Mainframe-Netzwerks[217]

Die beschriebene Mainframe-Technologie entspricht nicht mehr dem Stand der Technik. Heutige Netze bauen auf leistungsfähigen Client-/Server-Topologien auf. Dies Topologien sind deutlich komplexer. Die Netze bestehen dabei aus einer Vielzahl unterschiedlicher Geräte wie Server, Router, Switches, Drucker etc. Die Clients verfügen über eine eigene Logik und verwenden unterschiedliche Betriebssysteme. Es kommen unterschiedliche Zugriffsverfahren und Protokolle zum Einsatz. Aufgrund der Komplexität dieser Netzwerke wurde schon früh in der Literatur von heterogenen Netzwerken gesprochen.[218] Verstärkt wurde die Komplexität noch durch die Tatsache, dass es im Grunde keine Begrenzung hinsichtlich der Anzahl der Geräte gibt. Abbildung 16 verdeutlicht die Komplexität:

---

217 Vgl. Klein, Stephan; Schwickert, Axel C.: Netzwerkmanagement, OSI-Framework und Internet SNMP, a. a. O., S. 4.

218 Vgl. Arnold, Ulrich: Heterogene Netzwerke: erfolgreiche Lösungen zur Vernetzung von unterschiedlichen Rechnern und Betriebssystemen, München: Franzis, 1992, S. 41.

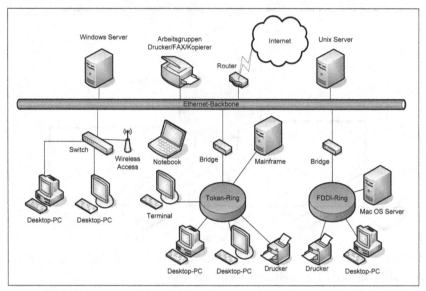

Abbildung 16: Heterogenes Netzwerk

Es wurde rasch erkennbar, dass man Administratoren leistungsfähige Instrumente zur schnellen und effizienten Verwaltung dieser Netzwerke an die Hand geben muss[219] Die zunehmende Komplexität bedingt hohe administrative Aufwände und für die Verwaltung der Systemlandschaften und führt dazu, dass die Netze anfälliger für Ausfälle sind. Die Verfügbarkeit eines Netzwerks ist jedoch für ein Unternehmen heutzutage von hoher Bedeutung. Managementsysteme wollen deswegen zum einen die Verfügbarkeit sicherstellen,[220] zum anderen die Kosten senken. Dabei versucht man, sich einen Vorteil der Mainframes, die Administration von einem zentralen Punkt aus durchführen zu können, auf die Welt der heterogenen Netze zu übertragen und auch dort die Administration kompletter Netzwerke von zentraler Stelle aus zu ermöglichen. Weitere Effekte eines Systems-Management-Systems sind u. a. Einsparungspotentiale bei

---

219 Vgl. Gerbich, Sandra; Wiehr, Hartmut: Netzwerk- und System-Management: Manager ärgere Dich nicht, in: Informationweek, 16/2000, S. 20.

220 Vgl. Terplan, Kornel: Effective management of local area networks: functions, instruments, and people, 2nd ed., New York et al.: McGraw-Hill, 1996, S. 4.

IT-Spezialisten, gesteigerte Effizienz der Systeme und verbesserte Überwachungstiefe.[221]

Systems-Management-Lösungen haben sich zu mächtigen Verwaltungswerkzeugen heterogener Netzwerklandschaften entwickelt, die über eine reine Verfügbarkeitssicherstellung mit Kostensenkungspotential Netzwerke überwachen, pflegen und administrieren können. Um diese Aufgaben erfüllen zu können, werden verschiedene Anforderungen an das Leistungsspektrum dieser Systeme formuliert.

4.1.3 Anforderungen an Systems-Management-Systeme

Die ursprünglich für das Netzwerkmanagement formulierten Anforderungen sind weitestgehend auf das Systems-Management, d. h. zusätzlich zum Netzwerk auch auf die angeschlossenen IT-Systeme, übertragbar. Hegering et al.[222] strukturieren die Anforderungen an ein Systems-Management-System nach Funktionsbereichen. Es werden zunächst die fünf klassischen Funktionsbereiche beschrieben, die im Rahmen der Entwicklung des in Kapitel 4.2.2 beschriebenen „OSI Management Framework" definiert werden:

- Fault-Management

- Configuration-Management

- Accounting-Management

- Performance-Management

- Security-Management

Aufgabe des Fault-Managements ist es Ausfälle in Netzwerken zu minimieren und die Verfügbarkeit zu erhöhen. Dazu sollte es in der Lage sein, Fehlerzustände im Netzwerk zu erkennen, eine Fehlerdiagnose anhand von Fehler-/Ereignisreports durchzu-

---

221 Vgl. Armbruster, Gerd: Systemmanagement in einer Stadtverwaltung: Stadt Mannheim: Alle Systeme im Griff, in: Computerwoche, 48/2001, S. 36.

222 Vgl. Hegering, Heinz-Gerd; Abeck, Sebastian; Neumair, Bernhard: Integriertes Management vernetzter Systeme: Konzepte, Architekturen und deren betrieblicher Einsatz, Heidelberg: dpunkt-Verlag, 1999, S. 75 f.

führen und eine automatische Behebung des Fehlers zu veranlassen.[223] Um die gleichen Probleme zukünftig besser beheben zu können, muss der Grund der Störung durch die sogenannte Root-Cause-Analyse herausgefunden und anschließend dokumentiert werden. Dies kann sowohl auf technischem Wege durch Techniken des Systems-Management-Systems erfolgen oder auch manuell durch Administratoren.[224]

Das Configuration-Management überwacht den Netzwerkzustand hinsichtlich seiner logischen und physikalischen Konfigurationen.[225] Im engeren Sinne sind damit die Ermittlung der Gerätekonfigurationen sowie die Anpassung der zugehörigen Konfigurationsparameter gemeint.[226] Die Informationen über Hardware- und Softwareversionen der unterschiedlichen Geräte werden in einer Datenbank abgespeichert.[227]

Das Accounting-Management sammelt Daten über den Verbrauch von Betriebsmitteln im Netzwerk.[228] Mit anderen Worten erfolgt hier die Zuordnung der Kosten für die Inanspruchnahme von Netzwerkleistungen auf die einzelnen Kostenverursacher, um eine verbrauchsadäquate Aufteilung der entstandenen Kosten zu ermöglichen. Dabei müssen neben variablen Kosten in Form von Übertragungsvolumen und Verbindungsdauern u. a. auch fixe Kosten, wie z. B. Abschreibungen, berücksichtigt werden.[229]

Im Rahmen des Performance-Managements sollte ein Systems-Management-System in der Lage sein, die Leistungsfähigkeit eines Netzes zu überwachen und ggf. anzupas-

223 Vgl. Hein, Mathias; Griffiths, David: SNMP: Simple Network Management Protocol Version 2, Bonn et al.: International Thomson Publishing, 1994, S. 34.

224 Vgl. Terplan, Kornel: Effective management of local area networks: functions, instruments, and people, a. a. O., S. 114 f.

225 Vgl. Rose, Marshall T.: Einführung in die Verwaltung von TCP-IP-Netzen: Netzwerkverwaltung und das Simple Network Management Protocol (SNMP), München, Wien: Hanser, 1993, S. 13.

226 Vgl. Zenk, Andreas: Lokale Netze: Technologien, Konzepte, Einsatz; Ethernet und Gigabit Ethernet, NetWare5 und Windows 2000, 6., erw. und verb. Aufl., München: Addison-Wesley-Longman 1999, S. 251.

227 Vgl. o. V.: Cisco Systems, Inc. (Hrsg.): Network Management Basics, Online im Internet: http://www.cisco.com/univercd/cc/td/doc/cisintwk/ito_doc/nmbasics.pdf, 12.09.2002, S. 3.

228 Vgl. Rose, Marshall T.: Einführung in die Verwaltung von TCP-IP-Netzen: Netzwerkverwaltung und das Simple Network Management Protocol (SNMP), a. a. O., S. 13.

229 Vgl. Hegering, Heinz-Gerd; Abeck, Sebastian; Neumair, Bernhard: Integriertes Management vernetzter Systeme: Konzepte, Architekturen und deren betrieblicher Einsatz, a. a. O., S. 82 f.

sen bzw. zu verbessern.[230] Insbesondere sollten Informationen bezüglich Datendurchsatz, Netzauslastung, Verfügbarkeit und Antwortzeiten der einzelnen Geräte ermittelt werden.[231] Dazu ist es notwendig, bestimmte Leistungsindikatoren mit zugehörigen Schwellenwerten zu definieren, um bei einer Abweichung entsprechende Leistungsengpässe zu melden.[232]

Aufgabe des Security-Managements ist die Bereitstellung von Authentifizierungsmechanismen und die Durchsetzung von Authentifizierung und Autorisierung, um nur berechtigten Anwendern die Nutzung der Netzinfrastruktur, und damit den Zugriff auf geschützte Ressourcen, zu erlauben.[233] Die Zugriffs- bzw. Einschränkungsregelung kann dabei für jeden Benutzer individuell geregelt werden.[234]

Aus den klassischen Anforderungen lässt sich ein Bedarf nach weiteren Funktionsbereichen, die durch das Systems-Management abgedeckt werden sollen ableiten. Durch den zunehmenden Einsatz von PCs und Servern verändern sich die Anforderungen an Systems-Management-Systeme. Diese Kategorie von Geräten muss ebenfalls bei der Administration einer IT-Infrastruktur berücksichtigt werden. Im Folgenden wird eine Auswahl von erweiterten Anforderungen, ohne Anspruch auf Vollständigkeit, vorgestellt:

- Server-Management

- Bestands-Management

- Software-Distribution

- Lizenz-Management

- Remote-Control

230 Vgl. Zenk, Andreas: Lokale Netze: Technologien, Konzepte, Einsatz; Ethernet und Gigabit Ethernet, NetWare5 und Windows 2000, a. a. O., S. 251.

231 Vgl. Larisch, Dirk: Netzwerkpraxis für Anwender, 3., aktualisierte und erweiterte Auflage, München, Wien: Hanser, 2000, S. 539.

232 Vgl. Zenk, Andreas: Lokale Netze: Technologien, Konzepte, Einsatz; Ethernet und Gigabit Ethernet, NetWare5 und Windows 2000, a. a. O., S. 252.

233 Vgl. Rose, Marshall T.: Einführung in die Verwaltung von TCP-IP-Netzen: Netzwerkverwaltung und das Simple Network Management Protocol (SNMP), a. a. O., S. 13.

234 Vgl. Larisch, Dirk: Netzwerkpraxis für Anwender, a. a. O., S. 538.

Das Server-Management spielt eine zentrale Rolle in heterogenen Netzen. Server stellen Dienste und Anwendungen für die Clients bereit. An die Verfügbarkeit dieser Server werden daher besondere Anforderungen gestellt. Um bei einem Serverausfall einen notwendigen Neustart durchführen zu können, insbesondere auch aus der Ferne,[235] muss der Server über ein autonomes netzwerkmanagementfähiges Backup-System verfügen. Daneben soll eine Analyse von Hardwarefehlern mit entsprechendem Alarm- und Behebungsmanagement möglich sein.[236]

Unter das Bestands-Management, das auch als Inventory- oder Asset-Management bezeichnet wird, fällt die Bestandserfassung der Hard- und Software-Ausstattung jedes einzelnen Gerätes im Netzwerk. Dabei wird in diesem Bereich eher von Asset-Management gesprochen, wenn eine Anreicherung der Informationen aus dem Inventory-Management um eine betriebswirtschaftliche Bewertung der Netzwerkinfrastruktur ergänzt wird, um dadurch besser die Costs of Ownership zu bestimmen.[237] Der gesamte Bereich, der sich mit der Erfassung des Hardware- und Software-Bestandes sowie der dazugehörigen Kosten befasst, wird in Literatur und Praxis in den letzten Jahren auch als Life-Cycle-Management bezeichnet.[238]

Der Bereich der Software-Distribution befasst sich mit der automatischen Verteilung und Installation von Software. Die Verteilung soll im Hintergrund vonstatten gehen, damit der Rechnerbetrieb nicht unterbrochen werden muss und der Aufwand, sowie die Kosten einer Vor-Ort-Installation gespart werden können.[239] Daneben sollen durch die integrierte Inventarisierung aktuelle Informationen bezüglich Software und Konfiguration der einzelnen PCs zur Verfügung gestellt werden.[240] Durch Software-Distribution lassen sich laut aktuellen Schätzungen 70 Prozent des Verwaltungsaufwandes,

---

235 Hierbei ergeben sich Überschneidungen zu der weiter unten erwähnten Anforderung des Remote-Control.

236 Vgl. Haluschak, Bernhard: Grundlagen: System- und Netzwerk-Management, a. a. O., S. 3.

237 Vgl. Hegering, Heinz-Gerd; Abeck, Sebastian; Neumair, Bernhard: Integriertes Management vernetzter Systeme: Konzepte, Architekturen und deren betrieblicher Einsatz, a. a. O., S. 84 f.

238 Vgl. Hoffmann, Jürgen: Pflegeprogramme fürs Computernetz: Wie IT-Administratoren den Überblick behalten, in: Financial Times Deutschland, 27.05.2003, S. 2.

239 Vgl. Herrmann, Thomas H.: Meister-Installation: Verfahren zur automatischen Softwareverteilung, in: c't, 13/2002, S. 200.

240 Vgl. Kranz, Matthias: Verteilung in komplexen heterogenen Umgebungen: Softwarekonfigurations-management, in: LANLine, 2/2003, S. 88.

der mit dem Betrieb einer IT-Infrastruktur einhergeht, reduzieren.[241]

Das Lizenz-Management gliedert sich in zwei Bereiche: Lizenzinventarisierung und -Kontrolle. Der Bereich Lizenzinventarisierung thematisiert das automatisierte Überwachen von ordnungsgemäß erworbenen und registrierten Softwarelizenzen.[242] In kleinen und mittelständischen Unternehmen wird die Softwareinventarisierung allerdings oftmals noch immer zeit- und kostenintensiv vor Ort an den PCs durchgeführt.[243] Die Lizenzkontrolle bildet den zweiten Bereich. Durch diese lassen sich erhebliche Kosten sparen, indem weniger Lizenzen zur Verfügung stehen als maximal benötigt werden. Dabei erlaubt die Lizenzkontrolle unterschiedlichen Mitarbeitern nur solange Zugriff auf die Anwendung wie Lizenzen vorhanden sind.[244] Problematisch ist dabei, den Trade-Off zwischen Mehrausgaben für Software einerseits und möglichen Problemen bei Unterlizenzierung andererseits zu finden.[245] Von den Softwareherstellern wird ein solches Lizenzmodell als Concurrent-User-Lizenzmodell bezeichnet im Gegensatz zum Named-User-Lizenzmodell. Das Named-User-Lizenzmodell lässt nur eine bestimmte Anzahl Installationen der Software zu. Ein Beispiel für eine Software mit Concurrent-User-Lizenzmodell wäre z. B. eine ERP-Software (SAP), die auf jedem Client-PC eines Unternehmens installiert ist aber maximal nur von einer bestimmten Anzahl Benutzer gleichzeitig genutzt werden kann. Die klassischen Standardanwendungspakte aus dem Office-Bereich sind Beispiele für das Konzept des Named-User-Lizenzmodells. Sie dürfen mit einer Lizenz i. d. R. auch nur auf einem PC installiert und genutzt werden.[246]

Mit Funktionen zur Fernsteuerung (Remote-Control) von PCs und Servern soll es den Administratoren ermöglicht werden, sich auf einem entfernten Rechner einzuloggen.

---

241 Vgl. o. V.: PC-Management birgt Sparpotenzial: Gartner bewertet Softwaredistribution, in: Computer Zeitung, 19/2003, S. 1.

242 Vgl. Heitlinger, Paulo: Netzwerkmanagement: Komplettlösungen und Tools, Bonn et al.: International Thomson Publishing, 1995, S. 323.

243 Vgl. Gerick, Thomas: Asset-Controlling spart Ressourcen: Das Lizenzmanagement übernimmt für die IT-Abteilung betriebswirtschaftliches Denken, in: Computer Zeitung, 13/2003, S. 17.

244 Vgl. Heitlinger, Paulo: Netzwerkmanagement: Komplettlösungen und Tools, a. a. O., S. 324.

245 Vgl. Gerick, Thomas: Asset-Controlling spart Ressourcen: Das Lizenzmanagement übernimmt für die IT-Abteilung betriebswirtschaftliches Denken, a. a. O., S. 17.

246 Vgl. o. V. Online im Internet: http://de.wikipedia.org/wiki/Concurrent-User-Lizenzmodell Stand 13.01.2010.

Die Administratoren erhalten dabei die Kontrolle über den räumlich getrennten PC des Benutzers und haben die Möglichkeit, Anwendungen zu starten und zu steuern.[247] Bezieht sich die Fernverwaltung auf einen PC-Arbeitsplatz, wird Remote-Control teilweise auch mit Desktopmanagement gleichgesetzt.

Die klassischen und erweiterten Anforderungen an Systems-Management-Systeme unterstreichen den Bedarf nach Administration, Überwachung und Kontrolle der IT-Infrastruktur von zentraler Stelle aus.[248] Die Möglichkeit einer Zentralisierung wird allerdings durch die Heterogenität und Komplexität heutiger IT-Infrastrukturen erschwert.[249] Im Rahmen eines integrierten Systems-Management-Ansatzes ist daher ein Konzept notwendig, das den unterschiedlichen Geräten im Netzwerk erlaubt, ihre Informationen in standardisierter Form untereinander und mit dem Systems-Management auszutauschen.[250]

In der Literatur wird zu diesem Zweck eine Plattformstrategie vorgeschlagen, in deren Mittelpunkt eine Multivendor Systems-Management-Plattform steht.[251] Diese Plattform erlaubt die Anbindung beliebiger IT-Infrastrukturelemente, auf die die Systems-Management-Applikationen über eine standardisierte Schnittstelle zugreifen.[252] Über die Systems-Management-Applikationen sollen sich die klassischen und erweiterten Anforderungen an Systems-Management-Systeme erfüllen lassen. Sie dienen zur zentralen Steuerung und Überwachung einer IT-Infrastruktur. Abbildung 17 verdeutlicht eine solche Plattformstrategie:

247 Vgl. Kauffels, Franz-Joachim: Durchblick im Netz, 5., überarbeitete Aufl., Bonn: MITP-Verlag, 2002, S. 457.

248 Vgl. Kranz, Matthias: Verteilung in komplexen heterogenen Umgebungen: Softwarekonfigurations-Management, a. a. O., S. 88.

249 Vgl. Zenk, Andreas: Lokale Netze: Technologien, Konzepte, Einsatz; Ethernet und Gigabit Ethernet, NetWare5 und Windows 2000, a. a. O., S. 247.

250 Vgl. Terplan, Kornel: Effective management of local area networks: functions, instruments, and people, a. a. O., S. 205.

251 Vgl. Kauffels, Franz-Joachim: Moderne Datenkommunikation – Eine strukturierte Einführung, 2. Aufl., Bonn et al.: International Thomson Publishing, 1997, S. 563.

252 Vgl. Kauffels, Franz-Joachim: Durchblick im Netz, a. a. O., S. 457.

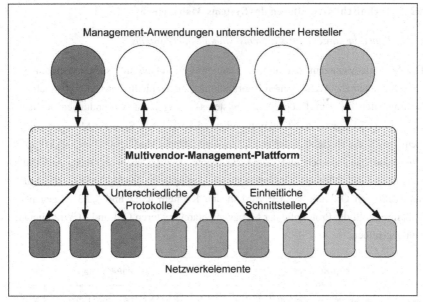

Abbildung 17: Systems-Management-Plattformstrategie[253]

Zum Verständnis der Funktionsweise von Business-Impact-Management müssen auch die technischen Grundlagen erläutert werden, auf denen jegliche Arten von Systems-Management-Applikationen aufbauen. Zusätzlich zu den Beschreibungen der technischen Grundlagen des Systems-Managements werden im nächsten Kapitel die grundsätzlichen Funktionen und Eigenschaften der konkurrierenden Standards – Open System Interconnection (OSI) und Simple Network Management Protocol (SNMP) – dargestellt, die im Systems-Management zum Einsatz kommen.

---

253 Vgl. Kauffels, Franz-Joachim: Netzwerk- und System-Management: Probleme – Standards – Strategien, Bergheim: Datacom, 1995, S. 87.

4.2　Technische Grundlagen des Systems-Managements

4.2.1　Funktionskonzept eines Systems-Management-Systems

Die Systems-Management-Plattform kann in Verbindung mit standardisierten Systems-Management-Architekturen Informationen unterschiedlicher Geräte bündeln und Schnittstellen für darauf zugreifende Systems-Management-Anwendungen bereitstellen.[254] Die Elemente und Funktionsweisen eines solchen Systems-Management-Systems sowie die Beziehung dieser Elemente zueinander sind bei OSI und SNMP in ihren Grundzügen ähnlich und werden in diesem Kapitel näher erläutert. Auf Unterschiede und Besonderheiten zwischen den beiden Systems-Management-Architekturen auf Basis von OSI und SNMP wird in den Kapiteln 4.2.2 und 4.2.3 eingegangen. Tabelle 3 stellt die Protokolle der Managementarchitekturen OSI und TCP/IP einander von gegenüber.

OSI-Konzept	TCP/IP-Klasse
Common Management Information Protocol (CMIP)	Simple Network Management Protocol (SNMP)
Common Management Information Service (CMIS)	Remote Monitoring (RMON)
	Web-based Enterprise Management (WBEM)

Tabelle 3: Protokolle des Netzwerkmanagements

Sowohl OSI- als auch SNMP-Ansatz als standardisierte Systems-Management-Architekturen beruhen auf dem Manager-Agent-Prinzip. Allerdings unterscheiden sie sich in spezifischen Eigenschaften und Verhaltensweisen.

Die grundsätzliche Funktionsweise eines Systems-Management-Systems beruht auf dem Manager-Agent-Prinzip, wie es in Abbildung 18 dargestellt ist.

---

254 Vgl. Kauffels, Franz-Joachim: Moderne Datenkommunikation – Eine strukturierte Einführung, a. a. O., S. 567 f.

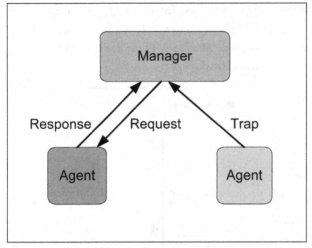

Abbildung 18: Kommunikation zwischen Manager und Agent

Dabei spielen die zwei Elemente Manager und Managed Node eine zentrale Rolle. Eine Managed Node ist eine zu verwaltende Netzkomponente im Sinne eines PC-Arbeitsplatzes, Servers, Routers etc.[255] Die Aufgabe der Verwaltung der Managed Node übernimmt der Manager. Die Managed Node besteht aus verschiedenen Ressourcen und aus einem Agenten, der für diese Ressourcen zuständig ist. Ressourcen sind dabei z. B. Netzteile, CPUs, Lüfter, Speicher uvm. Jede Ressource erlaubt eine Teilsicht auf bestimmte Zustände, Konfigurationseinstellungen, usw. eines Managed Node. Der Agent vermittelt über ein standardisiertes Systems-Management-Protokoll zwischen dem Manager und den zu verwaltenden Ressourcen.[256] Die Kommunikation zwischen Agent und Manager erfolgt dabei entweder in Form von Anweisungen des Managers an den Agenten und entsprechender Antwort des Agenten auf diese Anweisung (Polling-Verfahren) oder aber als Meldung des Agenten an den Manager (Trapping- bzw. Eventing-Verfahren).[257] Anweisungen werden ausgegeben, wenn z. B. Konfigurati-

255 Vgl. Janssen, Rainer; Schott, Wolfgang: SNMP: Konzepte, Verfahren, Plattformen Bergheim: Datacom, 1993, S. 81.

256 Vgl. o. V.: SNMP : Theorie SNMP, Online im Internet: http://www.ita.hsr.ch/studienarbeiten/ arbeiten/SS98/Netzmanagement/theorie_snmp.html, 25.08.2002.

257 Vgl. Mauro, Douglas R.; Schmidt, Kevin J.: Essential SNMP, Online im Internet: http://docstore .mik.ua/orelly/networking_2ndEd/snmp/ch07_02.htm, 10.09 2010.

onsparameter der Ressourcen verändert werden sollen oder wenn der Manager Informationen zur Auswertung abfragt.[258] Meldungen werden häufig bei Problemen der zu überwachenden Managed Node generiert. Abbildung 19 stellt die Verbindung zwischen Manager, Agent und Ressource schematisch dar:

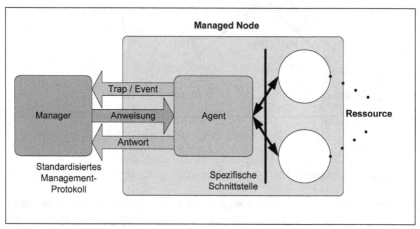

Abbildung 19: Verbindung zwischen Manager, Agent und Ressource[259]

Es wird deutlich, dass schlussendlich eine Kommunikation zwischen Manager und Ressourcen stattfindet.[260] Die Ressource als tatsächlich zu verwaltendes Objekt wird in der Terminologie eines Managementsystems als Managed Object (MO) bezeichnet. Ein MO stellt somit die kleinste zu verwaltende Einheit einer Managed Node dar.[261] Die in dem MO enthaltenen Informationen hinsichtlich Zustand und Konfiguration der Managed Node werden zunächst von dem zugehörigen Agent gesammelt.[262] Die Struktur bzw. das Datenformat, mit der die Informationen in den MOs abgelegt wer-

258 Vgl. Terplan, Kornel: Effective management of local area networks: functions, instruments, and people, a. a. O., S. 237.

259 Entwickelt nach Mauro, Douglas R.; Schmidt, Kevin J.: Essential SNMP, a. a. O.

260 Vgl. Janssen, Rainer; Schott, Wolfgang: SNMP: Konzepte, Verfahren, Plattformen, a. a. O., S. 81.

261 Vgl. Döring, R.: Netzwerkmanagement, Online im Internet: http://mufasa.prakinf.tu-ilmenau.de/Leh-re/NMS/script/nmsskript.pdf, 26.07.2003, S. 9.

262 Vgl. Zenk, Andreas: Lokale Netze: Technologien, Konzepte, Einsatz; Ethernet und Gigabit Ethernet, NetWare5 und Windows 2000, a. a. O., S. 255.

den, wird durch die Structure of Management Information (SMI) beschrieben.[263] Die gesammelten Informationen aller MOs werden in einer lokalen Datenbank des Agenten – der Management Information Base (MIB) – abgelegt, von wo aus sie einem zentralen Manager zur Verfügung gestellt werden.[264] Diese Informationen wiederum legt der Manager in seiner MIB ab, die der Summe der Agenten-MIBs entspricht.[265] Damit ein Manager als zentrale Verwaltungsinstanz mehrerer Agenten seine Überwachungs- und Steuerungsaufgaben auf Basis der MIB erfüllen kann, müssen die SMIs des Managers und der angeschlossenen Agenten-MIBs identisch sein.[266] Abbildung 20 zeigt schematisiert die wichtigsten Elemente und ihre Beziehungen:

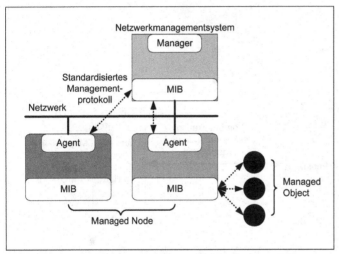

Abbildung 20: Elemente und Beziehungen in einem SMS[267]

---

263 Vgl. Janssen, Rainer; Schott, Wolfgang: SNMP: Konzepte, Verfahren, Plattformen, a. a. O., S. 89.

264 Vgl. o. V.: Introduction to MIBs, Online im Internet: http://www.rad.com/networks/2001/mibs /mib.htm, 09.09.2002.

265 Vgl. Zenk, Andreas: Lokale Netze: Technologien, Konzepte, Einsatz; Ethernet und Gigabit Ethernet, NetWare5 und Windows 2000, a. a. O., S. 256.

266 Vgl. Janssen, Rainer; Schott, Wolfgang: SNMP: Konzepte, Verfahren, Plattformen, a. a. O., S. 89.

267 In Anlehnung an o. V.: Cisco Systems, Inc. (Hrsg.): Network Management Basics, a. a. O., S. 2.

4.2.2   Das OSI-Management-Framework-Konzept

Das von der International Standard Organisation (ISO) entwickelte Rahmenmodell ist ein sehr umfassender und komplexer Standard. OSI ist innerhalb des Konzepts eine Art Kommunikationsprotokoll, das in die Hard- und Software integriert sein muss, damit Systems-Management-Programme über diese Schnittstelle Systems-Management-Informationen abfragen können. Abbildung 21 gibt einen Überblick über den OSI-Managementansatz:

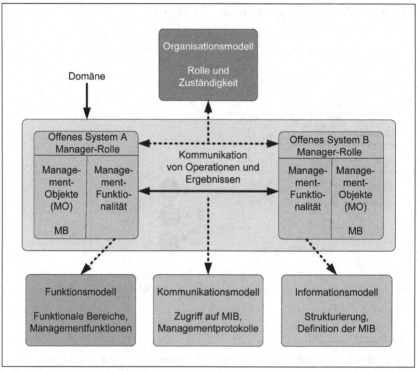

Abbildung 21: OSI Management Framework[268]

---

268 Vgl. Klein, Stephan; Schwickert, Axel C.: Netzwerkmanagement, OSI-Framework und Internet SNMP, a. a. O., S. 10.

Das Framework legt die Terminologie und Teil-Konzepte/-Modelle des OSI-Managements, die Struktur aller Systems-Management-Objekte, die Spezifikation eines Systems-Management-Protokolls und alle Systems-Management-Aktivitäten fest.[269] Die Vorgaben gliedern sich in vier Bereiche:

- Informationsmodell

- Organisationsmodell

- Kommunikationsmodell

- Funktionsmodell

Im Informationsmodell werden Struktur und Eigenschaften von MOs, SMI und MIBs festgelegt. Ein MO als abstrakte Repräsentation einer IT-Infrastrukturkomponente wird durch seine Attribute (z. B. den Namen zur eindeutigen Identifizierung), anwendbare Managementoperationen (z. B. Veränderung von Attributwerten), Zustände (z. B. aktiv oder inaktiv) und Relationen zu anderen MOs definiert.[270] Die Informationen der damit eindeutig identifizierbaren MOs werden in einem einheitlichen Format, der bereits oben erwähnten SMI, gespeichert.[271] Durch die dem Ansatz zugrunde liegende Objektorientierung lassen sich MOs mit ähnlichen Eigenschaften bzw. Attributen in der hierarchisch aufgebauten MIB zu Klassen zusammenfassen, die im Falle von Oberklassen ihre Eigenschaften auf Unterklassen weitervererben können. Die baumartige Objektklassenhierarchie der MIB wird unterteilt in den Management Information Tree mit den einzelnen MOs, den Inheritance Tree mit den gültigen Ober-/Unterklassen-Relationen und den Registration Tree mit den global eindeutigen Objekt-Identifikatoren.[272]

Das Organisationsmodell legt die Akteure – Manager und Agenten – sowie deren Rollen fest. Das eigentlich zentralisierte Verwaltungskonzept mit einem Manager, der

---

269 Vgl. Hein, Mathias; Griffiths, David: SNMP: Simple Network Management Protocol Version 2, a. a. O., S. 325.

270 Vgl. Spaniol, Otto; Jakobs, Kai: Rechnerkommunikation: OSI-Referenzmodell, Dienste und Protokolle, Düsseldorf: VDI-Verlag, 1993, S. 195.

271 Vgl. Klein, Stephan; Schwickert, Axel C.: Netzwerkmanagement, OSI-Framework und Internet SNMP, a. a. O., S. 10 f.

272 Vgl. Spaniol, Otto; Jakobs, Kai: Rechnerkommunikation: OSI-Referenzmodell, Dienste und Protokolle, a. a. O., S. 197 und Janssen, Rainer; Schott, Wolfgang: SNMP: Konzepte, Verfahren, Plattformen, a. a. O., S. 82 f.

mehrere Agenten steuert, kann durch die Möglichkeit des Rollenwechsels flexibilisiert werden.[273] D. h., ein Agent kann sowohl als Agent als auch als Manager für an ihn angeschlossene Sub-Agenten fungieren.[274] Der Manager als tatsächliche Systems-Management-Applikation sammelt und wertet die Informationen aus, die ihm die Agenten aus der Überwachungstätigkeit bei den angeschlossenen MOs zusenden.[275]

Im Kommunikationsmodell wird die Kommunikationsinfrastruktur zwischen Manager und Agenten, die Common Management Information Services (CMIS), definiert. Das daraus abgeleitete standardisierte Übertragungsprotokoll wird in der Terminologie der OSI als Common Management Information Protocol (CMIP) bezeichnet. Für die über CMIP laufende Kommunikation zwischen Manager und Agent stehen u. a. die Befehle Event-Report, Get, Set, Action, Create, Delete und Cancel zur Verfügung. Wie die Namen der Befehle nahelegen können die Konfigurationen der Manager und Agenten darüber Abgefragt und Manipuliert werden. Auch hier sind zwei Kommunikationsrichtungen möglich. Während bei einem Event der Agent mit dem Manager in Kontakt tritt, Notification-Service genannt, geht die Kommunikation bei allen anderen Befehlen, Operation-Service genannt, vom Manager aus.[276] Die Ausführlichkeit und die integrierten Sicherheitsstandards des Protokolls erfordern leistungsfähige Übertragungsmechanismen, die Investitionen in die IT-Infrastruktur notwendig machen.[277]

Im Rahmen des OSI-Funktionsmodells wird die Systems-Management-Aufgabe in grundlegende (Systems-Management-)Funktionsbereiche unterteilt.[278] Die herausragenden Ergebnisse des Modells waren die bereits in Kapitel 4.1.3 vorgestellten Anforderungen Fault-, Configuration-, Accounting-, Performance-, und Security-Management. Sie werden aufgrund ihrer Anfangsbuchstaben auch als *FCAPS* bezeichnet und

---

273 Vgl. Kerner, Helmut: Rechnernetze nach OSI, 3. Aufl., Bonn et al.: Addison-Wesley 1995, S. 362.

274 Vgl. Hegering, Heinz-Gerd; Abeck, Sebastian; Neumair, Bernhard: Integriertes Management vernetzter Systeme: Konzepte, Architekturen und deren betrieblicher Einsatz, a. a. O., S. 113.

275 Vgl. Klein, Stephan; Schwickert, Axel C.: Netzwerkmanagement, OSI-Framework und Internet SNMP, a. a. O., S. 11.

276 Vgl. Spaniol, Otto; Jakobs, Kai: Rechnerkommunikation: OSI-Referenzmodell, Dienste und Protokolle, a. a. O., S. 199.

277 Vgl. Klein, Stephan; Schwickert, Axel C.: Netzwerkmanagement, OSI-Framework und Internet SNMP, a. a. O., S. 13.

278 Vgl. Kerner, Helmut: Rechnernetze nach OSI, a. a. O., S. 364.

liegen weitestgehend jedem Systems-Management-System als Basis zugrunde.[279] Zur Erklärung der einzelnen Anforderungen wird auf das Kapitel 4.1.3 dieser Arbeit verwiesen. Das 1989 von der International Organization for Standardization (ISO) veröffentlichte Rahmenmodell des OSI-Konzepts erfuhr bis zum Ende der 1990er Jahre einige Weiterentwicklungen und umfasst mittlerweile fünf Systems-Management-Kategorien. Sie sind in Tabelle 4 dargestellt:[280]

Systems-Management-Kategorie	Beschreibung
OSI Management Framework	ISO 7498 - 4 gibt eine allgemeine Einführung in das OSI-Managementkonzept.
CMIS/CMIP	ISO 9595 und ISO 9596 beschreiben zum einen den Common Management Information Service, der Dienste für Managementanwendungen zur Verfügung stellt, sowie das dazu gehörende Protokoll.
System Management Functions	ISO 10164-1 bis ISO 10164-22 definieren spezielle Funktionen zum Systems Management, die vom OSI - Management ausgeführt werden können.
Management Information Modell	ISO 10165-1 bis ISO 10165-9 beschreiben die Management Information Base (MIB), die alle OSI – Objekte bezüglich des Netzwerkmanagements repräsentiert.
Layer Management	Definiert Managementinformationen, Dienste und Funktionen bezüglich bestimmter OSI - Funktionen.

Tabelle 4: Systems-Management-Kategorien des OSI-Konzeptes[281]

---

279 Vgl. Stevenson, Douglas W.: Network Management: What it is and what it isn't, Online im Internet: http://netman.cit.buffalo.edu/Doc/DStevenson, April 1995.

280 Vgl. Klein, Stephan; Schwickert, Axel C.: Netzwerkmanagement, OSI-Framework und Internet SNMP, a. a. O., S. 9.

281 Vgl. Ahlf, Ulrike: OSI-Managementkonzepte – Management Information Base, in Seminar Netzwerkmanagement, SS 1994, Hrsg.: Schreiner, G.; Zorn, W., Karlsruhe: Universität Karlsruhe Fakultät für Informatik 1994, S. 11. und vgl. dazu auch o. V.: List of ICS fields: 35.100.70 Application layer, Online im Internet: http://www.iso.org/iso/en/CatalogueListPage.CatalogueList?ICS1=35&ICS2=10 0&ICS3=70, 23. 08. 2004.

Durch die Implementierung der OSI-Systems-Management-Architektur können heterogene Netze zielorientiert gesteuert, überwacht und verwaltet werden.[282] Der umfassende und leistungsfähige OSI-Ansatz wird insbesondere bei komplexen IT-Infrastrukturkomponenten implementiert, wenn gleichzeitig eine flexible Steuerungsmöglichkeit, Erweiterbarkeit und Skalierbarkeit der IT-Infrastruktur möglich sein muss.[283] Wegen der Ausführlichkeit und Komplexität und den damit einhergehenden hohen Anforderungen an die IT-Infrastruktur[284] konnte sich der OSI-Ansatz in der Praxis nicht durchsetzen. Der zeitgleich entwickelte SNMP-Standard ist deutlich einfacher und leichter zu implementieren. Diese Tatsache führte dazu, dass der SNMP-Standard schnell von den Herstellern übernommen wurde und mittlerweile nahezu von jeder professionellen IT-Komponente unterstützt wird.

4.2.3 Das „Internet-Management – SNMP" – Konzept

SNMP hat sich trotz grundsätzlich gleicher Infrastruktur – Manager-Agent-Prinzip – gegenüber dem OSI-Ansatz durchgesetzt hat. Während der OSI-Ansatz eine umfassende und abstrakte Systems-Management-Architektur bietet, ist das SNMP-Konzept praxisorientierter. Im Vergleich zum konkurrierenden OSI-Ansatz bietet es aber nicht dessen vielfältige Systems-Management-Möglichkeiten.[285] Abbildung 22 stellt die einzelnen Schichten des OSI-Referenzmodells, denen des einfacheren TCP/IP-Modells gegenüber. Die Abbildung 22 verdeutlicht am Beispiel des Internet-Protokolls TCP/IP den Sachverhalt, dass die in der Realität existierenden Kommunikationsprotokolle i. d. R. nie den vollen Funktionsumfang des theoretischen OSI-Modells umsetzen, sondern oftmals mehrere Schichten des OSI-Referenzmodells zusammen fassen.

---

282 Vgl. Kerner, Helmut: Rechnernetze nach OSI, a. a. O., S. 356.

283 Vgl. Hegering, Heinz-Gerd; Abeck, Sebastian; Neumair, Bernhard: Integriertes Management vernetzter Systeme: Konzepte, Architekturen und deren betrieblicher Einsatz, a. a. O., S. 114.

284 Vgl. Klein, Stephan; Schwickert, Axel C.: Netzwerkmanagement, OSI-Framework und Internet SNMP, a. a. O., S. 16 f.

285 Vgl. Hegering, Heinz-Gerd; Abeck, Sebastian; Neumair, Bernhard: Integriertes Management vernetzter Systeme: Konzepte, Architekturen und deren betrieblicher Einsatz, a. a. O., S. 113.

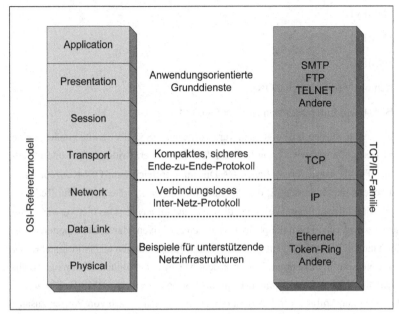

Abbildung 22: OSI-Referenzmodell vs. TCP/IP-Familie[286]

Der SNMP-Standard wurde von der Internet Engineering Task Force (IETF) entwickelt und 1988 veröffentlicht. Innerhalb der sogenannten Internet-Managementarchitektur ist SNMP das Kommunikationsprotokoll, das ab der Version 2 verschiedene Transportprotokolle unterstützt.[287] Der Standardisierungsprozess läuft über sogenannte Requests For Comments (RFC) ab. Dies sind Vorschläge zur Entwicklung eines Standards, die von der IETF veröffentlicht und nach einer gewissen Zeit zum Standard erhoben werden. Auf diese Weise entstand die SNMP Version 1 (SNMPv1) als erster vollständig anerkannter Standard.

Neue und erweiterte Anforderungen führten dann zur Entwicklung weiterer SNMP-Versionen:

---

286 In Anlehnung an Kauffels, Franz-Joachim: Lokale Netze, 16. Aufl., Bonn: mitp-Verlag 2008, S. 82.

287 Vgl. Klein, Stephan; Schwickert, Axel C.: Netzwerkmanagement, OSI-Framework und Internet SNMP, a. a. O., S. 17.

- SNMPv1,

- SNMPv2,

- SNMPv3,

- Remote Monitoring (RMON),

- Web-based Enterprise Management (WBEM).

Diese Versionen werden im Folgenden kurz vorgestellt. SNMPv1 sollte zunächst eine unkomplizierte Statusüberwachung insbesondere für Router, Bridges und weitere Endgeräte auf TCP/IP-Basis, ermöglichen.[288] Die im Vergleich zum OSI-Konzept deutlich einfachere Implementierung der Agenten in Netzwerkgeräte sowie die Reduzierung der Protokollkomplexität zeichnen diesen Standard aus.[289] Das hier verwirklichte Manager-Agent-Prinzip baut hauptsächlich auf einer aktiven Managerkomponente auf, d. h. der Manager fragt die Agenten zyklisch nach Informationen ab (Polling), aber die Agenten treten nur in Ausnahmefällen mit dem Manager in Kontakt (Trapping). Während sich die "Manager-an-Agenten-Kommunikation" aus den SNMP-Befehlen Get bzw. GetNext zur Abfrage von Informationen und Set zum Setzen von Werten zusammensetzt, besteht die "Agent-an-Manager-Kommunikation" aus den SNMP-Befehlen Trap für die unaufgeforderte Übermittlung von Ereignissen und Response für Antworten auf geforderte Informationen.[290] Das Konzept der MOs, der MIB und der SMI als Struktur der MIB wird dabei im gleichen Sinne verwendet wie dies schon beim OSI-Konzept erfolgte.[291] Abbildung 23 stellt die Architektur der Kommunikation zwischen einem Systems-Management-System und einem Endgerät („Device") von SNMPv1 grafisch dar. Dabei werden nur die im TCP/IP-Protokoll berücksichtigten Schichten des OSI-Schichtenmodells betrachtet. Das Communications Network wäre z. B. Ethernet oder Fibre Channel.

---

288 Vgl. Terplan, Kornel: Remote Monitoring: Standards, Probes, Implementation und nachgelagerte Verfahren, Bonn et al.: International Thomson Publishing, 1997, S. 44.

289 Vgl. Klein, Stephan; Schwickert, Axel C.: Netzwerkmanagement, OSI-Framework und Internet SNMP, a. a. O., S. 17.

290 Vgl. Terplan, Kornel: Remote Monitoring: Standards, Probes, Implementation und nachgelagerte Verfahren, a. a. O., S. 47.

291 Vgl. Döring, R.: Netzwerkmanagement, a. a. O., S. 13 f.

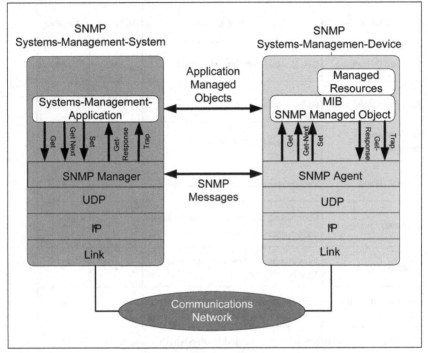

Abbildung 23: SNMPv1 Architektur[292]

Mit der Einleitung des Standardisierungsprozesses für SNMPv2 im Jahre 1993, sollten die Einschränkungen der ersten Version aufgehoben werden. Insbesondere sollte die Beschränkung auf TCP/IP als alleiniges Transportprotokoll sowie die unverschlüsselte Übermittlung der Systems-Management-Informationen beseitigt werden.[293] Zusätzlich wurde das Protokoll um weitere Elemente ergänzt. Die folgende Tabelle 5 zeigt die Unterschiede zwischen den beiden Versionen:

---

292 Vgl. Plakosh, Dan: Simple Network Management Protocol: Software Technology Roadmap, On-line im Internet: http://www.sei.cmu.edu/str/descriptions/snmp_body.html, 16.01.1998.

293 Vgl. Terplan, Kornel: Remote Monitoring: Standards, Probes, Implementation und nachgelagerte Verfahren, a. a. O., S. 49.

Merkmal	Beschreibung	SNMPv1	SNMPv2
Standard Befehlssatz	Get, GetNext, Set, Trap, Response	•	•
Erweiterter Befehlssatz	GetBulk, Inform		•
Multiprotokoll-fähigkeit	TCP/IP, Novell-IPX, OSI etc.		•
Geheimhaltung	Verschlüsselte Nachrichtenübermittlung		•
Freigabe	Überprüfung der Nachrichten auf zeitliche und inhaltliche Korrektheit		•
Zugriffskontrolle	Verwaltungszugriff nur auf bestimmte Teile der MIB möglich	•	•
Managerkommunika-tion	Rollenwechsel: Manager kann Agent eines anderen Managers sein		•

Tabelle 5: Eigenschaften und Unterschiede von SNMPv1 und SNMPv2[294]

Mit SNMPv2 wurde insbesondere der eingeschränkte Befehlssatz der ersten Version um die Kommandos GetBulk zur kompletten Abfrage eines MIB-Baums und Inform zur Realisierung der Managerkommunikation untereinander erweitert. Durch diese und andere Komplexitätserweiterungen wuchsen allerdings auch die Anforderungen an die Kommunikationsinfrastruktur, was, neben der nur bedingten Kompatibilität zur Ursprungsversion,[295] maßgeblich die Verbreitung des Standards behinderte.[296]

SNMPv3 sollte die Probleme der beiden vorhergehenden Versionen lösen. Es stellt keine grundsätzlich neue Systems-Management-Architektur dar, sondern ist eine ver-

---

294 Tabelle entwickelt nach Stallings, William: Sicherheit in Netzwerk und Internet, München et al.: Prentice-Hall 1995, S. 520 f. und Hein, Mathias; Griffiths, David: SNMP: Simple Network Management Protocol Version 2, a. a. O., S. 316.

295 Eine Rückwärtskompatibilität ist nur durch den Einsatz von sogenannten Proxy-Agenten als Übersetzer zwischen Agenten und Manager unterschiedlicher SNMP-Versionen zu erreichen.

296 Vgl. Tierling, Eric; Lackerbauer, Ingo: Knoten im Auge: Managementsysteme erleichtern die Netzverwaltung, in: c't, 2/1995, S. 204.

besserte Weiterentwicklung von SNMPv1 und SNMPv2. Unter Fachleuten wurde die Abkürzung SNMP mit Bezug auf die Versionen 1 und 2 oftmals scherzhaft mit „Security is Not My Problem" übersetzt. Deswegen sollten bei SNMPv3 insbesondere Aspekte der Sicherheitsarchitektur im Sinne von Schutz vor Veränderung von Informationen (Integrität), Vortäuschen falscher Manageridentitäten (Maskerade) und Mithören (Privacy Disclosure) durch Realisierung einer verschlüsselten Kommunikation im Mittelpunkt stehen.[297] Damit stiegen die Anforderungen an die SNMP-Einheiten, die weiterhin als Sende- und Empfangseinheiten (Rollenwechsel) auftreten, nun aber Funktionen zur Authentisierung, Ver- und Entschlüsselung von Nachrichten und Zugriffskontrolle auf die MOs bereitstellen müssen.[298] Weitere Anforderungen an die Entwicklung der Version 3 waren, SNMP weiterhin einfach zu halten und eine modulare Architektur zu entwerfen, um Flexibilität hinsichtlich der zu administrierenden IT-Infrastruktur-Ausmaße und Standardisierungsprozeduren zu erhalten.[299] Dies geht damit einher, dass neben den Sicherheitsmaßnahmen keine Änderungen am eigentlichen Protokoll vorgenommen, sondern lediglich neue Sprachkonventionen, Konzepte und Terminologien eingeführt wurden.[300] SNMPv3 ist auch heute noch ein eher "junger" Standard und hat kaum praktische Relevanz, weil aufgrund seiner Komplexität nicht so weit verbreitet ist wie SNMPv2.

Während der Entwicklungszyklen der verschiedenen SNMP-Versionen entstand das RMON (Remote Monitoring). Genauso wie SNMP liegt RMON in verschiedenen Versionen vor.[301] Dabei wird durch autonom arbeitende Sonden (Probes) das Sammeln und Speichern von Informationen übernommen. Der Vorteil des Sondeneinsatzes besteht in deren Fähigkeit, das Kommunikationsaufkommen zu reduzieren, da sie nicht permanent Daten mit dem Systems-Management-System austauschen müssen.[302] Neben diesem Aspekt sollten weitere funktionelle Erweiterungen implementiert werden. Zum Beispiel sollen nicht nur Aussagen bezüglich eines einzelnen Gerätes möglich

---

297 Vgl. Döring, R.: Netzwerkmanagement, a. a. O., S. 38.

298 Vgl. Kowalk, W.: Rechnernetze: SNMPv3, Online im Internet: http://einstein.informatik.uni-oldenburg.de/rechnernetze/snmpv3.htm, 19.03.2002.

299 Vgl. Kowalk, W.: Rechnernetze: SNMPv3, a. a. O., 19.03.2002.

300 Vgl. Mauro, Douglas R.; Schmidt, Kevin J.: Essential SNMP, a. a. O.

301 Vgl. Mauro, Douglas R.; Schmidt, Kevin J.: Essential SNMP, a. a. O.

302 Vgl. Klein, Stephan; Schwickert, Axel C.: Netzwerkmanagement, OSI-Framework und Internet SNMP, a. a. O., S. 20.

sein, sondern auch über ganze IT-Infrastruktursegmente als Verbund einzelner Geräte.[303]

Das WBEM ist ebenfalls eine Parallelentwicklung zu SNMP. WBEM soll mittelfristig SNMP als Systems-Management-Protokoll ablösen.[304] Vorrangiges Ziel bei seiner Entwicklung ist die Vereinfachung der Administration durch die Integration unter einer standardisierten Oberfläche. Die Systems-Management-Konsole kann dann z. B. ein Browser sein, der die Überwachung, Steuerung und Verwaltung der IT-Infrastruktur – auch über das Web – leisten soll.[305]

Nach Darstellung der technischen Grundlagen der Systems-Management-Protokolle bleibt festzuhalten, dass OSI und SNMP einige Gemeinsamkeiten und Unterschiede sowie daraus resultierende Stärken und Schwächen aufweisen.[306] Insbesondere der OSI-Standard ist wegen seiner höheren Komplexität für die Praxis zunehmend irrelevant.[307] OSI erfordert Investitionen in leistungsfähigere Infrastrukturen, während insbesondere SNMPv1 "ressourcenschonender" arbeitet und somit auf vorhandenen Infrastrukturen betrieben werden kann. Ein weiterer Grund für die schnelle Verbreitung von SNMP ist die Erweiterungsmöglichkeit der Standard-MIB für beliebige Komponenten. Durch die Definition sogenannter "private MIBs" innerhalb des MIB-Baums können herstellerspezifische Objekte durch das Systems-Management-System verwaltet und überwacht werden.[308] Heutige Systems-Management-Applikationen als Basis für das BIM bauen daher grundsätzlich auf dem herstellerübergreifenden SNMP-Standard auf bzw. unterstützen allenfalls parallel dazu den OSI-Standard.

---

303 Vgl. Döring, R.: Netzwerkmanagement, a. a. O., S. 31.

304 Vgl. Larisch, Dirk: Netzwerkpraxis für Anwender, a. a. O., S. 208.

305 Vgl. Stiel, Hadi; Gerbich, Sandra: Systemmanagement: Alt-backen oder Web-frisch?, in: Informationweek, 23/1999, S. 44.

306 Eine Übersicht der Gemeinsamkeiten und Unterschiede sowie Stärken und Schwächen, liefert Terplan, Kornel: Effective management of local area networks: functions, instruments, and people, a. a. O., S. 235-239.

307 Vgl. Kauffels, Franz-Joachim: Moderne Datenkommunikation – Eine strukturierte Einführung, a. a. O., S. 570.

308 Vgl. Klein, Stephan; Schwickert, Axel C.: Netzwerkmanagement, OSI-Framework und Internet SNMP, a. a. O., S. 18.

4.3   Marktüberblick Enterprise-Management-Systeme und Einzellösungen

4.3.1   Kritische Anmerkungen zu den BIM-Lösungen

Die nachfolgenden Ausführungen liefern nur einen zeitlich eingeschränkten Überblick über große Systems-Management-Systeme, weil in den vergangenen Jahren die Anbieter von BIM-Software ihre Portfolios durch Akquisitionen konsequent erweitert haben und absehbar ist, dass diese Entwicklung anhält.[309] Beschrieben wird also keine einzelne, spezielle BIM Software, sondern umfassende IT-Management-Lösungen, die zum Teil aus Dutzenden von Anwendungen bestehen. Jeder Anbieter verfügt über ein umfangreiches Portfolio von Anwendungen, welches zahlreiche Funktionen im Bereich des IT-Managements umfasst. Die Produkte der Anbieter, die im Folgenden vorgestellt werden, haben jedoch neben anderen Funktionen auch Anwendungen bzw. Anwendungskategorien, die zur Umsetzung der in den vorangegangenen Kapiteln vorgestellten Phasen (Systems-Management, Service-Level-Management, BIM) genutzt werden können. Die BIM-Fähigkeit der Lösungen wird von den Softwareherstellern dabei oftmals in den Mittelpunkt ihrer Marketing-Aktivitäten gerückt.[310]

Kritisch lässt sich dabei anmerken, dass die Anbieter auf der Marketingebene mit Videos o. ä. die Wirkung ihrer Produkte an Beispielen demonstrieren, die eine BIM-Implementierung simpel erscheinen lassen.[311] Unterzieht man das Produktportfolio der Anbieter einer tiefergehenden Betrachtung, eröffnet sich die eigentliche Komplexität der Umsetzung eines BIM in der Praxis. Die Portfolios sind durch Akquisitionen über Jahre hinweg gewachsen und folgen in ihrer Kategorisierung nicht immer der klaren Struktur der BIM-Entwicklung, über Systems-Management und Service-Level-Management hinweg, die in Forschung und Praxis der IT beschrieben wird.[312] Um im Folgenden die verschiedenen Produkte vorzustellen, erscheint es nicht zielführend, auf die

---

309 Vgl. Ueberhorst, Stefan: Schwachstellen der IT-Automation, Online im Internet: http://www.computerwoche.de/software/software-infrastruktur/itsm/1932580/, 30.03.2010, S. 4.

310 Vgl. z. B. BMC Website: http://www.bmc.com/.

311 Ein Beispiel hierfür ist die Hewlett-Packard Business Service Management Demo. Vgl. Hewlett-Packard (Hrsg.): HP Business Service Management Demo, Online im Internet: http://h10124.www1.hp.com/campaigns/us/en/software/index.html, 06.07.2010.

312 Ein Beispiel hierfür sind Hewlett-Packard, die Netzwerkmanagement und Systems-Management Anwendungen im Portfolio haben, welche in ihren Funktionen überlappen und in verschiedenen Produktkategorien positioniert sind. Die Produkte werden in Kapitel 4.3.3 vorgestellt.

Eignung der Produkte bzw. die Vorteile, die die Anbieter versprechen, einzugehen, da es dort zwischen den verschiedenen Anbietern kaum Unterschiede gibt. Auch Sekundärquellen, die eine Bewertung über die Eignung der verschiedenen Anbieter abgeben, scheinen als Grundlage ungeeignet zu sein, da sie zum einen voneinander abweichende Meinungen vertreten und zum anderen selten aktuell genug sind, um das jeweils zeitgemäße Portfolio der Anbieter zu kommentieren, welches durch Akquisitionen konsequent erweitert wird und somit einem stetigen Wandel unterliegt. Die Vorteile, die durch den Einsatz der BIM-Lösungen beworben werden, entsprechen den Zielen des BIM wie sie in Kapitel 2.2 der vorliegenden Arbeit beschrieben werden.

Es wird in der folgenden Beschreibung der Produkte im Wesentlichen darauf eingegangen, mit welchen Anwendungen bzw. Anwendungskategorien der Anbieter eine BIM-Umsetzung möglich ist. Dieses Vorgehen resultiert einerseits aus den vorangestellten kritischen Anmerkungen und andererseits aus dem Teilziel der vorliegenden Arbeit, eine BIM-Einführungsbeschreibung für die Praxis zu geben und diese mit geeigneten Anwendungen zur Umsetzung zu unterlegen. Neben den aufgeführten großen Anbietern gibt es eine Reihe weiterer Anbieter wie beispielsweise EMC und Microsoft. Diese Anbieter werden in der vorliegenden Arbeit jedoch aus mehreren Gründen nicht vorgestellt. Einerseits decken die Portfolios der (in Relation) kleineren Anbieter oftmals nicht das gesamte Leistungsspektrum der großen Anbieter ab.[313] Andererseits besteht bei kleineren Anbietern die Gefahr, dass sie von Großen gekauft werden. Für eine BIM-Implementierung im Unternehmen erscheinen daher die Produkte der großen Anbieter zweckdienlicher und zeitbeständiger zu sein. Außerdem decken kleinere Systems-Management-Lösungen wie die von Microsoft oftmals nur einen Teilbereich der IT-Systeme ab, die in Unternehmen eingesetzt werden, im Falle von Microsoft nämlich nur die eigenen Produkte auf Basis der Windows-Betriebssysteme, und können dementsprechend keine übergreifende Überwachung aller am Leistungserstellungsprozess beteiligten IT-Komponenten gewährleisten.

---

313 Vgl. Ueberhorst, Stefan: Schwachstellen der IT-Automation, a. a. O., S. 2.

4.3.2 IBM Tivoli

Mit Tivoli bietet IBM seit 1996 ein Softwareportfolio zur Überwachung und Verwaltung von IT-Systemen an. Die Firma Tivoli wurde 1989 gegründet und ist seit 1996 ein Tochterunternehmen der IBM.[314] Die Tivoli-Produktsparte wurde seitdem durch zahlreiche Akquisitionen erweitert. Eine der größeren Akquisitionen war die Übernahme des Mitkonkurrenten Micromuse in 2005.[315] Das gegenwärtige Tivoli-Produktportfolio lässt sich in folgende Kategorien untergliedern:[316]

- Asset-Management

- Netz- und Servicebereitschaft

- Produkt- und Projektmanagement

- Sicherheitsmanagement

- Storage Management Software

- System- und Asset-Management

Das *Asset-Management* umfasst Anwendungen, die der Automation des Lebenszyklus von Anlagen und Infrastruktur dienen. Der Lebenszyklus umfasst die Phasen Planung, Akquisition, Nutzung, Wartung und Abgabe. Das Asset-Management beinhaltet auch Anwendungen zur Verwaltung und Inventarisierung von Software-Lizenzen zur Vorbereitung von Audits und zur Erfassung der finanziellen Perspektive der Infrastruktur.[317]

Die Kategorie *Netz- und Servicebereitschaft* beinhaltet Anwendungen, die der Überwachung und Verwaltung der Netzwerkinfrastruktur dienen. Dazu gehört u. a. das Überwachen der Netzauslastung, die Erfassung und Analyse von Alarmnachrichten und die Konfiguration der Netzwerkkomponenten. Die enthaltenen Programme der Ti-

---

314 Vgl. IBM (Hrsg.): IBM Tivoli Identity Manager (TIM) sorgt für Ordnung in der Benutzerverwaltung, Online im Internet: http://www-05.ibm.com/de/pressroom/presseinfos/2008/10/27_5.html, 5.07.2010.

315 Vgl. Donath, Andreas: IBM übernimmt Micromuse, Online im Internet: http://www.golem.de /0512/42332.html, 22.12.2005.

316 Vgl. IBM (Hrsg.): IBM Tivoli Produkte nach Kategorie, Online im Internet: http://www-142.ibm .com/software/products/de/de/category/tivoli?pgel=lnav, 30.06.2010.

317 Vgl. IBM (Hrsg.): IBM Tivoli Asset Management for IT, Online im Internet: ftp://public.dhe.ibm .com/common/ssi/pm/sp/n/tid10269usen/TID10269USEN.PDF, 01.07.2010, S. 1 ff.

voli-Netcool-Familie ermöglichen eine Ereignisaufbereitung und bieten Business-Impact-Funktionalitäten.[318]

Die Kategorie *Produkt- und Projektmanagement* beinhaltet den Tivoli Unified Process Composer, eine Software, die den Entwicklungs- und Implementierungsprozess von Software unterstützt. Der Tivoli Unified Process Composer beinhaltet außerdem Funktionen zur Qualitätssicherung und zum Konfigurationsmanagement von Software.[319]

Das *Sicherheitsmanagement* umfasst Anwendungen in den Bereichen Zugriffs- und Identitätskontrolle sowie Daten- und Anwendungssicherheit. Weiterhin beinhaltet es Software zur Überwachung operativer Risiken und zur Ermittlung von Compliance-Lücken.[320]

Die Kategorie *Storage Management Software* dient der Verwaltung von Zugriffsmöglichkeit, Zugriffsgeschwindigkeit und Verfügbarkeit von gespeicherten Informationen.[321]

Das *System- und Asset-Management* beinhaltet Anwendungen, die der Bereitstellung von IT-Services, zur Unterstützung der Geschäftsprozesse, dienen.[322] Dazu gehören u. a. der Tivoli-Business-Service-Manager und der Tivoli-Service-Level-Advisor, die bei der Umsetzung eines Service-Level-Managements unterstützen[323] sowie die Tivoli Change- and Configuration Management Database, die eine Umsetzung der in ITIL beschriebenen CMDB ist.[324] Der Business-Service-Manager bietet ebenfalls verschiedene Dashboards, die als grafisches BIM-Frontend genutzt werden können.

318 Vgl. IBM (Hrsg.): IBM Tivoli Netzwerkmanagement & Leistung, Online im Internet: http://www-142.ibm.com/software/products/de/de/subcategory/tivoli/SWK50, 01.07.2010.

319 Vgl. IBM (Hrsg.): IBM Tivoli Prozess-, Portfolio- und Projektmanagement, Online im Internet: http://www-142.ibm.com/software/products/de/de/subcategory/tivoli/SW720, 01.07.2010.

320 Unter Compliance versteht man die Einhaltung von Gesetzen und Richtlinien. Im genannten Kontext geht es um die Einhaltung von Gesetzen und Richtlinien im Rahmen des IT-Sicherheitsmanagements. Vgl. IBM (Hrsg.): Security, Risk and Compliance Management, Online im Internet: http://www-01.ibm.com/software/tivoli/solutions/security/, 02.07.2010.

321 Vgl. IBM (Hrsg.): IBM Tivoli Produkte nach Kategorie, a. a. O., 30.06.2010.

322 Vgl. IBM (Hrsg.): IBM Tivoli Produkte nach Kategorie, a. a. O., 30.06.2010.

323 Vgl. IBM (Hrsg.): Tivoli Service-Level-Management, Online im Internet: http://www-142. ibm.com/ software/products/de/de/subcategory/tivoli/SWK70, 01.07.2010.

324 Vgl. IBM (Hrsg.): IBM Tivoli Change- und Konfigurations-Management, Online im Internet: http://www-142.ibm.com/software/products/de/de/subcategory/tivoli/SWK20, 01.07.2010.

Für eine BIM-Implementierung werden also im Wesentlichen Produkte aus den Kategorien Netz- und Servicebereitschaft sowie System- und Asset-Management benötigt. Die folgende Abbildung 24 zeigt abschließend ein Business Service Manager Dashboard in der Drill-Down-Perspektive, die den Service-Level-Status der IT-Services für den fiktiven Beispielprozess Online-Banking anzeigt.

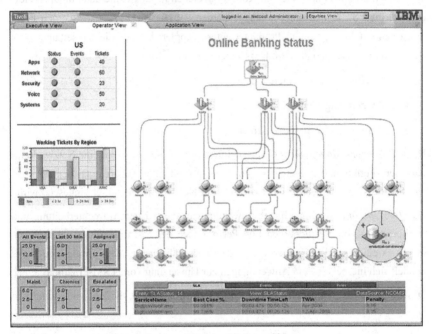

Abbildung 24:   IBM Tivoli Business Service Manager[325]

---

325 Vgl. IBM (Hrsg.): Visibility: See your business services with IBM business service management, Online im Internet: ftp://ftp.software.ibm.com/software/tivoli/brochures/TIB10414-USEN-00_2.pdf, 06.07.2010.

4.3.3 Hewlett-Packard Business Technology Optimization solutions

Hewlett-Packard boten ihr Softwareportfolio zur Überwachung und Verwaltung von IT-Systemen ursprünglich unter dem Namen HP OpenView an. Mittlerweile werden diese Anwendungen jedoch als Business Technology Optimization solutions (BTO) bezeichnet. Die BTO umfassen im Kern die gleichen Produkte, die auch in OpenView enthalten waren, jedoch unter anderem Namen.[326] Die BTO-Produkte werden funktionsorientiert in sogenannte Product Center gruppiert.[327] Für die Umsetzung eines BIM sind die folgenden drei Product Center relevant:[328]

- HP Network Management Center

- HP Operations Center

- HP Business Availability Center

Das *HP Network Management Center* beinhaltet Anwendungen, die eine Netzwerkmanagement-Funktionalität bieten.[329] Zu den Anwendungen gehört auch der HP Network Node Manager, der zur Überwachung der Netzwerkinfrastruktur eingesetzt wird.

Das *HP Operations Center* bietet Anwendungen, die bei der Aufrechterhaltung und Verbesserung von Verfügbarkeit und Performance der IT-Infrastruktur unterstützen, indem es einen serviceorientierten Ansatz für das IT-Management ermöglicht.[330] Es handelt sich hierbei also um Anwendungen zur Umsetzung von ITSM-Praktiken.

Das *HP Business Availability Center* umfasst Anwendungen, die zur Umsetzung von

---

326 Vgl. Hewlett-Packard (Hrsg.): Looking for HP OpenView?, Online im Internet: https:// h10078.www1.hp.com/cda/hpms/display/main/hpms_content.jsp?zn=bto&cp=1-10^36657_4000 _100, 01.07.2010.

327 Vgl. Hewlett-Packard (Hrsg.): Products – HP – BTO Software, Online im Internet: https:// h10078.www1.hp.com/cda/hpms/display/main/hpms_content.jsp?zn=bto&cp=1-10_4000_5__, 01.07.2010.

328 Vgl. Hewlett-Packard (Hrsg.): Business Service Management, Online im Internet: https://h10078 .www1.hp.com/cda/hpms/display/main/hpms_content.jsp?zn=bto&cp=1-11-15_4000_5__, 01.07.2010.

329 Vgl. Hewlett-Packard (Hrsg.): HP Network Management Center Produktbroschüre, Online im Internet: https://h10078.www1.hp.com/cda/hpdc/navigation.do?action=downloadPDF&caid=96 04&cp= 54_4000_5&zn=bto&filename=4AA1-6185ENW.pdf, 04.07.2010.

330 Vgl. Hewlett-Packard (Hrsg.): HP Operations Center, Online im Internet: https://h10078.www1 .hp.com/cda/hpms/display/main/hpms_content.jsp?zn=bto&cp=1-11-15-28_4000_5__#, 03.07.2010.

BIM, SLM und Systems-Management dienen. Dazu gehört z. B. die HP Universal CMDB Software zum Erstellen und Warten einer CMDB und HP SiteScope zur Überwachung und Verwaltung von verteilter IT-Infrastruktur. Die HP Business Process Insight Software soll ein End-to-end Monitoring von Geschäftsprozessen ermöglichen und stellt somit die Kernfunktionalität für BIM zur Verfügung.[331]

Abbildung 25 zeigt die Benutzeroberfläche des HP Network Node Managers. Der HP Network Node Manager ist Bestandteil des HP Network Management Centers. Die Abbildung zeigt verschiedene Statistiken von überwachten Netzwerkgeräten. So werden beispielsweise Auslastung, Fehler und Verfügbarkeit grafisch dargestellt.

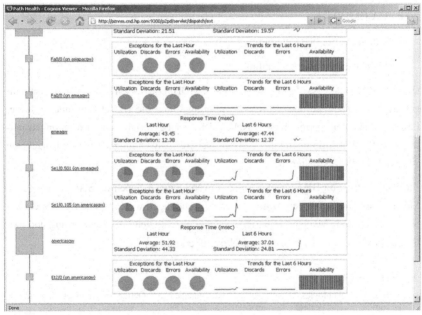

Abbildung 25: HP Network Node Manager[332]

---

331 Vgl. Hewlett-Packard (Hrsg.): HP Business Availability Center, Online im Internet: https://h10078.www1.hp.com/cda/hpms/display/main/hpms_content.jsp?zn=bto&cp=1-11-15-25_4000_5__, 03.07.2010.

332 Vgl. Hewlett-Packard (Hrsg.): Screenshots of Business Service Management Products, Online im Internet: http://www.hp.com/hpinfo/newsroom/press_kits/2008/virtualization/hp-software.html, 03.07.2010.

4.3.4   CA Technologies

CA Technologies ist ein 1976 gegründetes Unternehmen mit Hauptsitz in New York. Das CA-BIM-Produktportfolio hat keinen übergreifenden Namen für seine Systems-Management-Produkte. Für die Umsetzung eines Systems-Managements bietet CA die Produkte CA eHealth Performance Manager, CA Spectrum Infrastructure Manager und CA NSM an. Diese Produkte decken verschiedene Facetten eines Systems-Management-Systems ab und sollen somit die Überwachung und Verwaltung der IT-Infrastruktur gewährleisten.[333] Für die Implementierung von SLM bzw. ITSM bietet CA Technologies u. a. die folgenden Produkte an:

- CA CMDB[334]

- Unicenter Service Catalogue[335]

- Unicenter Service Accounting[336]

Die CA CMDB ist CAs Variante einer ITIL CMDB. Die beiden Unicenter-Anwendungen Service Catalogue und Service Accounting sollen die Umsetzung eines Service-Level-Managements ermöglichen. Neben den hier beschriebenen Anwendungen umfasst das CA Portfolio noch eine Vielzahl weiterer Anwendungen, die zur Umsetzung anderer ITIL-Prozesse dienen.

Zur Umsetzung von BIM bietet CA die Anwendung CA Spectrum Service Assurance Manager an. Die Daten der vorgelagerten Anwendungen werden in den CA Spectrum Service Assurance Manager integriert, welcher anschließend die Auswertung und grafische Darstellung in der Prozessperspektive übernimmt.[337]

---

333 Vgl. CA Technologies (Hrsg.): Infrastrukturmanagement, Online im Internet: http://www. ca.com/de/products/category/it-management-solutions/Service-Assurance/Infrastructure-Management.aspx, 05.07.2010.

334 Vgl. CA Technologies (Hrsg.): CA CMDB, Online im Internet: http://www.ca.com/us/cmdb. aspx#overview, 05.07.2010.

335 Vgl. CA Technologies (Hrsg.): Unicenter Service Catalogue, Online im Internet: http://www.ca. com/de/products/product.aspx?id=4931, 05.07.2010.

336 Vgl. CA Technologies (Hrsg.): Unicenter Service Accounting, Online im Internet: http://www.ca. com/de/products/product.aspx?id=4575, 05.07.2010.

337 Vgl. CA Technologies (Hrsg.): CA Spectrum Service Assurance Manager, Online im Internet: http://www.ca.com/files/ProductBriefs/ca-spectrum-service-assurance-manager_218614.pdf, 05.07.2010.

Die folgende Abbildung 26 zeigt abschließend den CA Spectrum Service Assurance Manager.

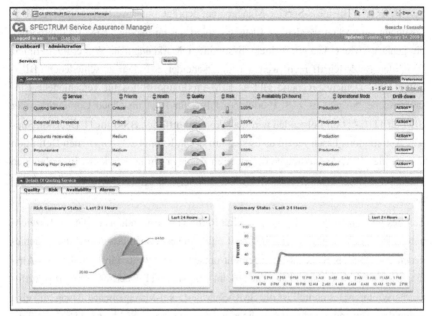

Abbildung 26: CA Spectrum Service Assurance Manager[338]

Der obere Teil der Abbildung zeigt eine Übersicht über verschiedene IT-Services bzw. Geschäftsprozesse und bildet Informationen wie Servicequalität und Servicerisiko ab. Der untere Teil der Abbildung zeigt Detailinformationen zum ausgewählten Service. Die entsprechenden Informationen werden von den unterliegenden SLM bzw. Systems-Management-Anwendungen bezogen.

---

338 Vgl. CA Technologies (Hrsg.): CA Spectrum Service Assurance Manager, a. a. O., S. 3.

4.3.5 BMC-Software

BMC-Software ist ein 1980 gegründetes Unternehmen mit Hauptsitz in Texas. BMC hat den Begriff Business-Service-Management geprägt, unter welchem seit 2003 BIM-Lösungen vermarktet werden.[339] BMC gruppiert das vorhandene BIM-Produktportfolio genauso wie CA unter keinem bestimmten Markennamen. Weiterhin definiert BMC den BIM-Begriff recht weit und unterscheidet zwischen verschiedenen „BIM-Initiativen". Dementsprechend gibt es BIM-Produktportfolios für verschiedene Einsatzbereiche. So gibt es z. B. Produktportfolios für BIM im Cloud Computing oder BIM für ITIL.[340] Im Folgenden wird das Produktportfolio „BSM for IT Decision Support Automation" beschrieben, da es sich mit der in Kapitel 2.1 getroffenen Definition und mit den BIM-Auffassungen der anderen Anbieter am besten deckt. Im Folgenden wird eine Auswahl der wesentlichen Anwendungen des genannten Portfolios vorgestellt:[341]

Teil des genannten Portfolios ist u. a. eine Reihe von Anwendungen, die die Bezeichnung BladeLogic tragen – mit den BladeLogic-Anwendungen lassen sich die verschiedenen Aspekte des Systems-Management umsetzen.[342] Weiterhin befindet sich Atrium, BMCs Variante einer ITIL CMDB im „BSM for IT Decision Support" Portfolio.[343] Weiterer Bestandteil ist die BMC-Service-Level-Management-Lösung, die eine Reihe von Anwendungen umfasst, die eine Umsetzung von SLM bzw. ITSM ermöglichen.[344] Kern der Service-Level-Management-Lösung ist die „BMC Remedy IT-Service Management Suite".[345] Die BIM-Funktionalität wird durch die Programme

---

339 Vgl. o. V.: CeBIT: BMC Software zeigt Business Service Management, a. a. O., 17.02.2003.

340 Vgl. BMC Software (Hrsg.): Business Service Management – Simplify and Automate IT, Online im Internet: http://documents.bmc.com/products/documents/80/96/128096/128096.pdf, 02.07.2010, S. 3.

341 Vgl. BMC Software (Hrsg.): IT Decision Support Automation, Online im Internet: http://www.bmc.com/solutions/esm-initiative/it-decision-support-automation.html, 02.07.2010.

342 Vgl. BMC Software (Hrsg.): IT Decision Support Automation, a. a. O.

343 Vgl. BMC Software (Hrsg.): BMC Atrium CMDB, Online im Internet: http://www.bmc.com/products/product-listing/atrium-cmdb.html, 02.07.2010.

344 Vgl. BMC Software (Hrsg.): BMC Service-Level-Managent, Online im Internet: http://www.bmc.com/products/product-listing/53174792-132703-1311.html, 02.07.2010.

345 Vgl. BMC Software (Hrsg.): BMC Remedy IT-Service Management Suite Datasheet, Online im Internet: http://documents.bmc.com/products/documents/67/14/106714/106714.pdf, 05.07.2010.

„BMC Analytics for BSM"[346] zur Analyse von Systems-Management-Informationen und „BMC Dashboards for BSM"[347] zum Erstellen eines grafischen BIM-Frontends erreicht. Abbildung 27 zeigt die Anwendung „BMC Dashboards for BSM". Die BIM-Perspektive auf die Prozesse ist dabei oben links in einer Tachometer-Darstellung zu sehen. Weitere Bestandteile des frei konfigurierbaren Dashboards beinhalten eine Übersicht über die Abweichung von Service-Leveln als Resultat von Störfällen (unten links), eine Übersicht über aufgetretene Probleme, gegliedert nach Kritikalität (oben rechts) und eine Übersicht der Zahlungsströme an Kreditoren (unten rechts).

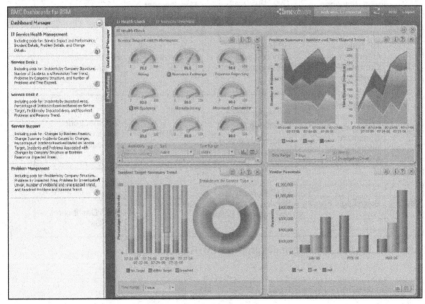

Abbildung 27: BMC Dashboards for BSM[348]

346 Vgl. BMC Software (Hrsg.): BMC Analytics for BSM, Online im Internet: http://documents. bmc.com/products/documents/30/86/93086/93086.pdf, 02.07.2010.

347 Vgl. BMC Software (Hrsg.): BMC Dashboards for BSM Datasheet, Online im Internet: http:// documents.bmc.com/products/documents/30/87/93087/93087.pdf, 05.07.2010.

348 Vgl. BMC Software (Hrsg.): Executive Dashboards: Putting a Face on Business Service Management, Online im Internet: http://documents.bmc.com/products/documents/72/99/67299/67299. pdf, 06.07.2010.

Abschließend gibt die folgende Tabelle 6 eine Übersicht über die Kernanwendungen der verschiedenen Anbieter, die für eine BIM-Implementierung genutzt werden können.

	Systems-Management	Service-Level-Management	CMDB	Business-Impact-Management
IBM Tivoli	Tivoli Netcool Familie, Tivoli Network Manager	Tivoli Business Service Manager, Tivoli Business Service Advisor	Tivoli Change- and Configuration Management Database	Tivoli Business Service Manager, Tivoli Netcool Familie
HP BTO	HP Network Management Center, HP SiteScope	HP Business Service-Level-Management Software	HP Universal CMDB	HP Business Process Insight
CA	CA eHealth Performance Manager, CA Spectrum Infrastructure Manager, CA NSM	Unicenter Service-Catalogue, Unicenter Service Accounting	CA CMDB	CA Spectrum Service Assurance Manager
BMC	BladeLogic Familie	BMC Remedy IT-Service Management Suite	Atrium	BMC Analytics for BSM, BMC Dashboards for BSM

Tabelle 6: Kernanwendungen der großen BIM-Anbieter

4.3.6 Ausgewählte Einzellösungen

In der Praxis gibt es eine Vielzahl weiterer BIM-Lösungen. Im Rahmen dieser Arbeit ist es nicht möglich, auf alle Ansätze detailliert einzugehen. Es erfolgt deshalb nachfolgend eine Auflistung einiger praxisrelevanter Lösungen. Aufgrund der Dynamik in diesem Bereich des Systems-Management mit ständig neuen Produktentwicklungen und -erweiterungen kann und will die Tabelle 7 keinen Anspruch auf Vollständigkeit erheben:

Hersteller	Produkt	Internet
Entuity	Eye of the Storm	http://www.entuity.com
InfoVista	Vista	http://www.infovista.com
Managed Objects	Formula	http://www.managedobjects.com
NetIQ	AppManager	http://www.netiq.com
Oblicore	Oblicore Guarantee	http://www.oblicore.com
Compuware	Centauri	http://www.compuware.com
Quest	Foglight	http://www.quest.com
Symantec	Altiris	http://www.symantec.com
EMC	Smarts	http://www.smarts.com
Systar	OmniVision	http://www.systar.com

Tabelle 7: Auswahl weiterer Hersteller BIM fähiger Produkte

Die Tabelle zeigt, dass es bereits eine umfangreiche Liste von Systems-Management-Herstellern gibt, die sich der BIM-Orientierung verschrieben haben. Insbesondere die kleinen Hersteller mit ihren Lösungen zum BIM können Aspekte des Systems-Managements abdecken, die die großen Enterprise-Management-Systeme nicht berücksichtigen. Diese Lösungen lassen sich entweder parallel zu den Enterprise-Management-Systemen betreiben oder aber durch die offenen Schnittstellen der Framework-Ansätze der Enterprise-Management-System direkt zu einem integrierten Systems-Management einbinden.

5   Implementierungsprozess

5.1   Systematik und Überblick

Das vorliegende Kapitel der Arbeit baut auf den in den vorangegangenen Kapiteln beschriebenen Methoden und Techniken des Business-Impact-Managements, des Service-Level-Managements und des Systems-Managements auf und entwickelt daraus eine Einführungsbeschreibung für Business-Impact-Management in einem Unternehmen. Dazu wird zunächst ein Überblick über die Systematik des Vorgehens gegeben. Folgende Aspekte des Vorgehens werden dabei behandelt:

- Erläuterung der drei Phasen der Implementierung

- Entscheidung über die Vorgehensrichtung der Implementierung

- Auswahl der angewandten Methoden

- Grundannahmen der Einführungsbeschreibung

- Kurze Vorstellung des Beispielprozesses „Kreditvergabe", für die Implementierung

Wie bereits erläutert, wird die Einführung von BIM in drei Phasen unterteilt. Die folgende Abbildung 28 stellt diese Phasen in Form einer Pyramide schematisch dar.

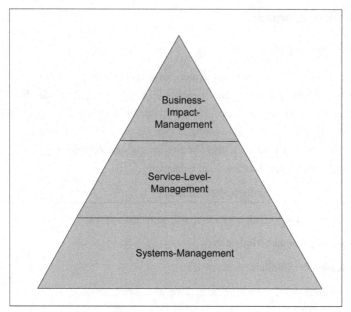

Abbildung 28: BIM-Pyramide[349]

Das Systems-Management gewährleistet hierbei die Überwachung der IT-Infrastruktur und kann Ausfälle oder Grenzwertabweichungen automatisch melden und ermöglicht so eine zentrale Verwaltung der IT-Infrastruktur. Das Service-Level-Management ist der Zwischenschritt zwischen dem Systems-Management und dem Business-Impact-Management und reorganisiert die IT-Infrastruktur zu geschäftsorientierten IT-Services. Die IT-Services entstehen aus dem Zusammenwirken mehrerer IT-Systeme und sind auf die Bedürfnisse der Service-Kunden ausgerichtet. Für die Erbringung der IT-Services sind Leistungsziele in Form von Service-Levels festgelegt, die anhand von quantitativen und qualitativen Merkmalen die Güte des zu erbringenden IT-Services bestimmen. Das Systems-Management ermöglicht hierbei die Überwachung vordefinierter Merkmale und kann z. B. durch das Polling-Verfahren (siehe Kapitel 4.2.1) Abweichungen von den Service-Level-Zielen melden. Der Einsatz einer CMDB gewährleistet hierbei, dass bei Konfigurationsänderungen in der IT-Infrastruktur (ein Beispiel

---

349 In Anlehnung an Kintscher, Burkhard: Horizontal statt vertikal: Überwachung IT-gestützter Geschäftsprozesse, a. a. O., S. 26.

hierfür ist die Erneuerung von Hardwarekomponenten wie etwa Switches) die IT-Services in Echtzeit angepasst werden und somit die veränderte IT-Infrastruktur weiterhin korrekt den IT-Services zugeordnet ist.[350] Im Business-Impact-Management werden die Informationen der beiden anderen Phasen verdichtet, indem die gestalteten IT-Services in Bezug zu den Geschäftsprozessen gesetzt werden. Es ist somit möglich, den Zustand eines Geschäftsprozesses anhand der Service-Levels der zugeordneten IT-Services zu beurteilen. So kann dem Management beispielsweise in einer Tachometer- oder Ampeldarstellung angezeigt werden, ob ein Geschäftsprozess einwandfrei, eingeschränkt oder gar nicht funktioniert.

Bei der Einführung von BIM anhand der vorgestellten Phasen stellt sich nun die Frage, in welche Richtung man vorgeht. Der intuitiv naheliegende Ansatz am unteren Ende der Pyramide zu beginnen, hat sich in der Praxis nicht bewährt. Das Bottom-Up-Vorgehen basiert auf dem eher technischen Verständnis einiger Hersteller, die ein solches Vorgehen vorschlagen.[351] Dadurch wird der Eindruck bestätigt, dass die Geschäftsprozessperspektive lediglich ein Verkaufsargument für das zugrunde liegende Systems-Management der Hersteller ist. Die Modelle der Hersteller verfolgen einen Implementierungspfad, der auf der untersten Ebene mit einem technischen Systems-Management beginnt und sich über die Ebene des Service-Level-Managements zum Business-Impact-Management nach oben zur Spitze der Pyramide vollziehen soll. Die gestarteten BIM-Projekte bleiben hierbei oftmals in der Systems-Management-Phase stecken. Der Grund hierfür ist, dass die BIM-Fähigkeit der eingesetzten Software hauptsächlich als Aufhänger für das Marketing der Anbieter dient, aber in der Praxis nicht so einfach zu implementieren ist wie die Marketingversprechen glauben lassen. Die rein technische Perspektive der Implementierung ist weniger komplex und erfolgt in der Regel mit Unterstützung durch die Softwareanbieter. Bei der Lösung organisatorischer und fachlicher Probleme, die im Rahmen einer BIM-Einführung zu bewältigen sind, können die Anbieter der Softwarelösungen jedoch nur wenig Unterstützung bieten, da ihnen das entsprechende organisationsbezogene Wissen fehlt. Dabei handelt es sich beispielsweise um Probleme, wie die Identifikation der Kerngeschäftsprozesse des

---

350 Vgl. O'Neill, Peter: Business Service Management wird erwachsen – Zeit für eine genaue Definition, a. a. O., S. 3.

351 Ein Beispiel hierfür ist Hewlett-Packard, die für ihre OpenView (Heute BTO) Produkte eine Bottom-Up-Sichtweise verfolgen. Vgl. Ueberhorst, Stefan: HP stellt Business-Service-Management fertig, Online im Internet: http://www.computerwoche.de/produkte-technik/1850124/, 7.12.2007.

betroffenen Unternehmens oder die Bewertung der Kosten eines Prozessausfalls. Schreitet das Projekt dennoch bis zur BIM-Phase fort, werden dabei oftmals nicht die Service-Level von geschäftsprozessorientierten IT-Services überwacht, sondern lediglich der Zustand von Business-Systemen wie etwa ERP-System oder E-Mail-Servern.[352] Der Kundennutzen wird hierbei vernachlässigt.[353]

Die Einführung von BIM lässt sich ganz allgemein als Wandlungsprozess interpretieren. Wie bei allen Wandlungsprozessen gilt hierbei, dass die Unterstützung des Managements ein kritischer Faktor für den Erfolg des Wandels ist. Das Management muss zum Promotor der BIM-Einführung werden und dies auch entsprechend kommunizieren, um Barrieren (wie z. B. das mikropolitische Vorenthalten von Spezialwissen)[354] mit Hilfe von hierarchischer Macht zu überwinden und notwendige Ressourcen verfügbar zu machen.[355] Wie jedoch ein viel diskutierter Artikel von Nicolas G. Carr aus dem Harvard Business Review mit dem Titel „IT Doesn't Matter"[356] vom Mai 2003 aufzeigt, wird in Forschung und Praxis von einigen Individuen die Meinung vertreten, dass die IT nicht zum Erreichen von Geschäftsvorteilen beiträgt, da jedes Unternehmen IT betreibt und somit kein komparativer oder wirtschaftlicher Vorteil durch den Einsatz von IT erreicht werden kann. Daher erscheint es sinnvoll, sich bei der BIM-Implementierung nicht an den positiven Auswirkungen auf die IT sondern an den Informationsbedürfnissen des Managements auszurichten, um die notwendige Unterstützung beim Implementierungsprozess gewinnen zu können. Das Top-Down-Vorgehen setzt dort an, wo der Nutzen der BIM-Implementierung erzeugt werden soll: auf der Managementebene. Somit werden frühzeitig die Vorteile von BIM (siehe Kapitel 2.2) sichtbar gemacht, und die Unterstützung des Managements kann dadurch gewonnen werden. Das Bottom-Up-Vorgehen hingegen würde in der Anfangsphase mit dem Systems-Management vorwiegend operative Probleme adressieren, die zudem noch einen sehr technischen Charakter haben. Es dürfte sich beim Bottom-Up-Vorgehen somit als

---

352 Vgl. Ueberhorst, Stefan: Administrator regelt Datenverkehr, a. a. O., S. 1.

353 Vgl. Bandi, Susanne: Tun und Lassen im Configuration-Management, Online im Internet: http://www.computerwoche.de/hot-topics/2349965/index3.html, 27.07.2010, S. 3.

354 Vgl. Wallner, Gerry: Tipps für besseren IT-Service, Online im Internet: http://www.computerwoche.de/subnet/hp-itsm/1938470/, 23.06.2010, S. 1.

355 Vgl. Krüger, Wilfried: Excellence in Change: Wege zur strategischen Erneuerung, 4. Auflage, Wiesbaden: Gabler, 2009, S. 164 f.

356 Vgl. Carr, Nicholas G.: IT Doesn't Matter, in: Harvard Business Review, Mai 2003, S. 41.

schwieriger erweisen, das Management für das BIM-Projekt als Promotor zu gewinnen, weil derartige operative Probleme nicht in den primären Fokus des Managements fallen.

Da sich das Bottom-Up-Vorgehen (vom Systems-Management zum BIM) in der Praxis nicht bewährt hat, wird in der vorliegenden Arbeit ein Top-Down-Vorgehen gewählt, welches die auftretenden Probleme, die BIM-Projekte gefährden können, von Beginn an in den Vordergrund stellt. So werden beim Top-Down-Vorgehen bereits am Anfang die Geschäftsprozesse identifiziert. Das verhindert, dass BIM auf der Ebene der Überwachung von Business-Systemen verharrt, da die Zuordnung der IT-Systeme und IT-Services zu den Geschäftsprozessen geklärt ist, bevor mit der tatsächlichen Überwachung begonnen wird. Der Aufbau des Modells wird in der folgenden Abbildung 29 schematisch dargestellt.

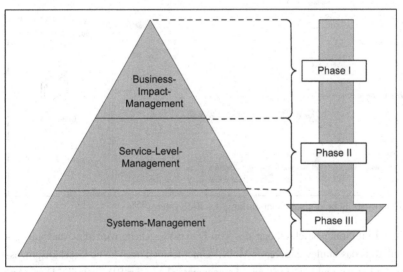

Abbildung 29: Drei-Phasen-Modell zum BIM[357]

Im Rahmen der Einführungsbeschreibung werden fachliche, organisatorische und technische Rahmenbedingungen vorgestellt, die eine erfolgreiche Einführung gewährleisten. Im Verlauf des Kapitels kommen Methoden zum Einsatz, die in Forschung und

---

357 In Anlehnung an Kintscher, Burkhard: Horizontal statt vertikal: Überwachung IT-gestützter Geschäftsprozesse, a. a. O., S. 26.

Praxis verbreitet eingesetzt werden. Empfehlungen, die auf diesen Methoden basieren, werden mit Quellen belegt, die zeigen, dass die jeweilige Methode Relevanz für Forschung und Praxis aufweist. Diese Methoden werden durch weitere, nachvollziehbare und aus existierenden Konzepten abgeleitete Lösungsansätze ergänzt. Die gewählten Methoden der Implementierung orientieren sich am BIM-Zielsystem, welches die technische und die Business-Perspektive integriert. Das Zielsystem liefert dem Management über ein Frontend Informationen bezüglich des Funktionsgrads der Prozesse und der entstehenden Schäden bei Nicht- oder Teilfunktion. Die folgende Abbildung 30 stellt das Zielsystem schematisch dar. Die Darstellung zeigt die Beziehungen zwischen Systemen, Services und Prozessen, die im Laufe der Einführung modelliert werden müssen.

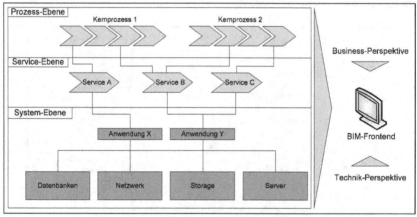

Abbildung 30: Schematische Darstellung des Zielsystems[358]

Bei der Einführungsbeschreibung des Top-Down-Vorgehens wird die Annahme getroffen, dass das implementierende Modell-Unternehmen noch keine Geschäftsprozesse modelliert hat und kein Systems-Management, SLM oder BIM betreibt. Diese Annahme entspricht nicht der betrieblichen Realität, wird aber getroffen, damit die Einführungsbeschreibung universell anwendbar bleibt. Sollten bereits Systems-Management oder ITSM-Praktiken in einem implementierenden Betrieb durchgeführt werden, führt dies zu einer vereinfachten BIM-Einführung, da einige der hier vorgestellten

---

[358] In Anlehnung an Hügel, Holger: Geschäftsprozessmonitoring fängt beim Router an, in Informationweek Juli/2010, S. 16.

Rahmenbedingungen schon erfüllt sind.

Die Einführungsbeschreibung wird entlang eines fiktiven Modellprozesses der Kreditvergabe an Privatkunden eines Finanzdienstleisters entwickelt. Der Prozess Kreditvergabe besteht aus mehreren Teilprozessen und läuft unter Einsatz verschiedenster Systeme ab. Die folgende Abbildung 31 stellt die Teilprozesse und die beteiligten Systeme grafisch dar. Dabei wird bei der Modellierung der Systeme vom Zugrundeliegen
einer heterogenen Client-Server-Infrastruktur ausgegangen. Diese Annahmen werden
getroffen, weil es in der verfügbaren Literatur keine Beschreibungen zu den technischen Systemen gibt, die einen Kreditvergabeprozess in der Praxis unterstützen. Es
handelt sich aber um Annahmen, die erfahrungsgemäß der allgemeinen betrieblichen
Realität sehr nahe kommen.

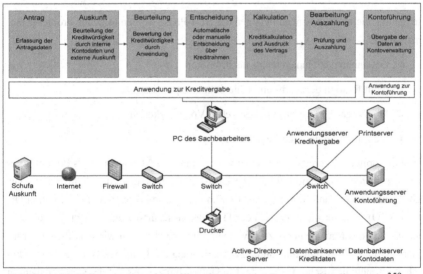

Abbildung 31: Teilprozesse und beteiligte Systeme des Prozesses Kreditvergabe[359]

Die hier dargestellten Informationen über den Geschäftsprozess sind am Anfang der
Implementierung nicht vorhanden und dienen hier lediglich zur Veranschaulichung
des Beispielprozesses. Mit welchen Methoden die dargestellten Informationen im Rah-

---

359 In Anlehnung an Wieners, Jan Ph.: Kreditprozesse zwischen Pflicht und Kür, in IT-Banken &
Versicherungen 3/2006, Online im Internet: http://www.afb.de/fileadmin/templates/pdf_presse
spiegel/IT-Banken_Versicherungen-3-2006.pdf, 15.07.2010, S. 47.

men der Implementierung erarbeitet werden, ist ebenfalls Teil der folgenden Einführungsbeschreibung. Die Einführung schildert organisatorische, fachliche und technische Probleme und gibt konkrete Handlungsempfehlungen. Für jede Phase des Vorgehens werden die in Kapitel 4.3 beschriebenen Anwendungen der vier großen Systems-Management-Softwareanbieter CA, BCM, HP und IBM genannt, mit denen sich die jeweilige Phase umsetzen ließe. Zu jeder Phase werden Checklisten erstellt, die die Anforderungen, die im Laufe der Einführungsbeschreibung gestellt werden, zusammenfassen.

5.2   Phase I – Business-Impact-Management

5.2.1 Fachliche Rahmenbedingungen

In den fachlichen Rahmenbedingungen der BIM-Phase werden folgende Probleme thematisiert:

- Gewinnen des Managements als Promotor

- Identifikation der Kern- und Unterstützungsprozesse

- Modellierung der prozessspezifischen Vorgangsketten

- Identifikation der unterliegenden IT-Systeme

Wie in Kapitel 5.1 bereits beschrieben wurde, muss das Management als Promotor gewonnen werden, um eine erfolgreiche BIM-Implementierung zu gewährleisten. Dies gilt insbesondere dann, wenn es auf der Führungsebene keinen Chief Information Officer (CIO) gibt, der die Interessen der IT in der Geschäftsleitung vertritt. Um die Unterstützung des Managements zu gewinnen, gibt es neben den wirtschaftlichen Argumenten, die Effizienzgewinne und eine Ausrichtung der IT an den Geschäftszielen beinhalten, auch juristische Argumente. Ein Unternehmen muss sich im Geschäftsbetrieb an ein Rahmenwerk aus Regeln halten, welches als Governance bezeichnet wird.[360] So gibt es zahlreiche Bestimmungen, die sich auch auf die Anforderungen an den Betrieb der IT auswirken. Einige prominente Beispiele sind die Mindestanforderungen an das Risikomanagement (MaRisk) und das Gesetz zur Kontrolle und Transparenz im

---

360 Vgl. v. Werder, Axel: Gabler Wirtschaftslexikon – Corporate Governance, Online im Internet: http://wirtschaftslexikon.gabler.de/Archiv/55268/corporate-governance-v5.html, 20.07.2010.

Unternehmensbereich (KonTraG). Diese juristischen Normen müssen von den betroffenen Unternehmen eingehalten werden. Das Sicherstellen der Einhaltung der genannten Vorgaben auf Seite der Unternehmen wird als Compliance bezeichnet.[361] Eine mögliche Compliance-Maßnahme ist z. B. die Umsetzung eines internen Kontrollsystems, welches u. a. die Sicherstellung der Funktionsfähigkeit und Wirtschaftlichkeit der Geschäftsprozesse zum Ziel hat.[362] Das legt die Schlussfolgerung nahe, dass das BIM ein Teil eines internen Kontrollsystems sein kann und somit im Rahmen der Compliance umgesetzt werden sollte, um rechtliche Konsequenzen zu vermeiden.

Ist die Unterstützung des Managements gewonnen, müssen die Geschäftsprozesse des Unternehmens bestimmt werden, falls diese noch nicht bekannt und dokumentiert sind. Auch bei der Identifikation von Geschäftsprozessen gibt es wieder die beiden Vorgehensweisen Bottom-Up und Top-Down, die aber trotz gleichen Namens nicht mit der Vorgehensrichtung der BIM-Implementierung zu verwechseln sind. Beim Top-Down-Ansatz werden die Geschäftsprozesse auf Basis der Unternehmensstrategie, des Marktes und der Kunden identifiziert. Beim Bottom-Up-Vorgehen werden die verschiedenen Tätigkeiten der untersten Prozessebenen analysiert und nach ablauf-, informations- und kostenrechnungstechnischen Gesichtspunkten zu Geschäftsprozessen gruppiert. Das Top-Down-Vorgehen hat zum Vorteil, dass es weniger Aufwand und Zeit in Anspruch nimmt und dass es nicht die Gefahr birgt, sich in den Details der einzelnen Prozesse zu verlieren.[363] Weil es sich auch in der Praxis gegenüber dem Bottom-Up-Verfahren zur Identifikation der Geschäftsprozesse durchgesetzt hat, wird es hier übernommen. Ausgangsdaten für die Identifikation der Geschäftsprozesse mit dem Top-Down-Vorgehen sind die Zielmärkte und Kundengruppen, die Kundenanforderungen, die Wettbewerbsstrategie und die Kernkompetenzen. Aus der Kenntnis der Kundenbedürfnisse und eigenen Potenziale lassen sich dann Geschäftsprozesse ableiten, die die Bedürfnisse der Kunden ansprechen und ihren Erwartungen entsprechen. Die identifizierten Kerngeschäftsprozesse lassen sich als primäre Aktivitäten der Wertschöpfungs-

---

361 Vgl. Heldt, Cordula; Amelung, Volker E.; Mühlbacher, Axel; Krauth, Christian: Gabler Wirtschaftslexikon – Compliance, Online im Internet: http://wirtschaftslexikon.gabler.de/Archiv/748/compliance-v9.html, 20.07.2010.

362 Vgl. Deutsches Institut für interne Revision (Hrsg.): Grundsätze des internen Kontrollsystems (IKS Online im Internet: http://www.diir.de/arbeitskreise/ak09/pruefungshandbuch/iks/grundsaetze-des-internen-kontrollsystems-iks/, 18.05.2010.

363 Vgl. Schmelzer, Hermann J.; Sesselmann, Wolfgang: Geschäftsprozessmanagement in der Praxis, 6. vollständig überarbeitete und erweiterte Auflage, München: Hanser, 2008, S. 121 ff.

kette darstellen (siehe Kapitel 2.4.1, Abbildung 8).[364]

Da im nächsten Schritt die einzelnen Teilprozesse der Geschäftsprozesse anhand der Tätigkeiten identifiziert werden, liegt intuitiv der Einwand nahe, dass eine Bottom-Up-Identifikation der Geschäftsprozesse dieses Vorgehen schon umfasst und somit gegenüber dem Top-Down-Vorgehen Arbeitsaufwand erspart. Diese Kritik ist jedoch nur bedingt zutreffend, da die Identifikation der Teilprozesse deutlich leichter fallen dürfte, wenn bereits die Kerngeschäftsprozesse als organisatorischer Rahmen erfasst sind und die beobachteten Tätigkeiten nicht mehr potenziell zu jedem Geschäftsprozess gehören können.[365]

Sind die Kerngeschäftsprozesse identifiziert, müssen sie näher untersucht werden. Es müssen Vorgangsketten innerhalb der Prozesse modelliert werden, die die einzelnen Teilprozesse der Prozessabwicklung beinhalten. Neben den einzelnen Vorgangsketten müssen auch die IT-Systeme ermittelt werden, die für die Funktion der Geschäftsprozesse notwendig sind. Um die notwendigen Daten zur Modellierung der Vorgangskette des Geschäftsprozesses Kreditvergabe zu erhalten, kann mit Hilfe verschiedener Erhebungstechniken vorgegangen werden. Es ist zum Beispiel möglich, Fragebögen an das durchführende Personal, also die Sachbearbeiter, auszuhändigen, sie zu interviewen oder Beobachtungen beim Abarbeiten des Prozesses durchzuführen.[366] Die Anwendung der genannten Techniken liefert eine Liste einzelner Tätigkeiten, die sich, je nach Granularität der erhobenen Daten, zu Teilprozessen der Vorgangskette zusammenfassen lassen oder bereits Teilprozesse sind.

Nachdem die Vorgangsketten für die Kernprozesse modelliert sind, muss als nächstes identifiziert werden, welche IT-Systeme bei der Durchführung beteiligt sind. Hierbei lässt sich bei der o. g. Erhebung bereits miterfassen, welche Anwendungen und Hardwarekomponenten von den Sachbearbeitern benutzt werden. Im Kreditvergabeprozess sind für den Sachbearbeiter der PC, der Drucker und die Anwendungen zur Kontoführung und Kreditvergabe sichtbar. Ausgehend von diesen Informationen können die darunterliegenden IT-Systeme ermittelt werden. Dies kann unter Nutzung mehrerer In-

---

364 Vgl. Schmelzer, Hermann J.; Sesselmann, Wolfgang: Geschäftsprozessmanagement in der Praxis, a. a. O., S. 121 ff.

365 Vgl. Schmelzer, Hermann J.; Sesselmann, Wolfgang: Geschäftsprozessmanagement in der Praxis, a. a. O., S. 121 f.

366 Vgl. Hagl, Stefan: Schnelleinstieg Statistik, München: Haufe, 2008, S. 22 f.

formationsquellen geschehen. Zum einen können bereits vorhandene Dokumentationen, wie etwa Wiederanlaufpläne, Informationen zu den unterliegenden IT-Systemen enthalten. Zum anderen können die Teammitglieder mit technischen Sachkenntnissen,[367] mit ihrem Wissen über die IT-Infrastruktur behilflich sein und dazu beitragen, eine vollständige Liste der benötigten IT-Systeme zu ermitteln. Sollten keine Wiederanlaufpläne vorhanden sein, können mit Hilfe einer ABC-Analyse die geschäftskritischen Systeme identifiziert werden.[368] Das angewandte Vorgehen basiert auf der materialwirtschaftlichen ABC-Analyse, betrachtet jedoch nicht den buchhalterischen Wert der IT-Systeme, sondern deren Relevanz für den Geschäftsbetrieb. Die Ergebnisse der ABC-Analyse liefern die Grundlage für die Erstellung eines Wiederanlaufplans. Da zu diesem Zeitpunkt der Implementierung noch keine genauen quantitativen Daten über den Wertschöpfungsanteil der einzelnen Systeme vorliegen, muss auf betriebsinternes Wissen über die Relevanz zurückgegriffen werden, um eine grobe Priorisierung durchzuführen. A-Systeme sind dabei eine kleine Anzahl von Systemen, die eine sehr große Relevanz für den Geschäftsbetrieb haben (z. B. Active-Directory-Server oder zentrale Switches, deren Ausfall viele Nutzer betrifft), B-Systeme sind eine mittlere Anzahl von Systemen mit mittlerer Relevanz (z. B. nicht zentrale Switches, die nah am Endnutzer liegen) und C-Systeme eine große Anzahl von Systemen mit niedriger Relevanz (z. B. Drucker oder einzelne Sachbearbeiter-PCs). Die folgende Abbildung 32 zeigt das Schema einer ABC-Analyse mit Beispielwerten für die Relevanz und Anzahl der Systeme.

---

367 Die Bildung des Projektteams wird in Kapitel 5.2.2 beschrieben.

368 Vgl. Vahrenkamp, Richard: Produktionsmanagement, 6. Auflage, München: Oldenbourg, 2008, S. 115.

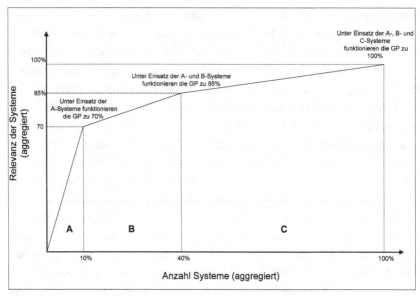

Abbildung 32: Beispielhaftes Schema einer ABC-Analyse

Ergebnis der beschriebenen Aktivitäten ist eine modellierte Vorgangskette und die Zuordnung der geschäftsprozessrelevanten IT-Systeme für jeden Geschäftsprozess. Diese Informationen werden benötigt, da auf deren Basis, in der SLM-Phase, die Servicedefinition stattfindet. Das Vorgehen, die Geschäftsprozesse zu identifizieren, die Vorgangsketten zu modellieren und die unterliegenden Systeme zu erfassen, erfolgt also nach Maßgabe des Zielsystems (siehe Kapitel 5.1, Abbildung 30). Abbildung 33 stellt die modellierte Vorgangskette und die unterliegenden IT-Systeme für den Geschäftsprozess Kreditvergabe grafisch dar.

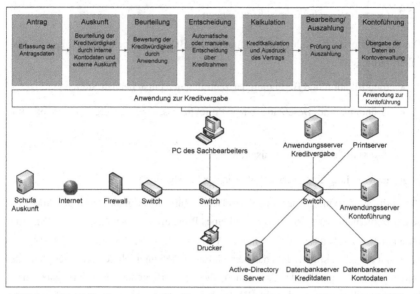

Abbildung 33: Teilprozesse und beteiligte Systeme des Prozesses Kreditvergabe[369]

Nachdem die Vorgangsketten und unterliegenden IT-Systeme für die Kerngeschäfts-prozesse ermittelt sind, muss das Gleiche erneut für die Unterstützungsprozesse (z. B. das Bereitstellen von Backups) durchgeführt werden, da die Kerngeschäftsprozesse nur mit deren Unterstützung vollständig funktionsfähig sind. Das Vorgehen hierbei ist ähnlich: Es werden die gleichen Erhebungsmethoden in den klassischen unterstützen-den Abteilungen (z. B. Personalmanagement, Forschung und Entwicklung oder IT) durchgeführt, und jede Unterstützungsaktivität wird als Teilprozess interpretiert, für den wieder eine Vorgangskette modelliert werden muss. Wenn die Vorgangsketten für alle Unterstützungsprozesse modelliert sind, müssen die unterliegenden IT-Systeme identifiziert werden. Das Vorgehen ist hier analog zu den Kerngeschäftsprozessen. Wenn Vorgangsketten für alle Kerngeschäftsprozesse und Unterstützungsaktivitäten modelliert sind, für jede Vorgangskette die unterliegenden IT-Systeme identifiziert wurden und das Management als Promotor gewonnen wurde, können im zweiten Schritt der BIM-Phase die organisatorischen Rahmenbedingungen geschaffen werden.

---

369 In Anlehnung an Wieners, Jan Ph.: Kreditprozesse zwischen Pflicht und Kür, a. a. O., S. 47.

5.2.2 Organisatorische Rahmenbedingungen

Die organisatorischen Rahmenbedingungen der BIM-Phase beinhalten folgende Aufgabenstellungen:

- Identifikation und Besetzung der zentralen neu entstehenden Stellen

- Gründung und Besetzung eines Projektteams, welches die Implementierung leitet

- Auswahl der Projektorganisation

- Entwicklung einer Servicekultur in der IT-Abteilung

Wesentlicher Bestandteil der organisatorischen Rahmenbedingungen in der BIM-Phase der Implementierung ist die Auswahl eines Projektteams, welches die Implementierung leitet, Aufgaben koordiniert und die Verantwortung für das Projekt trägt.[370] Hierbei ist zu berücksichtigen, dass das betrachtete Modellunternehmen zum Zeitpunkt der Implementierung gemäß der Annahmen, die der vorliegenden Einführungsbeschreibung zugrunde liegen, noch kein BIM/SLM/Systems-Management betreibt. Dementsprechend sind im Laufe der Implementierung einige Stellen zu besetzen. Es bietet sich an, dass einige der Teammitglieder des Projektteams in der neu entstehenden BIM-Hierarchie die Kernpositionen besetzen. Dies erscheint im Wesentlichen aus zwei Gründen sinnvoll: Einerseits sind die beteiligten Personen in der Teamarbeit der Implementierungsphase in der Lage, über den „Tellerrand" des eigenen Fachgebiets hinauszublicken und können somit Facetten der anderen Aufgabenfelder erlernen und ein Verständnis für die Probleme der anderen Akteure entwickeln. Andererseits führt eine erfolgreiche Zusammenarbeit im Implementierungsprozess dazu, dass auch nach Abschluss der Implementierung eine harmonische Zusammenarbeit möglich ist. Dies ist insbesondere wichtig, da nicht zuletzt soziale Kompetenzen eine Rolle im Service-Level-Management spielen: Beispielsweise sollte der Service-Level-Manager Feingefühl dafür entwickeln, mit welchem Grad an Leistungsdruck er die Realisierung der Service-Level-Ziele erreichen kann, ohne sich dabei die Missgunst der anderen Akteure zuzuziehen oder sie zu demotivieren.[371] Diesen Grad zu finden ist umso

---

370 Vgl. Wischnewski, Erik: Aktives Projektmanagement für den IT-Bereich, Wiesbaden: Vieweg, 2002, S. 41 f.

371 Vgl. Lüder, Christoph: Wadenbeisser Service-Level-Manager, a. a. O., S. 24 f.

leichter, je besser man die Akteure (aus dem Implementierungsprozess) kennt. Aus den genannten Gründen ist es bei der Implementierung ebenfalls von Bedeutung, die Prozessverantwortlichen in das Projektteam einzubinden, denn für einen erfolgreichen BIM-Betrieb ist es notwendig, dass die Prozessverantwortlichen über das notwendige Schnittstellenwissen verfügen, d. h. sowohl mit der Technik- als auch der fachlichen Geschäftsprozessperspektive vertraut sind.[372] Sollte es noch keine Prozessverantwortlichen geben, sind diese Stellen mit dem verfügbaren Personal bestmöglich zu besetzen. Bevor also zur Bildung des Projektteams geschritten wird, sollte sichergestellt sein, dass mindestens die Funktionen des Service-Managers, des Service-Level-Managers, des Service-Level-Administrators und die des Geschäftsprozessverantwortlichen besetzt sind und dass das entsprechende Personal in das Projektteam eingebunden ist. Jede Funktion kann hierbei theoretisch eine eigene Stelle sein. In kleinen Unternehmen ist jedoch auch eine Personalunion mehrerer Funktionen in einer Stelle denkbar.

Im Rahmen des Implementierungsprojekts spielt das Promotorenmodell eine wichtige Rolle. Nach Maßgabe des Promotorenmodells gibt es verschiedene Arten von Promotoren, die im Zuge eines Wandlungsprozesses dazu beitragen, Willens- und Fähigkeitsbarrieren zu überwinden. Das Vorhandensein bzw. der Zugang zu Promotoren spielt deshalb eine tragende Rolle für den Erfolg der Implementierung. In dem folgenden Anforderungsprofil an die Teammitglieder spielen insbesondere Machtpromotoren, die durch ihre hierarchische Macht Willensbarrieren beseitigen und Fachpromotoren, die mit ihren Fachkenntnissen Fähigkeitsbarrieren beseitigen, eine wichtige Rolle.[373]

Auf Basis der genannten Anforderungen an das Team ergibt sich ein Anforderungsprofil für das zu bildende Team. Um das Team mit dem entsprechenden Personal zu besetzen, stellt sich hierbei auch die Frage, ob die notwendigen Personalressourcen über interne Ausschreibung (und ggf. Weiterbildung) bezogen werden oder ob das notwendige Personal vom Markt akquiriert werden muss. Diese Frage lässt sich allerdings nicht allgemeingültig beantworten und muss in jeder Organisation auf Basis der vorhandenen Ressourcen beantwortet werden. Im Folgenden werden die Anforderungen an die Teammitglieder des Projektteams genannt. Bei der Bildung des Projektteams

---

372 Vgl. O'Neill, Peter: Business Service Management wird erwachsen – Zeit für eine genaue Definition, a. a. O., S. 1.

373 Vgl. Krüger, Wilfried: Excellence in Change: Wege zur strategischen Erneuerung, a. a. O., S 164 f.

spielen fachliche und methodische Kompetenzen eine wichtige Rolle.[374] Auf Basis der Anforderungen an ein BIM-System scheinen folgende Kompetenzen im Projektteam zielführend zu sein:

Es wird *Sachverständnis in den Themenkomplexen ITSM und BIM* benötigt, um die Leitung des Projektteams zu übernehmen. Der Teamleiter sollte weiterhin über Grundlagenwissen im Bereich Personalmanagement verfügen. Davon ausgehend, dass im betrachteten Betrieb noch kein BIM/SLM/Systems-Management betrieben wird, ist es unwahrscheinlich, dass Personal mit den gesuchten Fachkenntnissen bereits in der eigenen Organisation vorgefunden wird. Deshalb ist es notwendig, das entsprechende Personal entweder neu einzustellen oder Personal aus der bereits vorhandenen IT-Abteilung entsprechend fortzubilden.

Weiterhin wird *Sachverständnis zur Organisation* benötigt, um die Implementierung mit Informationen und Ratschlägen zu den Geschäftsprozessen und der Organisation zu unterstützen. Teammitglieder mit der entsprechenden Kompetenz sollten auch Zugang zu Machtpromotoren (möglicherweise im Management) haben, und wenn es notwendig ist als Beziehungspromotor[375] diesen Zugang für die Implementierung nutzen, um Willensbarrieren mit hierarchischer Macht überwinden zu können. Aufgrund der Natur der gestellten Anforderungen ist das entsprechende Personal innerhalb der Organisation zu rekrutieren, da das entsprechende organisationsbezogene Wissen nicht von außerhalb zu beziehen ist. Ausgehend davon, dass für die Besetzung kein Mitglied des Managements zu gewinnen ist (beispielsweise aus Zeitgründen), ließe sich Personal, welches die Anforderungen erfüllt, beispielsweise in Stabsstellen des Managements finden.

Des Weiteren wird *technisches Sachverständnis* benötigt, um den Implementierungsprozess mit technischem Wissen bzw. Informationen über die IT-Infrastruktur der Organisation zu unterstützen. Um das notwendige organisationsspezifische Wissen über die IT-Infrastruktur verfügbar zu machen, sollte das entsprechende Personal aus der eigenen IT-Abteilung kommen (beispielsweise Systemadministratoren).

---

374 Vgl. Bea, Franz X.; Scheurer, Steffen; Hesselmann, Sabine: Projektmanagement, Stuttgart: Lucius & Lucius 2008, S. 59.

375 Der Beziehungspromotor übernimmt eine vermittelnde Rolle zwischen Fach- und Machtpromotor.

Abschließend werden *Sachkenntnisse im Bereich Controlling* benötigt, um durch Methodenkenntnis und Wissen über die prozessbezogenen Kosten die Implementierung der wirtschaftlichen Perspektive des BIM zu unterstützen. Da es sich auch hierbei wieder um organisationsspezifisches Wissen handelt, muss das entsprechende Personal innerhalb der Organisation gefunden werden. Nach Abschluss der Implementierung sollten die entsprechenden Teammitglieder weiterhin in den BIM-Prozess eingebunden sein, um das System an das sich stetig wandelnde[376] wirtschaftliche, betriebliche und technische Umfeld anzupassen.

Je nach Größe des implementierenden Unternehmens und nach Vorhandensein von Personalressourcen kann die Größe des Projektteams variieren. Bei kleinen Unternehmen ist es denkbar, dass einzelne Personen mehrere der gesuchten Kompetenzen besitzen und das Projektteam entsprechend klein ausfällt. Bei großen Unternehmen werden deutlich mehr Personen im Projektteam benötigt werden.

Im Zuge der organisatorischen Rahmenbedingungen ist weiterhin eine Projektorganisation zu wählen. Es wird zwischen drei Typen von Projektorganisationen unterschieden:[377]

- Reine Projektorganisation

- Matrix-Projektorganisation

- Einfluss-Projektorganisation

Bei der *reinen Projektorganisation* wird das Projekt temporär in die Aufbauorganisation des Unternehmens integriert. Die Projektmitarbeiter sind hierbei für die Dauer des Projektes dem Projektleiter unterstellt, welcher die Verfügungsgewalt über die Projektressourcen hat.[378]

---

376 Mögliche Wandlungsvorgänge sind z. B. Outsourcing-Aktivitäten, welche Änderungen in der Kostenperspektive des BIM nach sich ziehen.

377 Vgl. Kessler, Heinrich; Winkelhofer, Georg: Projektmanagement: Leitfaden zur Steuerung und Führung von Projekten, 4. Auflage, Berlin et. al.: Springer 2004, S. 26 ff.

378 Vgl. Kessler, Heinrich; Winkelhofer, Georg: Projektmanagement: Leitfaden zur Steuerung und Führung von Projekten, a. a. O., S. 26.

Bei der *Matrix-Projektorganisation* werden die Projektarbeiter von ihrer Linienposition in das Projekt delegiert. Sie unterstehen dabei sowohl der Projektleitung, als auch ihrem Linienvorgesetzten.[379]

Bei der *Einfluss-Projektorganisation* gibt es keine eigene Projektstruktur. Die Projektmitarbeiter bleiben dem Linienvorgesetzten unterstellt. Der Projektleiter übt eine beratende und berichtende Funktion aus.[380]

Die folgende Tabelle 8 zeigt Kriterien, die bei der Auswahl der passenden Projektorganisation unterstützen.

Kriterien	Einfluss-Projektorganisation	Matrix-Projektorganisation	Reine Projektorganisation
Bedeutung für das Unternehmen	Gering	Groß	Sehr groß
Umfang des Projekts	Gering	Groß	Sehr groß
Unsicherheit der Zielerreichung	Gering	Groß	Sehr groß
Technologie	Standard	Kompliziert	Neue Technik
Zeitdruck	Gering	Mittel	Hoch
Projektdauer	Kurz	Mittel	Lang
Komplexität	Gering	Mittel	Hoch
Bedürfnis nach zentraler Steuerung	Mittel	Groß	Sehr groß
Mitarbeitereinsatz	Nebenamtlich	Teilzeit	Hauptamtlich
Projektleiterpersönlichkeit	Wenig relevant	Qualifizierte Leitung	Sehr fähige Leitung

Tabelle 8: Auswahlkriterien einer Projektorganisation[381]

---

379 Vgl. Kessler, Heinrich; Winkelhofer, Georg: Projektmanagement: Leitfaden zur Steuerung und Führung von Projekten, a. a. O., S. 27 f.

380 Vgl. Kessler, Heinrich; Winkelhofer, Georg: Projektmanagement: Leitfaden zur Steuerung und Führung von Projekten, a. a. O., S. 28 f.

381 Vgl. Kessler, Heinrich; Winkelhofer, Georg: Projektmanagement: Leitfaden zur Steuerung und Führung von Projekten, a. a. O., S. 30.

Grundsätzlich ist die Entscheidung über eine Projektorganisation zwar in Abhängigkeit von der implementierenden Organisation und dem Projekt zu wählen, jedoch erscheint eine Einfluss-Projektorganisation unabhängig von der implementierenden Organisation als wenig Erfolg versprechend. Insbesondere die Komplexität, die technologischen Anforderungen und die Unsicherheit der Zielerreichung sprechen gegen den Einsatz einer Einfluss-Projektorganisation für die BIM-Implementierung. Für eine endgültige Entscheidung zwischen Matrix- und reiner Projektorganisation sind Organisationsspezifika in Betracht zu ziehen.

Neben der Auswahl des Projektteams und der Projektorganisation ist im Sinne der organisatorischen Rahmenbedingungen auch dafür Sorge zu tragen, dass das Image der IT im Unternehmen geändert wird. Der Wandel vom Ressourcenverwalter zum Dienstleister und Enabler („Hebel") muss bis in die Fachabteilungen getragen werden. Damit dieses Bekenntnis zur Service-Orientierung kein leeres Versprechen bleibt, ist es ebenfalls notwendig, das Personal der IT-Abteilung auf die geänderte Rolle der IT vorzubereiten. Dies kann beispielsweise durch Schulungen, die der Schaffung einer Service-Kultur dienen, erreicht werden. Diese Maßnahmen dienen dazu, eine Dienstleistungsmentalität in der IT aufzubauen und eine Kundenbeziehung zu den Fachabteilungen des Unternehmens zu schaffen. Eine Service-Kultur wird sich sicher nicht im Rahmen des Implementierungsprojekts „einführen" lassen. Dennoch können die genannten Maßnahmen das Fundament der Entstehung einer solchen Service-Kultur sein und die Basis für das einzuführende Service-Level-Management bilden.[382]

Nachdem die benötigten Funktionen besetzt sind, die Teambildung abgeschlossen ist, eine Projektorganisation ausgewählt wurde und Maßnahmen zur Etablierung einer Service-Kultur eingeleitet sind, können im nächsten Schritt die technischen Rahmenbedingungen der BIM-Implementierung bewältigt werden.

---

382 Vgl. Hausmann, Bernd: Service-Level-Management als Basis für eine neue IT-Servicekultur, Online im Internet: http://www.datasystems.de/fileadmin/pdf/ITIL_Fachaufsatz.pdf, 28.07.2010, S. 5.

5.2.3   Technische Rahmenbedingungen

Die technischen Rahmenbedingungen der BIM-Phase schildern die folgenden Aspekte:

• Dokumentation der Anforderungen an die BIM-Anwendung

• Ausschreibung der Anwendung anhand der ermittelten Anforderungen

• Analyse der erhaltenen Angebote

• Potenzielle Lösungen der vier großen Anbieter zur Umsetzung der BIM-Phase

Eine wichtige Anforderung der technischen Perspektive der Implementierung ist, dass die Anforderungen an die benötigten Anwendungen genau spezifiziert werden, um die Auswahl aus den verfügbaren Lösungen zu erleichtern und um die eigenen Anforderungen für potenzielle Anbieter transparent zu erfassen. Je nach Größe und genauen Anforderungen des implementierenden Unternehmens ist es beispielsweise denkbar, dass ein umfassendes Systems-Management-System notwendig ist, dass alle Anforderungen der Frameworks (siehe Kapitel 4.1) erfüllt oder nur eine sehr fokussierte kleine Lösung, die auf die Überwachung einzelner Komponenten abzielt.

Eine Möglichkeit, Anforderungen an Software zu formulieren, sind die Software Requirement Specifications, die nach IEEE 830 standardisiert sind und mit dem Lastenheft bei der Software-Entwicklung vergleichbar sind. Der IEEE 830 gibt vor, in welcher Form ein solches Lastenheft zu formulieren ist.[383] Die Anforderungen sollten beinhalten, welche Geschäftsprozesse und welche unterliegenden IT-Systeme überwacht werden müssen und wie umfangreich die gesuchte Systems-Management-Lösung sein soll.

Nachdem ein Lastenheft erstellt wurde, kann die benötigte Lösung ausgeschrieben werden. Die Art der Ausschreibung kann hierbei beispielsweise ein Request for Proposal sein, welches auf das Einholen verbindlicher Angebote abzielt und von den potenziellen Anbietern mit einem Pflichtenheft beantwortet wird, in welchem beschrieben

---

383 Vgl. Grechenig, Thomas; Bernhart, Mario; Breiteneder, Roland; Kappel, Karin: Softwaretechnik - Mit Fallbeispielen aus realen Entwicklungsprojekten, München: Pearson Studium, 2010, S. 175 ff.

wird, wie die Anforderungen des Lastenhefts umgesetzt werden.[384]

Um die eingegangenen Angebote zu bewerten, können verschiedene Methoden zur Beurteilung des Nutzens herangezogen werden. Dabei muss auf qualitative Analysemethoden zurückgegriffen werden, da der monetäre Nutzen, der für die quantitativen Methoden benötigt wird, nicht ermittelbar ist. Mögliche qualitative Methoden sind z. B. eine Argumentebilanz, in welcher die möglichen Chancen und Risiken der Implementierung strukturiert gegenübergestellt werden oder eine Nutzwertanalyse.[385] Bei der Nutzwertanalyse werden die Anforderungen an die BIM-Software in Bewertungskriterien formuliert. Die Bewertungskriterien werden je nach Relevanz für das Unternehmen gewichtet. Die Summe der Gewichte wird hierbei üblicherweise mit hundert angesetzt. In Matrixform werden nun für jede Auswahlalternative Bewertungen vorgenommen, die ausdrücken, inwiefern die Bewertungskriterien erfüllt werden. Die vergebenen Bewertungen werden dann sukzessiv mit den jeweiligen Gewichten multipliziert. Die so gewichteten Werte werden für jede Auswahlalternative aufsummiert und es ergibt sich ein Score, der die Rangfolge der Auswahlalternativen gestaffelt nach Nutzwert ist (der höchste Wert kennzeichnet die beste Alternative, der niedrigste Wert die schlechteste Alternative). Tabelle 9 zeigt eine beispielhafte Nutzwertanalyse für die Produkte der vier großen BIM-Anbieter.

---

384 Vgl. Angermeier, Georg: Projektmanagement Lexikon: Angebotsanfrage, München: Projekt Magazin, 2005, S. 44.

385 Vgl. Kargl, Herbert; Kütz, Martin: IV-Controlling, 5. Auflage, München: Oldenbourg, 2007, S. 51 ff.

Bewertungskriterium	Gewichtung	IBM Tivoli		HP BTO		CA		BMC	
K = Kriterienerfüllung (0-10 Punkte) N = gewichtete Kriterienerfüllung	(G)	K	N	K	N	K	N	K	N
Erwarteter Nutzen	30								
Nutzen BIM	10	10	100	5	50	5	50	10	100
Nutzen SLM	10	5	50	7	70	5	50	8	80
Nutzen Systems-Management	10	8	80	9	90	5	50	3	30
Implementierungsaufwand	30								
Schnittstellenaufwand	15	5	75	8	120	6	90	10	150
Komplexität	15	4	60	2	30	7	105	8	120
Kosten	40								
Kosten Hardware	20	2	40	3	60	4	80	5	100
Kosten Software	20	3	60	5	100	7	140	7	140
Summe (gewichtet)	100	465		520		565		720	
Rangfolge		4		3		2		1	

Tabelle 9: Beispielhafte Nutzwertanalyse (vereinfacht)

Es handelt sich hierbei um eine vereinfachte Nutzwertanalyse mit fiktiven Bewertungen. In der Praxis können die Bewertungskriterien differenzierter und zahlreicher ausfallen. Im gezeigten Beispiel würde die Lösung von BMC den größten Nutzwert stiften.

Nachdem ein Anbieter ausgewählt wurde, empfiehlt es sich, eine Teststellung der Lösung zu vereinbaren, um die Praxistauglichkeit und Implementierbarkeit zu prüfen.[386]

---

[386] Vgl. Depprich, Ina; Eckardt, Bernd; Frey, Dieter; Gennen von Müller, Klaus: Praxishandbuch Medien-, IT- und Urheberrecht, Heidelberg et. al.: C.F. Müller, 2007, S. 658.

Eine Teststellung sollte hier also für den Prozess Kreditvergabe erfolgen, an welchem die Implementierung testweise durchgeführt werden kann. Nach der Implementierung kann anhand des Testprozesses entschieden werden, ob die Anforderungen an das BIM hinreichend erfüllt werden und ob das entsprechende Angebot angenommen werden soll. Die Teststellung liefert nach Implementierung also bereits ein vorzeigbares Ergebnis für das Management noch vor Annahme des Angebots. Sowohl das Erstellen eines Lastenhefts als auch die Vereinbarung einer Teststellung haben zum Ziel, dass es vermieden wird, in ein ungeeignetes Software-Produkt zu investieren.

Wurde ein geeigneter Anbieter gefunden und eine Teststellung vereinbart, kann damit begonnen werden, die entsprechende Software zu implementieren und die Geschäftsprozesse im BIM-Tool zu hinterlegen. Tabelle 10 zeigt eine Liste der Anwendungen, die sich zur Umsetzung der BIM-Phase eignen:

Hersteller	BIM-Anwendung
IBM	Tivoli Business Service Manager, Tivoli Netcool Produktfamilie
Hewlett-Packard	HP Business Process Insight
CA	CA Spectrum Service Assurance Manager
BMC	BMC Analytics for BSM, BMC Dashboards for BSM

Tabelle 10: Anwendungen zur Umsetzung der BIM-Phase

5.2.4 Checkliste 1 – BIM-Phase

In Checkliste 1 zur BIM-Phase der BIM-Implementierung, die in Tabelle 11 auf der folgenden Seite dargestellt ist, sind die Anforderungen an die BIM-Phase noch einmal zusammengefasst. Anhand der Checkliste kann überprüft werden, ob alle Rahmenbedingungen erfüllt sind, bevor zur nächsten Phase vorangeschritten wird. Wenn alle Rahmenbedingungen erfüllt sind, kann mit der Implementierung des Service-Level-Managements begonnen werden. Diese wird in Kapitel 5.3 beschrieben.

Checkliste 1: BIM-Phase der Implementierung	
Fachliche Rahmenbedingungen	
Management hat Unterstützung des BIM-Projekts zugesagt.	
Die Kerngeschäftsprozesse des Unternehmens wurden identifiziert und dokumentiert.	
Es wurde eine Vorgangskette für jeden Geschäftsprozess modelliert und dokumentiert.	
Die unterliegenden IT-Systeme jedes Geschäftsprozesses wurden identifiziert und dokumentiert.	
Die Unterstützungsaktivitäten des Unternehmens wurden identifiziert und dokumentiert.	
Es wurde eine Vorgangskette für jede Unterstützungsaktivität modelliert und dokumentiert.	
Die unterliegenden IT-Systeme jedes Unterstützungsprozesses wurden identifiziert und dokumentiert.	
Organisatorische Rahmenbedingungen	
Die ggf. neu entstehenden Stellen sind identifiziert und die Besetzung ist geregelt.	
Mindestens folgende Funktionen werden durch die neuen/vorhandenen Stellen abgedeckt (Personalunion möglich):	
- Geschäftsprozessverantwortlicher für jeden Geschäftsprozess	
- Service-Manager	
- Service-Level-Manager	
- Service-Level-Administrator	
Das Projektteam zur BIM-Implementierung wurde gebildet, und folgende Kompetenzen sind vorhanden:	
- Sachverständnis in den Bereichen ITSM und BIM	
- Sachverständnis zur Organisation und Wissen über die Geschäftsprozesse	
- Sachverständnis zur technischen Perspektive der Implementierung und IT-Infrastruktur	
- Sachverständnis im Bereich Controlling und Wissen über prozessbezogene Kosten	
Die Geschäftsprozess-Verantwortlichen sind in das Projektteam eingebunden.	
Der Service-Manager ist in das Projektteam eingebunden.	
Der Service-Level-Manager ist in das Projektteam eingebunden.	
Der Service-Level-Administrator ist in das Projektteam eingebunden.	
Das Projektteam hat Zugang zu Machtpromotoren.	
Es wurde eine Entscheidung über die anzuwendende Projektorganisation getroffen.	
Es wurden Maßnahmen zur Entwicklung einer Service-Kultur der IT getroffen.	
Technische Rahmenbedingungen	
Die Anforderungen an die benötigte BIM-Software sind identifiziert.	
Die Anforderungen an die benötigte BIM-Software sind nach IEEE 830 spezifiziert und dokumentiert.	
Die benötigte Software wurde anhand der gemachten Anforderungen ausgeschrieben.	
Alle in Frage kommenden eingegangenen Angebote wurden hinsichtlich ihres Nutzwertes untersucht.	
Auf Basis des Nutzwerts wurde ein Angebot ausgewählt.	
Für das gewählte Angebot wurde eine Teststellung für einen Geschäftsprozess vereinbart.	
Die gemachten Anforderungen an die BIM-Software wurden hinreichend erfüllt, und ein Anbieter wurde ausgewählt.	
Die Software zur Umsetzung der BIM-Funktionalität wurde installiert.	
Die identifizierten Geschäftsprozesse wurden in der BIM-Software hinterlegt.	

Tabelle 11: Checkliste 1 – BIM-Phase der Implementierung

5.3 Phase II – Service-Level-Management

5.3.1 Fachliche Rahmenbedingungen

Die fachlichen Rahmenbedingungen der SLM-Phase thematisieren folgende Aspekte:

- Definition von IT-Services auf Basis der ermittelten IT-Systeme

- Abschluss von SLAs

- Modellierung der Beziehung zwischen IT-Services und Geschäftsprozessen

Nachdem in der BIM-Phase der Implementierung für die Kern- und Unterstützungs-prozesse Vorgangsketten modelliert und die unterliegenden IT-Systeme zugeordnet wurden, müssen nach Maßgabe des Zielsystems[387] im Service-Level-Management IT-Services definiert werden. Ausgangspunkt sind hierbei die erfassten IT-Systeme, die sich gemäß ihrer Zuordnung zu den Vorgangsketten als IT-Service definieren lassen. Das heißt, dass die Gesamtheit aller IT-Systeme, die einem Geschäftsprozess zugeord-net wurden, in einem IT-Service für den Geschäftsprozess zusammengefasst werden. Die Definition der Services lässt sich so vornehmen, da die identifizierten IT-Systeme genau der Leistung entsprechen, die durch die jeweiligen Abteilungen nachgefragt würde. Für den Prozess Kreditvergabe werden also alle identifizierten IT-Systeme zu dem IT-Service „Kreditvergabe" gruppiert. Dieser IT-Service dient als Ausgangspunkt und kann gemäß der kontinuierlichen Verbesserung von IT-Services gemäß ITIL (sie-he Kapitel 3) weiterentwickelt werden. Nachdem die IT-Services an eventuelle neue bzw. veränderte Anforderungen angepasst wurden, müssen Service-Level-Ziele in ei-nem Service-Level-Agreement oder Operation-Level-Agreement verankert werden. Die Gestaltung der Verträge erfolgt auf Basis der Vorgaben aus Kapitel 3.3. Diese Verträge müssen zwischen den Geschäftsprozessverantwortlichen und dem Service-Manager ausgehandelt werden. Gemäß den Vorgaben der Geschäftsprozessorientie-rung erfolgt die Service-Definition und Vereinbarung der Service-Level-Ziele mög-lichst nahe an den fachlichen Anforderungen des Prozesses.[388] Die vereinbarten Servi-ce-Level-Ziele müssen sich aber dennoch mit Systems-Management-Methoden über-wachen lassen – es ist also vor Vertragsschluss sicherzustellen, dass die notwendigen

---

387 Für eine Abbildung und Erläuterung des Zielsystems siehe Kapitel 5.1.

388 Vgl. Pütsch, Felix: Der Wertbeitrag der IT, Online im Internet: http://www.at.capgemini.com/ m/at/doc/Wertbeitrag_der_IT_Puetsch.pdf, 29.07.2010, S. 6.

Überwachungsmechanismen umgesetzt werden können.[389] Eine mögliche Umsetzung für das Monitoring geschäftsfokussierter IT-Services ist z. B. das Application Response Time Measurement (siehe Kapitel 2.4.3). Auch sollte beim Abschluss von SLAs Augenmerk auf die Best-Practice-Vorgaben von ITIL gerichtet werden.[390] Nach Abschluss der Verhandlungen ist für jede Vorgangskette (in Kern- und Unterstützungsprozessen) ein IT-Service definiert worden. Für jeden so definierten IT-Service wurden Service-Level-Ziele vereinbart und in einem SLA bzw. OLA verankert.

Um gemäß des Zielsystems auf der BIM-Ebene Aussagen über den Funktionsgrad der Geschäftsprozesse machen zu können, ist es notwendig die definierten Services in eine quantitative Beziehung zu den Geschäftsprozessen zu setzen. Hierbei sind zwei Arten von IT-Services zu unterscheiden: Zum einen Services, die auf Basis der modellierten Vorgangsketten der Kernprozesse ermittelt wurden und zum anderen Services, die auf Basis der Vorgangsketten von Unterstützungsprozessen ermittelt wurden. Diese Unterscheidung ist notwendig, da es für die Unterstützungsservices keine fundierte Methode gibt, die es erlaubt, den Wertschöpfungsbeitrag zu quantifizieren. Für die Quantifizierung der Beziehung zwischen Prozessen und Services existieren keine Implementierungsregeln in der vorliegenden Literatur.[391] Ausgehend von den Zielvorstellungen eines BIM-Systems erscheint das folgende Vorgehen Erfolg versprechend:

Für die IT-Services, die auf Basis von Vorgangsketten der Kernprozesse modelliert wurden, ist zu quantifizieren, welchen Einfluss die Nicht- bzw. Teilfunktion des IT-Services auf die Funktion des unterstützten Geschäftsprozesses hat. Der Funktionsgrad eines Services lässt sich hierbei am Grad der Erreichung der Service-Level-Ziele messen. Werden alle Service-Level-Ziele erreicht, so ist der Service zu hundert Prozent funktionstüchtig. Eine Abweichung von den Service-Level-Zielen führt entsprechend zu einem eingeschränkten Funktionsgrad, der sich durch die Relation von erreichten Service-Levels zu Service-Level-Zielen in einem Prozentwert angeben lässt. Der endgültige Funktionsgrad eines Geschäftsprozesses, der im BIM visualisiert wird, hängt vom Funktionsgrad der unterstützenden IT-Services ab. Hierzu muss die Wirkungsbe-

389 Vgl. Lüder, Christoph: Wadenbeisser Service-Level-Manager, a. a. O., S. 24.

390 Vgl. Bernhard, Martin G.: Service-Level-Management – Die IT als Supply-Chain organisieren, in Strategisches IT-Management, Band 1, Hrsg.: Bernhard, Martin G.; Blomer, Roland; Bonn, Jürgen, Düsseldorf: Symposion Publishing GmbH, 2003, S. 156 f.

391 Vgl. Pütsch, Felix: Der Wertbeitrag der IT, a. a. O., S. 8 f.

ziehung zwischen den IT-Services und dem Geschäftsprozess quantifiziert werden. Diese Quantifizierung muss mit Fingerspitzengefühl und unter Einbeziehung des Geschäftsmodells getroffen werden.[392]

Für IT-Services, die anhand von Kernprozessvorgangsketten modelliert wurden, wie etwa der IT-Service „Kreditvergabe", wäre der Wirkungszusammenhang über einen Multiplikator umsetzbar. Ausgehend davon, dass jeder Teilschritt der Vorgangskette des vorgestellten Kreditvergabeprozesses unter Nutzung von IT-Ressourcen stattfindet, ist es kaum denkbar, dass eine Funktion des Prozesses nach Ausfall des unterstützenden IT-Services möglich ist. Für den Beispielprozess Kreditvergabe lässt sich also ein Multiplikator von 100 Prozent ansetzen. Dies bedeutet, dass sich die partielle bzw. Nichtfunktion des Kreditvergabe-Services eins zu eins auf den Geschäftsprozess Kreditvergabe auswirkt. Ein vollständiger Ausfall des IT-Services hätte also auch ein vollständiges Erliegen der Kreditvergabe zur Folge. Diese Wirkungsbeziehung ist für jeden Prozess zu modellieren. Der Multiplikator repräsentiert hierbei die Beziehung. Die folgende Tabelle zeigt anhand von Beispielwerten wie sich ausgefallene Services durch das Vervielfachen mit einem Multiplikator auf den Funktionsgrad der Geschäftsprozesse auswirken. Tabelle 12 bezieht sich auf keine spezielle Service/Prozess-Kombination, sondern soll lediglich die moderierende Wirkung des Multiplikators illustrieren.

Funktionsgrad des unterstützenden Services	Multiplikator	Resultierender Funktionsgrad des Geschäftsprozesses
100%	100%	100%
50%	100%	50%
0%	100%	0%
100%	50%	100%
50%	50%	75%
0%	50%	50%

Tabelle 12: Beispielhafte Quantifizierung der Beziehung zwischen IT-Services und Geschäftsprozessen

---

392 Vgl. Pütsch, Felix: Der Wertbeitrag der IT, a. a. O., S. 8 f.

Anhand des resultierenden Funktionsgrades des Geschäftsprozesses lässt sich nun einerseits eine Darstellung im BIM-Tool erstellen wie etwa in Ampel- oder Tachometerform, andererseits lassen sich Angaben zum entstandenen Schaden machen. Der entstandene Schaden von Nicht- oder Teilfunktion eines Prozesses sind die ausfallenden Einkünfte, also die Opportunitätskosten, die aus der eingeschränkten Funktion entstehen. Um den entstehenden stündlichen Schaden, der durch den Ausfall oder die partielle Funktion des Kreditvergabeprozesses entsteht, zu messen, können die Einkünfte des Prozesses[393] auf die Einkünfte pro Stunde aufgeschlüsselt und in Beziehung zu dem Funktionsgrad des Geschäftsprozesses gesetzt werden. Der Schaden, der bei einem Funktionsgrad eines Prozesses von 50 Prozent stündlich entstünde und im BIM Frontend angezeigt würde, entspräche also 50 Prozent der durchschnittlichen stündlichen Einkünfte. Die dargestellten Operationen werden durch das BIM Tool unterstützt und liefern eine Darstellung des Funktionsgrades der Geschäftsprozesse in Abhängigkeit von den zugehörigen IT-Services.

Die Geschäftsprozesse werden aber nicht ausschließlich durch IT-Services unterstützt, die anhand des jeweiligen Prozesses modelliert wurden. So wird der Kreditvergabeprozess beispielsweise auch durch Unterstützungsservices, wie die Bereitstellung von Backups, unterstützt. Für die IT-Services von Unterstützungsaktivitäten gestaltet sich die Quantifizierung der Beziehung komplizierter. Der Grund hierfür ist, dass sich der Wertschöpfungsbeitrag, also der Beitrag der Unterstützungsprozesse zur Erwirtschaftung der Einkünfte, nicht ohne weiteres messen lässt. Für die Quantifizierung der Beziehung zwischen den Kernprozessen und solchen Unterstützungsservices werden im Folgenden ohne Anspruch auf Vollständigkeit drei denkbare Ansätze beschrieben, die jeweils Vor- und Nachteile aufweisen:

- Quantifizierung auf Basis der Kosten

- Quantifizierung auf Basis der geschätzten Relevanz

- Qualitative Modellierung der Beziehung

Die erste Möglichkeit ist das Messen des entstehenden Schadens auf *Basis der Kosten* des Unterstützungsprozesses. Um den Ansatz mit den Kosten zu rechtfertigen, kann die Unterstützungsaktivität hierbei als eine Dienstleistung interpretiert werden. Diese Dienstleistung könnte auch auf dem Markt angeboten werden, und der Preis der

---

393 Die entsprechenden Zahlen sollten durch das Controlling vorgehalten werden.

Dienstleistung würde – unter Annahme eines vollkommenen Marktes – den Kosten der Bereitstellung entsprechen. Um also den Schaden des Ausfalls eines unterstützenden IT-Services zu quantifizieren, kann von den Kosten der Unterstützungsaktivität ausgegangen werden. Diese Kosten werden dann gemäß eines Kostenschlüssels[394] auf alle Geschäftsprozesse aufgeteilt, die durch den jeweiligen IT-Service unterstützt werden. Angenommen also, dass der Kernprozess Kreditvergabe und vier weitere Geschäftsprozesse durch den Unterstützungsservice „Backup" unterstützt werden und dieser Service ausfällt, so würde das eingesetzte BIM Tool den entstehenden Schaden, unter Annahme eines Gemeinkostenschlüssels, in Höhe der Kosten des Backupservices, zu je 20 Prozent der Kreditvergabe und den vier anderen Prozessen zuordnen. Um den Einfluss auf den Funktionsgrad des Kernprozesses zu ermitteln, wäre es eine Möglichkeit, den entstandenen Schaden in Relation zu den Einkünften des Prozesses zu setzen.

Für diese erste Möglichkeit lässt sich kritisch anmerken, dass der Kostenansatz nicht den Beitrag der Unterstützungsprozesse zur Wertschöpfung der Kernprozesse misst, sondern die Unterstützungsprozesse als Dienstleistungen interpretiert, die ihren eigenen Wert generieren. Streng genommen werden die Unterstützungsprozesse aber nicht als Selbstzweck ihrer eigenen Wertschöpfung wegen betrieben, sondern weil sie in Konjunktion mit den Kernprozessen zur Wertschöpfung eben dieser Kernprozesse beitragen. Der Kostenansatz liefert also eine annäherungsweise Lösung zur Quantifizierung des entstehenden Schadens, ignoriert aber die Verbundeffekte zwischen primären und sekundären Geschäftsprozessen. Vorteil des Kostenansatzes ist, dass er einfach umzusetzen und Erfolg versprechend ist. Es erscheint auch denkbar, bei der initialen BIM-Implementierung zunächst diesen Ansatz zu wählen, um sich nicht in Detailproblemen zu verlieren und um aus dem späteren BIM-Betrieb Erfahrungen zu gewinnen, die eine fundiertere Umsetzung der folgenden zweiten Möglichkeit zulassen.

Die zweite Möglichkeit zur Quantifizierung der Beziehung zwischen Unterstützungsservices und Geschäftsprozessen ist eine Modellierung der Beziehung *mittels Schätzung der Relevanz* analog zu den IT-Services der Kernprozesse. Es muss also mittels eines Multiplikators festgelegt werden, wie sich der Ausfall eines Unterstützungsservi-

---

394 Die Kostenschlüsselung ist eine Methode des internen Rechnungswesens zur Aufteilung von Betriebskosten. Je nach Zurechenbarkeit der verursachten Kosten sind verschiedene Schlüsselungen möglich. Vgl. o. V.: Wirtschaftslexikon24.net: Kostenschlüsselung, Online im Internet: http://www.wirtschaftslexikon24.net/d/kostenschluesselung/kostenschluesselung.htm, 31.07.2010.

ces auf den unterstützten Kernprozess auswirkt. Die Beurteilung eines solchen Wirkungszusammenhangs kann nur auf Basis von Schätzungen oder Erfahrungswerten erfolgen. Es ist also fraglich wie nah die Schätzungen an der Realität liegen. Als Beispiel: eine Quantifizierung des Einflusses des Backup-Services auf die Kreditvergabe erscheint schwierig, da die Kreditvergabe zunächst auch ohne Backup funktionieren kann. Ein lang anhaltender Ausfall des Backups führt allerdings zu einem unverantwortlich hohen Risiko. Eine mögliche Lösung ist es, die Beziehung zunächst mit dem Kostenansatz zu modellieren und später die gewonnenen Erfahrungen aus dem BIM-Betrieb in einer Modellierung analog zu den Services der primären Prozesse zu nutzen.

Die dritte Möglichkeit ist, in der BIM-Anwendung *keine Angaben bezüglich der quantitativen Auswirkung* von Unterstützungsserviceausfällen bezüglich Funktionsgrad der Kernprozesse und entstehendem Schaden zu machen. Bei der Modellierung würde es also dabei belassen, den Ausfall eines Unterstützungsservices durch eine gelbe Ampel oder einen gelben Tachometer als qualitative Angabe kenntlich zu machen. Diese dritte Möglichkeit wird aufgezeigt, da die Realitätsnähe und Umsetzbarkeit der ersten beiden Möglichkeiten fraglich ist. Der Nachteil ist, dass kein „sense of urgency" erzeugt wird, wenn kein entstehender Schaden angezeigt wird. Eine rein qualitative Anzeige eines Ausfalls könnte also dazu führen, dass die Relevanz von Unterstützungsaktivitäten, wie etwa dem Backup-Service, unterschätzt wird.

Abbildung 34 zeigt beispielhaft die Auswirkung der modellierten Beziehung zwischen IT-Services und Geschäftsprozess anhand der Kreditvergabe. Für die Quantifizierung der Beziehung zwischen Unterstützungsservices und Geschäftsprozess wurde die zweite Möglichkeit, also eine Schätzung der Relevanz, gewählt.

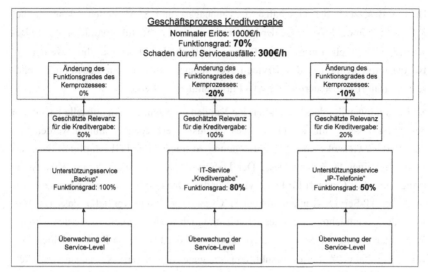

Abbildung 34: Modellierte Beziehungen zwischen IT-Services und Geschäftsprozess mittels Schätzung der Relevanz

Sind alle fachlichen Rahmenbedingungen der Service-Level-Management-Phase der Implementierung beachtet, wurden IT-Services definiert, für diese IT-Services Service-Level-Ziele festgelegt und vertraglich verankert und die Beziehung zwischen IT-Services und Geschäftsprozessen modelliert. Sind alle diese fachlichen Rahmenbedingungen erfüllt, kann mit den organisatorischen Rahmenbedingungen fortgefahren werden.

5.3.2 Organisatorische Rahmenbedingungen

Die organisatorischen Rahmenbedingungen der SLM-Phase beinhalten folgende Handlungsanweisungen:

- Einrichtung eines IT-Service-Desks

- Organisation der IT-Abteilung als Service- oder Profit-Center

- Ermittlung und Dokumentation der Service-Kosten

Da die Besetzung der Geschäftsprozessmanager- und SLM-Stellen (siehe Kapitel 3.3.3) schon in der BIM-Phase der Implementierung durchgeführt wurde, muss die Besetzung dieser Stellen in der SLM-Phase nicht noch einmal berücksichtigt werden.[395] Bei der Implementierung des Service-Level-Managements müssen jedoch noch weitere organisatorische Neuerungen in die Praxis umgesetzt werden.

So ist es notwendig, dass die IT-Service-Kunden eine zentrale Anlaufstelle haben, bei der ihre Probleme mit den IT-Services kanalisiert entgegengenommen werden, um dem Service-Gedanken des ITSM Rechnung zu tragen. Die ITIL empfiehlt dazu das Etablieren eines IT-Service-Desk. Der IT-Service-Desk ist die zentrale Anlaufstelle (Single Point of Contact) für IT-Service-Kunden. Der IT-Service-Desk vermittelt zwischen den IT-Service-Kunden und der IT-Organisation und sorgt dafür, dass ausgefallene oder beeinträchtigte Services schnellstmöglich wieder hergestellt werden. Um die Wiederherstellung der Services zu erreichen, wird der IT-Service-Desk mit einer Software ausgestattet,[396] die es erlaubt, eingegangene Meldungen als sogenannte Tickets zu erfassen und diese Tickets dem entsprechenden Fachpersonal zuzuweisen, welches sich mit der Problembehebung befasst. Zur Unterstützung der IT-Service-Desk-Aktivitäten kann hierbei auch ein Customer-Relationship-Management-System (CRM) eingesetzt werden, welches die strukturierte Erfassung der Kundenkontakte und –daten ermöglicht. Für einen IT-Service-Desk gibt es verschiedene Ausgestaltungsmöglichkeiten. Es ist z. B. möglich, dass der IT-Service-Desk einer Organisation nicht in jeder Niederlassung vorhanden ist, sondern nur an einer zentralen Stelle, die die Anlaufstelle für alle Niederlassungen ist. Eine andere Möglichkeit ist ein lokaler IT-Service-Desk, der in jeder Niederlassung einer Organisation verfügbar ist. Welche Ausgestaltung die vorteilhafteste ist, muss organisationsabhängig entschieden werden. Bei der Besetzung des IT-Service-Desk sollte Personal mit einem breiten, generalistischen IT-Wissen eingesetzt werden, um eine schnelle Kategorisierung und Zuweisung der gemeldeten Probleme zu ermöglichen.[397]

---

395 Die Besetzung der genannten Stellen wurde bereits in der BIM-Phase geklärt, da die Teammitgliedschaft der Geschäftsprozess- und SLM-Verantwortlichen eine Prämisse der Projektteambildung war (siehe Kapitel 5.2.2).

396 Potenzielle Lösungen zur technischen Umsetzung des Service-Desks werden in Kapitel 5.3.3 vorgestellt.

397 Vgl. Ebel, Nadine: ITIL V3 Basis-Zertifizierung, a. a. O., S. 513 ff.

Traditionelle IT-Abteilungen sind oftmals als Cost-Center organisiert. Da das Umlage-verfahren eines Cost-Centers wegen Ungenauigkeit und fehlender Transparenz zu hoher Unzufriedenheit bei den Leistungsnehmern, also den Fachbereichen, und den Leistungsgebern, der IT-Abteilung, führen kann, sollte die IT-Abteilung sinnvoller Weise im Rahmen des SLM als Service- oder Profit-Center organisiert sein.[398] Im SLM-Betrieb werden die Kosten der Unterstützungsaktivitäten der IT-Abteilung also nicht länger über einen Gemeinkostenschlüssel auf die beziehenden Abteilungen umgelegt. Statt dessen ist ein Ziel des SLM, dass bei Abschluss des SLA auch ein Preis für den erbrachten Service ausgehandelt wird, um eine leistungsgerechte Abrechnung und ein unternehmerisches, serviceorientiertes Handeln der IT-Abteilung zu ermöglichen.[399] Um einen leistungsgerechten Preis für die erbrachten IT-Services veranschlagen zu können, muss sich die IT-Abteilung über die Kosten der einzelnen IT-Services bewusst werden. Weiterhin ist eine kostenbewusste IT-Service-Gestaltung Grundlage für eine effiziente IT-Service-Bereitstellung. Eine transparente Darstellung der Kosten in einem IT-Service-Katalog führt außerdem dazu, dass die IT-Service-Nutzer später einen kostenbewussteren Umgang mit den IT-Ressourcen pflegen.[400] Um die Preise der IT-Services zu gestalten, müssen folgende organisationsspezifische Fragen beantwortet werden:[401]

- Welche IT-Service-Levels beeinflussen welche Kostenarten?
- Welche Kostenarten stellen die größten Kostentreiber dar?
- Welche Kostentreiber werden durch die interne IT-Abteilung und welche durch die externen IT-Service-Provider beeinflusst?
- Welche Personalverfügbarkeiten sind notwendig, um die geforderten IT-Service- Level zu erfüllen?
- Welches Verrechnungsmodell ist für die Verrechnung von IT-Services geeignet?

---

398 Vgl. Bernhard, Martin G.: Das Projektmodell: Service-Level-Agreements und die notwendigen Prozesse einführen, in Praxishandbuch Service-Level-Management, a. a. O., S. 248.

399 Vgl. Bernhard, Martin G.: Das Projektmodell zur Einführung von Service-Level-Management, in Praxishandbuch Service-Level-Management, a. a. O., S. 250.

400 Vgl. Stier, Marcus: IT-Kosten lassen sich fair verrechnen, Online im Internet: http://www.computerwoche.de/software/erp/584778/, 12.12.2006.

401 Vgl. Bernhard, Martin G.: Das Projektmodell zur Einführung von Service-Level-Management, a. a. O., S. 249 f.

Sind diese Fragen geklärt, kann ein Preis für die geforderten Service-Levels eines IT-Services ermittelt und transparent in einem IT-Service-Katalog dargestellt werden. So lässt sich z. B. darstellen, welche Kosten anfallen, wenn von einer Abteilung gefordert wird, dass ein IT-Service rund um die Uhr verfügbar ist anstatt nur acht Stunden täglich zu den üblichen Arbeitszeiten. Für den geforderten Service-Level muss dann u. a. das entsprechende Personal verfügbar sein, um Überwachungs- und Problembehebungsaufgaben wahrzunehmen. Die zusätzlichen Kosten durch den höheren geforderten Service-Level werden für die anfordernde Fachabteilung transparent dargestellt. Gemäß der leistungsgerechten Verrechnung muss die anfordernde Organisationseinheit die zusätzlichen Kosten für den höheren Service-Level alleine tragen, da keine Umlage per Gemeinkostenschlüssel mehr stattfindet. Auch hier zeigt sich, dass ein verantwortungsvoller Umgang mit IT-Ressourcen durch eine nutzungsgerechte Verrechnung unterstützt wird, da die anfordernden Bereiche direkt mit den Konsequenzen der gestellten Forderungen konfrontiert werden. So kommt es zu einer realistischeren Einschätzung über das Kosten/Nutzen-Verhältnis der geforderten Services, da sich die nutzungsgerechte Verrechnung stärker auf die Kosten der fordernden Abteilung auswirkt als ein Gemeinkostenansatz. Dieser verleitet dazu, unangemessen hohe Service-Levels zu fordern, da die entstehenden Kosten nicht nur von der anfordernden Abteilung, sondern von allen Abteilungen getragen werden müssen. Aufgrund der gewählten Organisationsform der IT-Abteilung als Profit-Center ist es in der reinsten Ausprägung dieser Organisationsform ebenfalls denkbar, dass IT-Leistungen durch die Fachbereiche auch von außerhalb der Organisation bezogen werden, sollte die interne IT-Abteilung nicht in der Lage sein, die IT-Services zu marktfähigen Preisen anzubieten. Die interne IT übernimmt in diesem Fall die Koordination der Leistungserbringung. Gemäß der Abgrenzung der vorliegenden Arbeit wird auf Outsourcing-Beziehungen jedoch nicht näher eingegangen.

Sind die organisatorischen Rahmenbedingungen, also die Einführung eines Service-Desks, die Organisation zu einem Service- oder Profit-Center und die Ermittlung der Service-Kosten, erfüllt, kann an den technischen Rahmenbedingungen des Service-Level-Managements gearbeitet werden.

5.3.4 Technische Rahmenbedingungen

Die technischen Rahmenbedingungen der SLM-Phase behandeln die folgenden Themen:

- Aggregation der Systems-Management-Überwachungsdaten um ein End-to-end-Monitoring zu erreichen

- Versorgung der Service-Kunden mit SLA-Daten in Echtzeit

- Potenzielle Lösungen der vier großen Anbieter von Systems-Management-Software zur Umsetzung der SLM-Phase

Wie die vorherigen Kapitel dargestellt haben, enthalten die abgeschlossenen SLAs detaillierte Angaben über die IT-Services. So werden zum Beispiel die benötigten Systeme, deren Verfügbarkeit und Sanktionsmaßnahmen bei Nichteinhaltung der vereinbarten IT-Service-Levels festgelegt. Das Systems-Management, welches in Phase 3 der Implementierung behandelt wird, versorgt hierbei die SLM-Anwendungen mit den notwendigen Daten zur Überwachung der IT-Service-Level.[402]

Die technischen Rahmenbedingungen umfassen das Installieren und Einrichten der notwendigen Hard- und Software zum Betrieb des Service-Level-Managements. Beim Einrichten der Software sind die definierten Services in der jeweiligen Anwendung zu hinterlegen und zu konfigurieren. Dabei sollten die vereinbarten SLAs ITIL-konform abgebildet werden.[403] Die SLM-Anwendung muss die Daten der Systems-Management-Überwachung von verschiedenen Quellen in einem sogenannten End-to-end-Prozess aggregieren und gemäß der vereinbarten Service-Levels darstellen.[404] Dies ist notwendig, da die Service-Level-Ziele mit Fokus auf die fachlichen Anforderungen definiert wurden (siehe Kapitel 5.3.1). Das heißt die Service-Level-Ziele wurden nicht als Systems-Management konforme Überwachungsregeln definiert, die beispielsweise Zugriffszeiten für einzelne Systeme regeln, sondern als geschäftsfokussierte Ziele, die beispielsweise Zugriffszeiten für einen gesamten Prozess festlegen. So müssen die vereinbarten Service-Level-Ziele in Phase 3 in Systems-Management konforme Regeln „übersetzt" werden. Analog ist es auf der SLM-Ebene erforderlich, die Daten aus dem

---

402 Vgl. Bernhard, Martin G.: Die richtige Software finden und auswählen, a. a. O., S. 344 ff.

403 Vgl. Bernhard, Martin G.: Die richtige Software finden und auswählen, a. a. O., S. 344 ff.

404 Vgl. Bernhard, Martin G.: Die richtige Software finden und auswählen, a. a. O., S. 345.

Systems-Management zu verdichten, um die von den Kunden gewünschte fachliche Perspektive auf die Services zu erhalten. Weiterhin bietet das SLM-Tool die Möglichkeit, eine benutzerspezifische Sicht auf die IT-Systeme einzunehmen und so die verschiedenen Kunden mit den benötigten Daten über die SLAs in Echtzeit zu versorgen.[405] Tabelle 13 zeigt eine Liste der Anwendungen bzw. Anwendungskategorien der vier vorgestellten Anbieter, mit deren Hilfe das SLM umgesetzt werden kann.

Hersteller	ITSM bzw. SLM	Service-Desk
IBM	Tivoli Business Service Manager, Tivoli Business Service Advisor	Tivoli Service Request Manager
Hewlett-Packard	HP Business Service-Level-Management Software	HP Service Manager Software
CA	Unicenter Service Catalogue, Unicenter Service Accounting	Unicenter Service-Desk
BMC	BMC Remedy IT-Service Management Suite	BMC Service-Desk Express Suite

Tabelle 13: Anwendungen zur Umsetzung der SLM-Phase

Zur kontinuierlichen Verbesserung der IT-Services beinhalten die Portfolios der Anbieter auch Lösungen zur Umsetzung eines Data Warehouse mit sich. Eine nähere Erläuterung hierzu erfolgt in Kapitel 5.4.3.

5.3.5 Checkliste 2 – SLM-Phase

Sind alle Anforderungen der SLM-Phase der BIM-Implementierung berücksichtigt, kann zur Systems-Management-Phase fortgeschritten werden. Tabelle 14 und fasst die Rahmenbedingungen der Service-Level-Management-Phase noch einmal in Form einer Checkliste zusammen.

---

405 Vgl. Grawe, Tonio: Eine Architektur für ganzheitliches Service-Management, in Praxishandbuch Service-Level-Management, a. a. O., S. 390.

Checkliste 2: SLM-Phase der Implementierung	
Fachliche Rahmenbedingungen	
Es wurden IT-Services auf Basis der ermittelten IT-Systeme aus Phase I definiert:	
- Für Kernprozesse	☐
- Für Unterstützungsprozesse	☐
Die Anforderungen der Fachabteilungen an die IT-Services wurden dokumentiert.	☐
Die IT-Services wurden an ggf. veränderte bzw. neue Anforderungen angepasst.	☐
Die Umsetzbarkeit der geforderten Service-Level wurde geprüft.	☐
Auf Basis der ermittelten Service-Kosten (siehe org. Rahmenbedingungen) wurden geschäftsfokussierte Service-Level-Ziele vereinbart.	
Es wurde geprüft und sichergestellt, dass sich die Überwachung der vereinbarten Service-Level-Ziele mit Systems-Management-Methoden umsetzen lässt.	☐
Die Service-Level-Ziele wurden in SLAs bzw. OLAs vertraglich verankert und folgende Faktoren wurden vertraglich geregelt:	
- Schadens- bzw. Aufwendungsersatz	☐
- Rücktritts- bzw. Kündigungsrecht	☐
- Minderung- bzw. Vertragsstrafe	☐
- Service-Provider ist festgelegt.	☐
- Service-Kunde ist festgelegt.	☐
- Der zu erbringende Service ist klar formuliert.	☐
- Die zu erbringende Service-Qualität ist anhand messbarer Größen definiert.	☐
- Es ist festgelegt, wie diese Größen zu messen und dokumentieren sind.	☐
Die Beziehung zwischen kernprozessbasierten IT-Services und unterstützten Prozessen wurde modelliert.	☐
Die Beziehung zw. Unterstützungsservices und unterstützten Prozessen wurde modelliert.	☐
Organisatorische Rahmenbedingungen	
Ein IT-Service-Desk besteht oder wurde eingerichtet.	☐
Der IT-Service-Desk wurde mit Personal mit breitem IT-Wissen besetzt.	☐
Die IT-Abteilung ist als Service- oder Profit-Center organisiert.	☐
Die Kosten für die geforderten Service-Level der IT-Services wurden ermittelt, indem folgende Faktoren geklärt wurden:	
- Welche Service-Level welche Kostenarten verursachen.	☐
- Welche Kostenarten die größten Kostentreiber darstellen.	☐
- Welche Kostentreiber intern bzw. extern beeinflusst werden.	☐
- Welche Personalressourcen notwendig sind, um die geforderten IT-Service-Level zu erfüllen.	☐
- Es wurde ein geeignetes Verrechnungsmodell gewählt und festgelegt.	☐
Die herausgearbeiteten Kosten wurden transparent in einem Service-Katalog dargestellt.	☐

Checkliste 2: SLM-Phase der Implementierung
Technische Rahmenbedingungen
Die benötigte Hard- und Software für den Betrieb der SLM-Anwendungen wurden implementiert ☐
Die Überwachungsdaten werden von der SLM-Anwendung aggregiert und gemäß der vereinbarten geschäftsfokussierten Perspektive der Service-Level-Ziele dargestellt. ☐
Die Service-Kunden werden durch die SLM Anwendung in Echtzeit mit den benötigten Daten über die SLAs versorgt. ☐
Die benötigte Hard- und Software für den Betrieb des Service-Desks eingerichtet. wurde installiert und eingerichtet. ☐

Tabelle 14: Checkliste 2 – SLM-Phase der Implementierung

5.4   Phase III – Grundlegendes Systems-Management

5.4.1   Fachliche Rahmenbedingungen

Bei den fachlichen Rahmenbedingungen der Systems-Management-Phase werden folgende Aufgaben thematisiert:

- Konvertierung der Service-Level-Ziele in Systems-Management konforme Überwachungsregeln

- Planung der CMDB-Implementierung

Im Zuge der fachlichen Rahmenbedingungen der Systems-Management-Phase sind die vereinbarten Service-Level-Ziele, der in Phase 2 abgeschlossenen SLAs, in Systems-Management konforme Überwachungsregeln zu konvertieren, um ein End-to-end Monitoring zu ermöglichen. Die Machbarkeit einer solchen Konvertierung wurde bereits vor Abschluss der SLAs überprüft.[406] Ein abgeschlossenes SLA kann beispielsweise festlegen, dass der IT-Service Kreditvergabe eine Antwortzeit von höchstens zwei Sekunden haben darf. Um diese Vorgabe Systems-Management konform umzusetzen, muss also auf jedem System, das an dem genannten Service beteiligt ist,[407] eine entsprechende Regel implementiert werden. Die Überwachung der Antwortzeit ließe sich beispielsweise über das Polling-Verfahren umsetzen, bei dem der Manager in festgelegten Intervallen Informationen von den Agenten abfragt. Wenn bestimmte vordefinierte Schwellenwerte überschritten werden, kommt es zu einer Warnung in der Fehlerkonsole. Bei der Festlegung der Schwellenwerte erscheint es als sinnvoll, nicht die vereinbarten zwei Sekunden als Wert zu wählen sondern einen kleineren Wert. So besteht die Chance, dass Engpässe erkannt und vermieden werden, bevor es zu einer Verletzung der Service-Level-Ziele kommt.

In der Systems-Management-Phase ist auch die CMDB zu implementieren. Die relevanten Systeme wurden bereits in der BIM-Phase identifiziert. Diese Systeme werden als sogenannte Configuration Items (CI) in die CMDB aufgenommen und mit Attributen versehen, die systemspezifische Informationen enthalten. Die notwendigen Attribute müssen vor der Installation identifiziert werden. Einige Beispiele für solche Attri-

---

406 Vgl. Bernhard, Martin G.: Die richtige Software finden und auswählen, a. a. O., S. 345.

407 Eine vollständige Liste der beteiligten Systeme wurde in der BIM-Phase dokumentiert und kann hier als Grundlage dienen. Siehe Abbildung 26 in Kapitel 5.2.1.

bute sind Systemeigentümer, Wartungsinformationen, technische Spezifikationen oder die Beziehung zu anderen CIs.[408] Um den Wertbeitrag der einzelnen CIs zu ermitteln, sind außerdem Attribute wie Wiederbschaffungspreis und Kosten der Komponente zu identifizieren. Weiterhin ist zu berücksichtigen, dass viele Service-Desk bzw. ITSM-Anwendungen eine eigene CMDB mitbringen. Ein Beispiel hierfür ist der BMC Remedy Service-Desk, der bei der Installation automatisch die BMC CMDB Atrium installiert.[409] Hier muss entsprechend auch geplant werden, wie die Schnittstellen technisch umzusetzen sind.[410] Wenn die Systems-Management-Überwachungsregeln und die Attribute der CMDB CIs geplant sind, kann mit der Schaffung der organisatorischen Rahmenbedingungen fortgefahren werden.

5.4.2 Organisatorische Rahmenbedingungen

Die organisatorischen Rahmenbedingungen der Systems-Management-Phase diskutieren die folgenden Aspekte:

* Ausrichtung der Ablauforganisation der IT an den Geschäftsprozessen

* Preisgabe von Spezialwissen durch die Mitarbeiter

* Steigerung der Arbeitszufriedenheit durch Änderung der Arbeitsorganisation

* Organisatorische Implementierung eines IT-Leitstands

Die Einführung des Systems-Managements für das BIM ist mit vielen organisatorischen Veränderungen verbunden – einige dieser Änderungen wurden schon in den vorangegangenen Kapiteln angesprochen. Zu diesen Änderungen gehört u. a. die Anpassung der IT-Strategie an die Unternehmensstrategie. Diese Anpassung kann beispielsweise mit Hilfe der Balanced Scorecard (BSC) vorgenommen werden, die Unternehmensziele auf bereichsspezifische Ziele herunterbricht und anhand von Kennzahlen

---

408 Vgl. CA Technologies (Hrsg.): Implementierungsstrategien für die CMDB, Online im Internet: http://www.ca.com/files/technicaldocuments/cmdb_impl_tech_brief_de.pdf, 31.07.2010.

409 Vgl. BMC Software (Hrsg.): BMC Atrium CMDB, Online im Internet: http://documents.bmc.com/products/documents/32/11/63211/63211.pdf, 06.08.2010.

410 Vgl. Ebel, Nadine: ITIL V3 Basis-Zertifizierung, a. a. O., S. 357.

die Performance misst.[411] Weiterhin muss das Top-Management als Promotor für den Wandlungsprozess gewonnen werden (siehe Kapitel 5.2.1), um den Wandel mit hierarchischer Macht zu unterstützen. Ebenfalls von Bedeutung ist die Einrichtung des Projektteams, welches das Einführungsprojekt leitet (siehe Kapitel 5.2.2). Es muss sich auch um die ausreichende Verfügbarkeit sowohl von finanziellen als auch Personal-Ressourcen kümmern. Damit in Verbindung stehen das Human-Resource-Management und auch das Projekt-Controlling. Ebenfalls wurde in Kapitel 5.2.2 bereits die Implementierung einer Service-Kultur angesprochen, die bei der Umsetzung eines Systems-Managements sehr wichtig ist. Die in Kapitel 5.2.2 erläuterten organisatorischen Implikationen müssen genauso wie die hier angesprochenen Veränderungen Top Down durchgesetzt und implementiert werden, um ein BIM of IT zu schaffen. Die hier angesprochenen Aspekte beziehen sich auf organisatorische Möglichkeiten beim Einsatz eines Systems-Managements, um die Akzeptanz der Änderungen bei den Mitarbeitern der IT zu verbessern. Sie müssen und können nur von der IT-Leitung durchgesetzt werden. Die Geschäftsleitung hat hier keinen direkten Einfluss mehr. Auch hier wird der Top-Down-Ansatz beibehalten.

Die IT darf nicht mehr funktional organisiert sein, sondern muss ihre Ablauforganisation prozessorientiert gestalten.[412] Zwei weitere personalbezogene Aspekte sind im Zuge der Systems-Management-Phase von Bedeutung:

- Preisgabe von Spezialwissen

- Veränderungen in der Arbeitsorganisation

Zur Einführung einer Systems-Management-Software muss diese an die jeweiligen Gegebenheiten eines Unternehmens angepasst werden (Customizing). Dazu sind sehr viele Informationen bezüglich der vorhandenen IT-Infrastruktur möglicher auftretender Fehler und deren Lösungen notwendig. Mitarbeiter können sich aus mikropolitischen Gründen dazu entscheiden, vorhandenes Spezialwissen vorzuenthalten, um ihre Bedeutung für die IT-Abteilung und das Unternehmen künstlich zu erhöhen. Ein sol-

---

411 Vgl. o. V.: Was ist eine Balanced Scorecard?, Online im Internet: http://www.balanced-score-card.de /konzept.htm, 31.07.2010.

412 Vgl. Horchler, Hartmut; Schoepp, Oliver: IT-Standards und Service-Standardisierungen aus der Sicht eines Outsourcing-Dienstleisters, in: IT-Outsourcing und Service Management – Praxisbeispiele-Strategien-Werkzeuge, Hrsg.: Bernhard, Martin G.; Mann, Hartmut; Lewandowski, Winfried; Schrey, Joachim, Düsseldorf: Symposion Publishing GmbH 2003., S. 128.

ches Vorenthalten von Wissen, welches prinzipiell in das Systems-Management implementierbar ist, verursacht Zusatzkosten und wirkt sich negativ auf die Qualität der erbrachten IT-Dienstleistungen aus.[413] Beispiele dafür sind Problemlösungen, die nur ein einziger Mitarbeiter lösen kann. Um die Mitarbeiter dazu zu bewegen, ihr Spezialwissen zu den jeweiligen Bereichen preiszugeben, kann eine Veränderung der Arbeitsorganisation entsprechende Anreize bieten:[414]

- Geregeltere Arbeitszeiten

- Erhöhung der Arbeitsproduktivität

- Klarere Definition der erwarteten Arbeitsleistung

- Weiterbildungsmöglichkeiten

- Bessere Nutzung der mitarbeiterspezifischen Fähigkeiten

- Bildung klarer Zukunftserwartungen

- Klare Abgrenzbarkeit der Aufgaben und bessere Reputation der IT-Abteilung im Unternehmen

Letztendlich soll die Zufriedenheit der Mitarbeiter mit ihrer Arbeitssituation gesteigert werden. Das wird u. a. durch die höhere Arbeitsproduktivität des Systems-Managements erreicht, welches sich auf die eigentlichen Kernaufgaben konzentriert. In diesem Zusammenhang kann auch eine klarere Definition der erwarteten Arbeitsleistung vorgenommen werden.[415]

Durch die Maßnahmen und die erhoffte Preisgabe von Spezialwissen ist der Mitarbeiter nicht mehr unersetzlich, was bei einer vordergründigen Betrachtung für den Mitarbeiter einen negativen Anschein haben kann. Dies wirkt sich aber zum einen positiv auf den ersten genannten Gesichtspunkt, die geregelten Arbeitszeiten, aus, und zum anderen wird es ihm ermöglicht, an Schulungen und Weiterbildungen, die seinen

---

413 Vgl. Wallner, Gerry: Tipps für besseren IT-Service, a. a. O., S. 1.

414 Vgl. o. V.: Planning to Implement Service Management: 1.7 Service Management benefits, _ im Internet: http://www.tso.co.uk/pism/app/content/pism_10.htm, 30.07.2010.

415 Vgl. o. V.: Planning to Implement Service Management: 1.7 Service Management benefits, a. a. O.

Kernarbeitsbereich betreffen, teilzunehmen.[416] Die Weiterbildung führt zu einer besseren Nutzung der Potenziale und Fähigkeiten und resultiert in einer klaren Zukunftserwartung.[417] Eine klarere Abgrenzbarkeit und das bessere Ansehen der IT-Abteilung im Unternehmen wirken sich ebenfalls positiv auf die intrinsische Motivation des Personals aus, da für Menschen das Ansehen als einer der wichtigsten psychologischen Faktoren gilt.[418]

Besonders der Bereich der geregelten Arbeitszeiten sollte für viele Mitarbeiter ein wichtiger Anreiz zur Preisgabe ihres Spezialwissens sein, denn ohne Systems-Management mussten sie bei jedem Ausfall oder Problem in ihrem „Fachgebiet" dieses auch persönlich lösen.[419] In einer IT-Abteilung ohne Systems-Management können Einsätze außerhalb der normalen Arbeitszeit oftmals eher die Regel als die Ausnahme sein. Ein zentrales Systems-Management kann hier entlastend wirken, da es die klassischen und erweiterten Aufgaben des Systems-Management übernimmt:[420]

- Fault-Management

- Configuration-Management

- Accounting-Management

- Performance-Management

- Security-Management

- Server-Management

- Bestands-Management

---

416 Zufriedenheit in der Weiterbildung erhöht auch die Arbeitszufriedenheit. Vgl. Bihler, Wolfgang: Weiterbildungserfolg in betrieblichen Lehrveranstaltungen, Wiesbaden: Deutscher Universitäts-Verlag, 2006, S. 93 f.

417 Vgl. o. V.: Planning to Implement Service Management: 1.7 Service Management benefits, a. a. O.

418 Diese Annahme folgt der Bedürfnispyramide von Maslow. Wertschätzungsmotive haben darin eine wichtige Bedeutung für den Menschen und können motivationsfördernd sein. Vgl. Knecht, Marita; Pifko, Clarisse: Psychologie am Arbeitsplatz, 4. überarbeitete Auflage, Zürich: Compendio, 2010, S. 108.

419 Vgl. Häusler, Anne: Überstunden statt Weihnachtsmarkt, Online im Internet: http://www.news4press.com/%C3%9Cberstunden-statt-Weihnachtsmarkt-N_415524.html, 11.12.2008.

420 Vgl. Studer, Bruno: Einführung Netzwerkmanagement, Online im Internet: http://www.bstuder.ch/fhnw/01_Einfuehrung_NM.pdf, 30.07.2010.

- Software-Distribution

- Lizenz-Management

- Remote Control

Die Auflistung zeigt, dass Systems-Management für die Mitarbeiter eine Entlastung, insbesondere im Bereich der Fehlerbehebung, mit sich bringen kann, da in den Bereich der Fehlererkennung auch die Ursachenermittlung fällt. Ist eine Fehler-Ursachen-Kombination schon vorher aufgetreten und dokumentiert oder wurde als solche beim Customizing des Systems hinterlegt, kann jeder beliebige sachkundige IT-Mitarbeiter das Problem anhand der dokumentierten Lösungen beheben. Insbesondere bei Systemen, die sieben Tage pro Woche rund um die Uhr zur Verfügung stehen müssen, kann so eine wesentlich höhere Verfügbarkeit gewährleistet werden. Bei den Spezialisten kann folglich potenziell auf häufige Nacht- oder Wochenendeinsätze zur Problemlösung verzichtet werden. Es greift außerdem ein weiterer Vorteil für diese Spezialisten: Da während ihrer geregelten Arbeitszeit mehr Freiräume entstehen, können sie ihrer eigentlichen Tätigkeit, z. B. dem Programmieren nachgehen.[421]

Die Einführung eines Systems-Managements hat immer Veränderungen in der Arbeitsorganisation zur Folge. Es soll der zentrale Leitstandgedanke analog zum zentralen Leitstand in der fertigenden Industrie umgesetzt werden.[422] Ein Leitstand muss immer von qualifiziertem Fachpersonal besetzt sein. Dabei müssen zusätzlich soziale wieche Faktoren beachtet werden. Ein IT-Leitstand besteht in der Praxis meist aus einem oder mehreren Großbildschirmen, auf denen im Fehlerfall die entsprechende Fehlermeldung und die dazu verfügbaren Informationen angezeigt werden. Die Mitarbeiter beobachten diese Bildschirme und reagieren beim Eintritt von Fehlern sofort bzw. werden durch SMS u. ä. Techniken benachrichtigt.

Um eintönigen oder „langweiligen" Arbeiten in der Industrie entgegen zu wirken, wurden spezielle arbeitsorganisatorische Maßnahmen entwickelt. Qualitätsmängel durch die stetige Zerlegung des Arbeitsprozesses in der industriellen Fertigung (Tayloris-

---

421 Vgl. Dörr, Christian; Rüdiger, Ariane: Migration verbessert Simulation, Online im Internet: http://www.crn.de/panorama/artikel-19603.html, 23.11.2006.

422 Vgl. Pawellek, Günther: Produktionslogistik, München: Hanser, 2007, S. 100.

mus[423]) gaben dazu den Anstoß. Diese arbeitsorganisatorischen Maßnahmen können auch in der Organisation eines Systems-Managements in einer IT-Abteilung zum Einsatz kommen. Als Schlagwort kann hier von der generellen Erweiterung des Handlungsspielraums gesprochen werden. Diese Erweiterung des Handlungsspielraums setzt sich aus der homogenen Erweiterung der Tätigkeit und des Entscheidungsspielraum zusammen. Für den hier betrachteten Bereich gilt es, drei Typen der Arbeitsgestaltung zu unterscheiden:[424]

- Job Rotation

- Job Enlargement

- Job Enrichment

Unter Job Rotation wird der geplante Arbeitsplatzwechsel verstanden. Für den Bereich des Leitstandes würde dies also bedeuten, dass lediglich die Mitarbeiter innerhalb des Leitstandes die Arbeitsplätze tauschen. Dies führt nur zu einer Erweiterung des Tätigkeitsspielraums und hat kaum Auswirkungen auf die Arbeitsmotivation.

Beim Job Enlargement wird von horizontaler Aufgabenerweiterung gesprochen. Es wird ein Prozess bearbeitet, nicht nur eine dedizierte Tätigkeit. Aber auch hier findet keine Erweiterung des Entscheidungsspielraums statt, da nur der Arbeitszyklus ausgedehnt wird.[425] Für den Bereich des Leitstandes könnte hierbei dazu übergegangen werden, Mitarbeiter aus der Linie für einen bestimmten Zeitraum die Arbeiten im Leitstand übernehmen zu lassen, um sie dann wieder zu ihren Linienaufgaben zurückkehren zu lassen. Ihre Handlungsspielräume werden durch diese Maßnahme extrem erwietert. Da die augenscheinlich anspruchslosere Aufgabe im Leitstand immer nur für kurze Zeit ausgeführt werden muss, kann sie auch abwechslungsreich, interessant und somit motivationsfördernd sein.

---

423 Frederic Winslow Taylor forderte aufgrund der Ergebnisse von Zeit- und Bewegungsstudien eine Zerlegung von Arbeitsschritten in Kleinstschritte. Diese Zerlegung führt allerding zu einer einseitigen Belastung sowie physischer und psychischer Unterforderung. Vgl. o. V.: Wirtschaftslexikon24.net: Taylorismus, Online im Internet: http://www.wirtschaftslexikon24.net/d/taylorismus/taylorismus.htm, 31.07.2010.

424 Vgl. Bergmann, Rainer; Garrecht, Martin: Organisation und Projektmanagement, Heidelberg: Physica Verlag, 2008, S. 27 ff.

425 Vgl. Bergmann, Rainer; Garrecht, Martin: Organisation und Projektmanagement, a. a. O., S. 28 f.

Eine Erweiterung des Job Enlargements stellt das Job Enrichment dar. Es steht für die horizontale und vertikale Aufgabenbereicherung. Die vertikale Aufgabenbereicherung enthält auch Aspekte der Planung und Endkontrolle, wodurch der Verantwortungs-, Entscheidungs- und Kontrollspielraum erweitert wird. In der Automobilindustrie wurde durch dieses Konzept die Fließbandarbeit größtenteils abgebaut. Schon 1950 beschrieb Walker diesen neuen Arbeitsansatz von IBM.[426] Die theoretische Grundlage dazu lieferte Herzberg, der die Prinzipien und Umsetzung des Job Enrichment ausführlich beschrieb.[427] Für den Bereich des Leitstandes einer IT-Abteilung kann zusätzlich zu dem schon beschriebenen roulierenden Verfahren Mitarbeiter bei der Planung und Kontrolle der Arbeiten beteiligt werden. Dazu wäre eine Einbeziehung z. B. bei der Projektplanung und -durchführung denkbar.

Eine mögliche praktische Umsetzung der in diesem Unterkapitel angesprochenen personellen Besetzung des Leitstandes könnte wie folgt aussehen: Ein Datenbank- und ein Betriebssystem-Spezialist arbeiten zusammen mit einem Service-Desk-Mitarbeiter für eine Woche im Leitstand. Sie sind alle von ihren Linienaufgaben für diesen Zeitraum entbunden. Dies führt auf der einen Seite zu einem erhöhten Koordinationsaufwand, aber auf der anderen Seite entsteht aus o. g. Gründen mehr Freiraum bei der Linientätigkeit und ein verstärkter Know-How-Transfer, da unterschiedliche Spezialisten im Leitstand zusammen arbeiten.[428]

Nach Beachtung der organisatorischen Rahmenbedingungen können abschließend die technischen Rahmenbedingungen der Systems-Management-Phase betrachtet werden.

5.4.3 Technische Rahmenbedingungen

Die technischen Rahmenbedingungen der Systems-Management-Phase beinhalten folgende Themen:

---

426 Vgl. Walker, Charles R.: The Problem with the Repetitive Job, in: Harvard Business Review, Vol. 28 Issue 3 – Mai 1950, S. 54.

427 Vgl. Herzberg, Frederick: One more time: How do you motivate employees, in: Harvard Business Review, Vol. 46 Issue 1 – Jan/Feb 1968, S. 61.

428 In diesem Zusammenhang steht das aus der Berufspädagogik bekannte Konzept zum Lernen am Arbeitsplatz: „learning from other people". Vgl. dazu Eraut, M.; Alderton, J; Cole, G.; Senker, P.: Development of knowledge and skills in employment, Research report no 5, Brighton: University of Sussex Institute of Education 1998.

- Technische Implementierung des IT-Leitstands

- Implementierung der geplanten Überwachungsregeln

- Technische Implementierung der CMDB

- Kontrolle der dokumentierten Systeme

- Potenzielle Lösungen der vier großen Anbieter zur Umsetzung der Systems-Management-Phase

Der IT-Leitstand, der in den organisatorischen Rahmenbedingungen angesprochen wurde, muss auch technisch umgesetzt werden. Es muss also eine zentrale Stelle eingerichtet werden, von der die gesamte Infrastruktur aus überwacht und verwaltet wird. Ein solcher IT-Leitstand wird ebenfalls durch die ITIL empfohlen.[429] Der Einsatz eines Leitstands sorgt für eine Verbesserung in den Bereichen Verfügbarkeit, Reaktionsschnelligkeit und Fehleranzahl.[430]

Neben der Installation der notwendigen Soft- und Hardware zum Betrieb des Systems-Managements sind in der Systems-Management-Phase die Überwachungsregeln zu implementieren, die im Zuge der fachlichen Rahmenbedingungen geplant wurden. Um ein End-to-end Monitoring zu gewährleisten, wurden die geschäftsorientierten Service-Level-Ziele zunächst in Systems-Management konforme Regeln übersetzt und geplant. Diese Regeln müssen nun in der gewählten Systems-Management-Anwendung hinterlegt werden. Das Monitoring erfolgt dabei auf Grundlage der in Kapitel 4.2.1 vorgestellten Überwachungsmechanismen.

Neben den vorgestellten Systems-Management-Überwachungsmethoden Polling und Trapping (siehe Kapitel 4.1.3) können auch GUI-Roboter zur Umsetzung des vorgestellten Application Response Time Measurement eingesetzt werden. Bei diesen GUI-Robotern handelt es sich um Software, die voraufgezeichnete Abläufe, ähnlich den bekannten Macros aus Standardanwendungssoftware wie Microsoft Office oder Skripten aus Programmiersprachen, ausführt und so die Transaktionen eines Anwenders simu-

429 Vgl. van Bon, Jan; de Jong, Arjen; Pieper, Mike; Tjassing, Ruby; Verheijen, Tieneke; van der Veen, Annelies: IT-Service-Management Global Best Practices, Zaltbommel (NL): Van Haren Publishing, 2008, S. 130.

430 Vgl. Quack, Karin: Im Rechenzentrum alles unter Kontrolle, Online im Internet: http://www.computerwoche.de/management/it-strategie/552496/, 1.10.2007, S.1.

liert.[431] Diese Roboter können in festgelegten Zeitabständen vordefinierte geschäftstypische Transaktionen durchführen und deren Antwortzeiten messen und dokumentieren. Auf diese Weise kann neben dem SNMP-basierten Management der IT-Systeme eine weitere realitätsnahe Gestaltungsoption zur Überwachung und Messung implementiert werden.[432]

Weiterhin ist die gewählte CMDB-Lösung zu implementieren. Da auch für die CMDB schon die notwendige Recherche im Zuge der fachlichen Rahmenbedingungen betrieben wurde, ist es im Rahmen der technischen Implementierung nur noch erforderlich, die notwendige Hard- und Software zu installieren und die geplanten CIs und die identifizierten Attribute zu hinterlegen. Die rein technische Implementierung der CMDB gilt in der Praxis als unkompliziert, sofern die fachlichen Anforderungen geklärt sind.[433] CMDB-Lösungen unterstützen in der Regel eine automatisierte Erfassung und Darstellung von Netzwerkpfaden und Infrastruktur. Die fertig installierte und konfigurierte CMDB bietet auf diese Weise also eine zusätzliche Möglichkeit zur Überprüfung der Richtigkeit der erfassten Infrastruktur (siehe Kapitel 5.2.1). Die Kosten der CIs können natürlich nicht automatische erfasst werden und müssen manuell nachgepflegt werden. Die CMDB liefert nicht nur die notwendigen Informationen bzgl. der Infrastruktur für das BIM. Auch weitere ITSM-Funktionen wie z. B. Change-, Incident-, Problem- und Releasemanagement können mit Hilfe der CMDB-Daten unterstützt werden.[434]

Ergebnis der Systems-Management-Implementierung ist ein vollständiges Systems-Management mit der Überwachung aller relevanten IT-Infrastrukturkomponenten. Die für ein BIM besonders relevanten Bereiche sind die Fehlererkennung und die Leistungsanalyse. Durch sie wird die Überwachung der einzelnen Komponenten auf Probleme und Leistungswerte vorgenommen. Bei der Fehlererkennung sollen Probleme sowohl auf Hardware- als auch auf Softwareseite erkannt und durch Root-Cause-Analyse die Ursache festgestellt werden.[435] Dadurch sollen schnellstmöglich Fehler beho-

---

431 Vgl. Hügel, Holger: Geschäftsprozessmonitoring fängt beim Router an, a. a. O., S 16 f.

432 Vgl. Quack, Karin: Im Rechenzentrum alles unter Kontrolle, a. a. O., S. 1. Vgl. auch Hügel, Holger: Geschäftsprozessmonitoring fängt beim Router an, a. a. O., S. 16 f.

433 Vgl. CA Technologies (Hrsg.): Implementierungsstrategien für die CMDB, a. a. O., S. 2.

434 Vgl. Hügel, Holger: Geschäftsprozessmonitoring fängt beim Router an, a. a. O., S. 16 f.

435 Vgl. Olbrich, Alfred: ITIL kompakt und verständlich, a. a. O., S. 155.

ben werden können. Eine Leistungsanalyse überwacht die Leistungsfähigkeit der Systeme und soll Engpässe sowohl im Hardware- als auch im Softwarebereich erkennen und beseitigen. Um Ausfälle mit schwerwiegenden wirtschaftlichen Folgen zu verhindern, die auf Engpässe in diesem Bereich zurückzuführen sind, findet eine proaktive Fehler- und Leistungsanalyse statt.[436]

Neben der Hardwareausstattung müssen ebenso Standardsoftware wie Betriebssysteme oder Datenbanken und auch Eigenentwicklungen der Unternehmen überwacht werden. Das Monitoring und die Leistungsmessung sollten in dieser Phase alle relevanten Systeme abdecken.[437]

Dabei stellt sich die Problematik der Schnittstellen, die in die Eigenentwicklung implementiert werden müssen, um eine Überwachung zu ermöglichen. Die Überwachung erfolgt z. B. mit Hilfe des SNMP-Protokolls. Meist kommen in den Systems-Management-Produkten noch herstellerspezifische Schnittstellen zum Einsatz, die zumeist an den APIs (Application Programming Interface) der zu überwachenden Programme ansetzen.[438]

Standardschnittstellen ermöglichen die Kommunikation auch mit „Konkurrenzprodukten". Die ermittelten Daten aus dem Monitoring und Performance Measurement, wie die Leistungsanalyse auch genannt wird, erfahren durch die Systems-Management-Software eine Auswertung. Fehler sollen möglichst bevor sie auftreten, selbständig erkannt und verhindert werden. Durch vorher festgelegte Maßnahmen sind diese auch automatisch lösbar.[439] Eine zentrale Datenbank, ein sogenanntes Data Warehouse, übernimmt die Sammlung der Monitoring-Daten und ermöglicht dadurch eine Korre-

---

436 Vgl. König, Andrea: IT soll proaktiver werden – System-Management macht die IT zum Dienstleister, Online im Internet: http://www.cio.de/strategien/methoden/856372/index1.html, 01.08.2008, S. 1.

437 Vgl. Wengorz, Jürgen: Service-Level-Management: ein strategisches Planungs- und Steuerungsinstrument, in Praxishandbuch Service-Level-Management, a. a. O., S. 53.

438 Vgl. IBM (Hrsg.): IBM Tivoli Monitoring solutions for performance and availability, Online im Internet: http://www.currimjeeinformatics.com/news/pdf/Tivoli_Monitoring_Solutions.pdf, 31.07.2010, S. 6.

439 Vgl. Kintscher, Burkhard: Horizontal statt vertikal, a. a. O., S. 26. Vgl. dazu auch Rasig, Hubert: Rahmen zur Verwaltung von Operationen und Ressourcen, Online im Internet: http://www.computer woche.de/heftarchiv/1996/39/1109313/, 27.09.1996.

lation der Statusinformationen und ein proaktives Systems-Management.[440] Tabelle 15 zeigt Anwendungen der vier großen Anbieter, mit deren Hilfe sich die Systems-Management-Phase der Implementierung umsetzen lässt.

Hersteller	Systems-Management	CMDB
IBM	Tivoli Netcool Familie, Tivoli Network Manager	Tivoli Change- and Configuration Management Database
Hewlett-Packard	HP Network Management Center, HP SiteScope	HP Universal CMDB
CA	CA eHealth Performance Manager, CA Spectrum Infrastructure Manager, CA NSM	CA CMDB
BMC	BladeLogic Familie	Atrium

Tabelle 15: Anwendungen zur Umsetzung der Systems-Management-Phase

5.4.4   Checkliste 3 – Systems-Management-Phase

Sind alle technischen Rahmenbedingungen beachtet, ist die Systems-Management-Phase der Implementierung abgeschlossen. In Tabelle 16 werden die gemachten Rahmenbedingungen der Systems-Management-Phase noch einmal zusammengefasst. Mit Abschluss der Systems-Management-Phase ist auch die BIM-Implementierung abgeschlossen. Die eingerichteten BIM- und SLM-Anwendungen bekommen nach der Systems-Management-Implementierung die benötigten Informationen über die IT-Infrastruktur, um eine Beziehung zu den Geschäftsprozessen herstellen zu können. Das BIM muss nun aus der Projektphase in den Regelbetrieb überführt werden.[441]

---

440 Vgl. Wengorz, Jürgen: Service-Level-Management: ein strategisches Planungs- und Steuerungsinstrument, a. a. O., S. 53.

441 Vgl. Tiemeyer, Ernst: IT-Projektmanagement, in Handbuch IT-Management – Konzepte, Methoden, Lösungen und Arbeitshilfen für die Praxis, 3. Auflage, Hrsg.: Tiemeyer, Ernst, München: Hanser, 2009, S. 357.

Checkliste 3: Systems-Management-Phase der Implementierung	
Fachliche Rahmenbedingungen	
Die Service-Level-Ziele der SLAs wurden in Systems-Management konforme Überwachungsregeln konvertiert.	☐
Die benötigten Attribute der CIs wurden für die CMDB Implementierung identifiziert und dokumentiert.	☐
Organisatorische Rahmenbedingungen	
Die Ablauforganisation der IT wurde an den Geschäftsprozessen ausgerichtet.	☐
Steigerung der Arbeitszufriedenheit durch:	
- Geregeltere Arbeitszeiten	☐
- Erhöhung der Arbeitsproduktivität	☐
- Klare Definition der erwarteten Arbeitsleistung	☐
- Weiterbildungsmöglichkeiten	☐
- Bessere Nutzung der mitarbeiterspezifischen Fähigkeiten	☐
- Bildung klarer Zukunftserwartungen	☐
- Klare Abgrenzbarkeit der Aufgaben und besseres Ansehen der IT-Abteilung	☐
Mitarbeiter sind bereit, Spezialwissen preiszugeben.	☐
Die Systems-Management-Funktionsbereiche wurden umgesetzt, um eine Arbeitsentlastung zu erreichen.	☐
Ein IT-Leitstand wurde organisatorisch implementiert. Bei der Regelung der Besetzung wurden Maßnahmen ergriffen, die die zu bewältigenden Aufgaben in folgenden Hinsichten bereichern:	
- Erweiterung des Tätigkeitsspielraums	☐
- Erweiterung des Entscheidungsspielraums	☐
Technische Rahmenbedingungen	
Ein IT-Leitstand zur zentralen Überwachung und Verwaltung der IT-Infrastruktur wurde technisch umgesetzt.	☐
Die notwendige Soft- und Hardware zur Realisierung des Systems-Managements wurde installiert.	☐
Die notwendige Soft- und Hardware zur Realisierung einer CMDB wurde installiert.	☐
Die geplanten Überwachungsregeln wurden im Systems-Management-System implementiert.	☐
Die geplanten CIs und ihre Attribute wurden in der CMDB implementiert.	☐
Die in Phase I erfasste IT-Infrastruktur wurde anhand der automatischen Erfassung von Netzwerkpfaden der CMDB überprüft.	☐
Ergebnis der Systems-Management-Implementierung ist eine vollständige Überwachung aller relevanten Systeme.	☐

Tabelle 16: Checkliste 3 – Systems-Management-Phase der Implementierung

6   Schlussfolgerungen und Ausblick

Das Untersuchungsobjekt der Arbeit, die Messung und Identifikation des Beitrages der IT zum Geschäftserfolg beziehungsweise der Auswirkungen der IT auf den Geschäftserfolg – das „Business-Impact-Management of IT" – kann, wie gezeigt wurde, einen signifikanten Anteil zur Wertbeitragsermittlung der IT liefern, indem es für das Management eine verständliche Abbildung der fachlichen Geschäftsprozesse auf die den Geschäftsprozessen zugrunde liegende technische Infrastruktur wiedergibt.

Forschungsziel dieser Arbeit war es, die Grundlagen eines effizienten und effektiven Business-Impact-Managements of IT systematisch herzuleiten und eine Einführungsbeschreibung für die praktische Umsetzung von BIM zu liefern. Dieses übergeordnete Forschungsziel sollte anhand von vier Forschungsfragen konkretisiert werden.

Die erste Forschungsfrage, ob die Geschäftsprozesse eines Unternehmens auf das vorhandene Systems-Management abgebildet werden und ob dabei eine integrierte Betrachtung aller IT-Ressourcen, die die Funktionstüchtigkeit der Geschäftsprozesse gewährleisten, erfolgt, wurde durch Erarbeitung des Sachverhaltes beantwortet, dass ein definitionsgemäßes BIM nur realisiert ist, wenn diese Voraussetzungen erfüllt sind. Sind die Voraussetzungen nicht erfüllt, liegt kein BIM vor, sondern z. B. ein Service-Level-Management basierend auf Business-Systemen wie SAP/R3 oder E-Mail.

Die zweite Forschungsfrage, ob die betriebliche Datenverarbeitung von der Ressourcenorientierung weg hin zur Geschäftsprozessorientierung entwickelt werden kann und wie dabei die Zuordnung der Ressourcen und Services zu den Geschäftsprozessen erfolgen kann, sowie die Abbildung der Kosten auf die Ressourcen wurde im Rahmen des dritten Kapitels zum Thema Service-Level-Management beantwortet. Dabei wurde besonders hervorgehoben, dass die Service-Level-Agreements im Hinblick auf BIM schon auf Geschäftsprozesse und nicht auf IT-Services abgeschlossen werden müssen bzw. dass SLAs auf Basis von IT-Services dann zu geschäftsprozessbezogenen SLAs zusammengefasst werden müssen. D. h., ein SLA für einen Geschäftsprozess setzt sich aus mehreren SLAs auf Basis von IT-Services zusammen. Damit ist auch der Weg für Unternehmen aufgezeigt, die schon ein funktionierendes Service-Level-Management haben, aber noch kein BIM. Die existierenden SLAs auf Basis von IT-Services müssen mit Hinblick auf BIM zu geschäftsprozessbezogenen SLAs zusammengefasst werden. Dabei kann ein IT-Service Bestandteil mehrerer Geschäftsprozesse sein.

Forschungsfrage drei, ob die Geschäftsprozesse einer Unternehmung bekannt sind und die Kosten zusammen mit den Ressourcen erfasst werden, wenn eine Service-Orientierung realisiert ist, wurde dadurch beantwortet, dass laut Definition BIM nur vorliegt, wenn die Geschäftsprozesse auf die IT-Ressourcen abgebildet sind. Dazu müssen die Geschäftsprozesse eines Unternehmens vorher identifiziert worden sein. In Kapitel 5.2.1 wurden dazu einige Hinweise geliefert wie eine Identifizierung der Geschäftsprozesse erfolgen kann. Die Grundlage für die Erfassung der Kosten zusammen mit den Ressourcen wird durch das Service-Level-Management nach ITIL, wie es in Kapitel 3 dargestellt wird, geschaffen. Bei einem ITIL-konformen Service-Level-Management ist die Erfassung aller Kosten zusammen mit den Ressourcen in einer zentralen Datenbank (CMDB) eine Grundvoraussetzung. Da Service-Level-Management eine Voraussetzung für BIM ist, sind also bei einem realisierten BIM alle Geschäftsprozesse bekannt und alle Kosten zusammen mit den Ressourcen erfasst.

Die Antwort auf die letzte Forschungsfrage nach den Managementinstrumenten und Technologien, die sich für die Umsetzung eines BIM of IT anbieten, wird im fünften Kapitel im Rahmen der Einführungsbeschreibung für ein BIM of IT in Unternehmen geliefert.

Durch die stringente Beantwortung der oben genannten Fragestellungen nach den grundlegenden Prinzipien eines BIM of IT sowie durch die Entwicklung einer Drei-Phasen-Einführungsbeschreibung zur Implementierung eines BIM of IT liefert die vorliegende Arbeit einen wissenschaftlichen Erkenntnisfortschritt im Rahmen der Wirtschaftsinformatik. Dabei wurden Technologien, Modelle und Managementtechniken, die in der betrieblichen Praxis bereits vorhanden sind, eingesetzt, um ein idealtypisches BIM-System zu beschreiben, das einen Anteil zur Beantwortung der Frage nach dem Wertbeitrag der IT zum Geschäftserfolg und damit zur Lösung dieser in der Praxis häufig vorkommenden Problematik beisteuert. Die vorliegende Arbeit liefert daher neben dem wissenschaftlichen Erkenntnisfortschritt auch einen Nutzen für die betriebliche Praxis, was dem gestaltungs- und anwendungsorientierten Ansatz der Wirtschaftsinformatik entspricht.

Es liegt in der Natur einer wissenschaftlichen Arbeit, dass sich während der Beantwortung einiger ausgewählter Forschungsfragen immer wieder neue Fragestellungen auftun. Im Umfeld von BIM wäre eine naheliegende Fragestellung die nach der empirischen Validierung der Einführungsbeschreibung in einem realen BIM-Projekt, da sich die vorliegende Arbeit auf den gestalterischen Aspekt des BIM beschränkt hat, also auf das Entwickeln einer idealtypischen Herangehensweise für die Einführung von BIM. In der Praxis müssten sich die vorgeschlagenen Konzepte erst noch beweisen. Als schwierig bei der empirischen Validierung dürfte sich dabei aber der Zugang zum

Forschungsobjekt herausstellen, da es sich bei Systems-Management, Service-Level-Management und BIM-Projekten um langlaufende Großvorhaben mit beträchtlichen organisatorischen Implikationen handelt, wobei sich weder die Hersteller von entsprechenden Software-Lösungen noch deren Kunden gerne in die Karten schauen lassen.[442] Der Mangel an Publikationen zu erfolgreichen BIM-Projekten ist nur ein Indikator dafür, dass sich eine quantitative Überprüfung des in der vorliegenden Arbeit beschriebenen Modells eines idealtypischen BIM of IT anhand der erarbeiteten Kriterien als schwierig erweisen würde.

Ein weiterer Punkt, der im Rahmen der Arbeit bewusst nicht betrachtet wurde, ist die Handhabung des BIM im Regelbetrieb. Dazu liefert das IT-Service-Management nach ITIL zwar viele Handlungsempfehlungen bezogen auf das traditionelle IT-Service-Management, aber gerade in Bezug auf BIM gibt es noch Reihe offener Fragen. Zum Beispiel müssten Implementierungsregeln entwickelt werden, die beschreiben wie auf Geschäftsprozessänderungen oder gänzlich neue Geschäftsprozesse im Rahmen eines BIM reagiert werden müsste. Des Weiteren stellt die Dynamik in der technischen Entwicklung das BIM vor schwierige Aufgaben. Wie muss ein BIM-System angepasst werden, wenn neue Infrastrukturkomponenten hinzukommen, die einen oder mehrere Geschäftsprozesse betreffen und welche Auswirkungen haben Technologiewechsel auf ein BIM of IT?

Mit dem BIM ist ein Konzept entwickelt worden, das die Geschäftsprozessorientierung der Unternehmen auf das Systems-Management übertragen will. Damit soll das BIM auch zur Geschäftsprozessoptimierung in einem Unternehmen beitragen. Das größte Problem ist dabei die konsistente und vollständige Abbildung der Geschäftsprozesse auf das Systems-Management. Diese Prozessabbildung wird schon seit Jahrzehnten von den Unternehmen gefordert – viele Hersteller von Software für Unternehmen setzen diese Forderung allerdings in ihren Produkten bisher nicht um. Mit dem BIM wird nun schon seit einigen Jahren seitens der Software-Hersteller versucht, diese geforderte Prozesssicht zu implementieren. Selbst wenn BIM in einem Unternehmen eingeführt wurde, hängt der Erfolg aber immer noch von der exakten Abbildung der Prozesse im Systems-Management ab.

---

442 Vgl. Dubie, Denise: Never-fail business services: Business-Impact-Management software takes network management to a new level by assuring Service-Levels for business objectives, a. a. O.

Kontrovers werden die Auswirkungen, die von BIM ausgehen, in der Literatur diskutiert. Die Ausführungen reichen dabei von einem konservativen Ansatz, der BIM nur
als einen anderen Namen für die gleiche Software ansieht, bis zu der Ansicht, dass
durch das BIM eine neue Ebene des Systems-Managements erreicht wird.[443] In der
vorliegenden Arbeit wird eher die letztere Position vertreten. So kann das BIM ohne
ein zugrunde liegendes Systems-Management, von dem es viele Funktionen verwendet, zwar nicht betrieben werden, die explizite und erstmals tatsächlich umgesetzte Geschäftsprozessorientierung stellt aber eine Neuerung im Bereich des Systems-Managements dar.

Neben den möglichen positiven Auswirkungen einer BIM-Implementierung muss auch
der wirtschaftliche Aufwand, der mit einer solchen Einführung verbunden ist, ermittelt
werden. Unter Produktivitätsgesichtpunkten muss geprüft werden, ob der mit dem
BIM verbundene Nutzen die Kosten der Einführung übersteigt. Es ist zu bedenken,
dass die Investitionen für die Software, je nach Hersteller und Umfang der Implementierung, von \$ 50.000 bis \$ 1 Million reichen können, zuzüglich des nicht geringen
Aufwands für die Konfiguration, den Betrieb und die Wartung des Systems.[444] Wenn
das BIM die Produktivität verbessern soll, ist daher ein rascher Rückfluss der Investitionen notwendig. Der ROI hängt maßgeblich von der automatisierten Abbildung der
Geschäftsprozesse im BIM ab, d. h. im Umkehrschluss, wenn die Prozesse von den
Unternehmen zunächst noch modelliert werden müssen, ist ein schneller ROI nicht
möglich. Eine automatisierte Erfassung von Geschäftsprozessen durch IT-Systeme ist
jedoch illusorisch, da IT-Systeme zwar funktionale Zusammenhänge erkennen und
messen können aber niemals fachliche Abhängigkeiten. Hier wird immer das Fachwis-
sen des Menschen benötigt werden.

Kritisch muss angemerkt werden, dass bei der Implementierung von BIM-Systemen in
der Praxis oftmals ein anderer Weg beschritten wird als ihn die Theorie vorgibt. Es
werden in den BIM-Systemen keine Geschäftsprozesse modelliert, sondern „Business-
Systeme". Unter Business-Systemen verstehen die BIM-Hersteller und die implementierenden Unternehmen aber i. d. R. wieder IT-Systeme und Infrastrukturen bspw. ein

---

443 Vgl. Dubie, Denise: Never-fail business services: Business-Impact-Management software takes
network management to a new level by assuring Service-Levels for business objectives, a. a. O.

444 Vgl. Dubie, Denise: Never-fail business services: Business-Impact-Management software takes
network management to a new level by assuring Service-Levels for business objectives, a. a. O.

Business-System E-Mail oder ein Business-System SAP R3. Diese Business-Systeme stellen allerdings keine Geschäftsprozesse dar, da ihnen der Focus auf den Kunden fehlt. Sie stellen lediglich Teilmengen der eigentlichen Geschäftsprozesse wie z. B. Kundenauftragserfassung o. ä. dar.

Mit dem BIM steht ein weiteres Steuerungsinstrument für das IT-Management zur Verfügung. Viele Systeme befinden sich in der Erprobungsphase und müssen sich im täglichen Einsatz erst noch bewähren. Dazu sind weitere Erfahrungswerte mit der Anwendung dieser Systeme notwendig. Will der BIM-Ansatz zukünftig erfolgreich sein, darf er die Komplexität der bestehenden Systems-Management-Lösungen nicht erhöhen, sondern muss sie vereinfachen und auf eine Managementebene abstrahieren und visualisieren. Dann hat BIM die Chance, sich in der Praxis durchzusetzen.

Die aufgezeigten Herausforderungen und die eher technische Herangehensweise an die Implementierung, die durch die Software-Hersteller oftmals betrieben wird, können in der Praxis zu fehlgeschlagenen BIM-Einführungsprojekten führen. Um diese Lücken in der Implementierung zu bewältigen, muss ein Unternehmen die Implementierung vorab detailliert planen und die im Rahmen dieser Arbeit identifizierten Problemfelder mit geeigneten Maßnahmen lösen, anstatt sich auf den Software-Hersteller als Dienstleister zu verlassen, der die Implementierung übernimmt.

Aufgrund der Probleme bei der Implementierung sehen Forschungsunternehmen wie Gartner das BIM noch mit übertriebenen Erwartungen konfrontiert und prognostizieren einen fortschreitenden Reifungsprozess des BIM in den nächsten Jahren.[445] Um einen geeigneten Reifegrad zu erreichen, bedarf es u. a. klarer Implementierungsregeln, die die Probleme adressieren, die durch die bestehenden Regeln und Methoden nicht abgedeckt werden. Dazu hat die vorliegende Arbeit einen Beitrag geleistet, da sie eine Auswahl wichtiger Aspekte bei der Implementierung von BIM beleuchtet hat.

Parallel zu diesem Reifeprozess von BIM entwickelt sich BIM jedoch auch inhaltlich weiter. Die Entwicklung geht in die Richtung, nicht nur IT-Infrastruktur dynamisch mit Geschäftsprozessen in Verbindung zu setzen und zu überwachen, sondern die gleichen Prinzipien auch auf andere Betriebsmittel wie z. B. Maschinen anzuwenden. Die Datenerfassung wird hierbei z. B. mit Hilfe von Sensoren realisiert. Ein Beispiel für

---

445 Vgl. Ueberhorst, Stefan: Administrator regelt Datenverkehr, a. a. O., S. 1.

die beschriebene Weiterentwicklung ist das Integrated-Service-Management von IBM Tivoli.[446]

Der Markt für BIM-Anwendungen weist in den letzten Jahren starke Konzentrationstendenzen auf. Es haben sich vier große Anbieter herauskristallisiert, die ihre Portfolios stetig durch Akquisitionen erweitern.[447] Das Ergebnis sind sehr umfangreiche Kataloge von Anwendungen, die eine Vielzahl von Anwendungsbereichen des IT-Managements abdecken. Für Unternehmen, die eine BIM-Einführung planen, bedeutet dies, dass es ratsam ist, auf einen der großen Anbieter zu setzen, da ansonsten die Gefahr besteht, dass der gewählte Anbieter aufgekauft wird und vom Markt verschwindet. In diesem Fall wäre keine Unterstützung für die gewählte Software mehr gewährleistet. Einige der wesentlichen Akquisitionen der letzten Jahre auf dem Markt für BIM-Software waren die Übernahme von Micromuse durch IBM und die Akquisition von Wily durch CA.[448]

BIM ist sowohl ein IT-Management-Ansatz als auch eine Technologie mit dem Potenzial, einen entscheidenden Beitrag zur Lösung vieler Probleme in der modernen IT zu leisten. Obwohl das Konzept schon seit einigen Jahren existiert, besteht noch viel Spielraum zur Verbesserung der Konzepte der einzelnen Hersteller als auch bei der praktischen Umsetzung in den Unternehmen, da BIM bisher oftmals lediglich als Vehikel für die Vermarktung der dem BIM zugrunde liegenden Systems-Management-Lösungen missbraucht wurde. Bedauerlicherweise wird dies dem Potenzial des Ansatzes nicht gerecht, so dass es sich lohnt, die Entwicklungen im Umfeld von BIM nicht im üblichen Rhythmus des Auftauchens und Verschwindens verschiedenster Hype-Themen der IT aus den Augen zu verlieren.

---

446 Vgl. Ptak, Richard L.; Keyworth, Bill: IBM's Strategy for Business-Oriented Service Management, Online im Internet: http://www.bsmreview.com/bsm_ibm.shtml, 01.08.2010.

447 Vgl. Horstmann, Ralf: Marktbereinigung trägt kuriose Züge, Online im Internet: http://www.computerwoche.de/heftarchiv/2006/9/1208276/, 22.02.2006. Vgl. auch Bayer, Martin: IBM kauft und kauft und ..., Online im Internet: http://www.computerwoche.de/nachrichten-archiv/571399/index.html, 26.01.2006.

448 Horstmann, Ralf: Marktbereinigung trägt kuriose Züge, a. a. O.

Literaturverzeichnis

1. **Ahlf, Ulrike:** OSI-Managementkonzepte – Management Information Base, in Seminar Netzwerkmanagement, SS 1994, Hrsg.: Schreiner, G.; Zorn, W., Karlsruhe: Universität Karlsruhe Fakultät für Informatik, 1994.

2. **Angermeier, Georg:** Projektmanagement Lexikon: Angebotsanfrage, München: Projekt Magazin, 2005.

3. **Annuscheit, Martina:** IBM: Selbstverwaltende Tivoli Software für effektives IT-Management: Neue Features erhöhen Produktivität und Return on Investment (ROI) von Unternehmen, Online im Internet: http://www.itseccity.de/content/ produkte/securitymanagement/021022_pro_sec_ibm.html, 22.10.2002.

4. **Armbruster, Gerd:** Systemmanagement in einer Stadtverwaltung: Stadt Mannheim: Alle Systeme im Griff, in: Computerwoche, 48/2001.

5. **Arnold, Ulrich:** Heterogene Netzwerke: erfolgreiche Lösungen zur Vernetzung von unterschiedlichen Rechnern und Betriebssystemen, München: Franzis 1992.

6. **Bacheldor, Beth; Hume George V.:** Tivoli Launches New Products And Closer Ties To IBM: Strategy stresses flexible systems management, simpler licensing schemes, Online im Internet: http://www.informationweek.com/story/IWK2002 0405S0013, 08.04.2002.

7. **Bandi, Susanne:** Tun und Lassen im Configuration-Management, Online im Internet: http://www.computerwoche.de/hot-topics/2349965/index3.html, 27.07.2010.

8. **Bea, Franz X.; Scheurer, Steffen; Hesselmann, Sabine:** Projektmanagement, Stuttgart: Lucius & Lucius, 2008.

9. **Bergmann, Rainer; Garrecht, Martin:** Organisation und Projektmanagement, Heidelberg: Physica Verlag, 2008.

10. **Bernhard, Martin G.:** Das Projektmodell: Service-Level-Agreements und die notwendigen Prozesse einführen, in Praxishandbuch Service-Level-Management, Hrsg: Bernhard, Martin G.; Mann, Hartmut; Lewandowski, Winfried; Schrey, Joachim, 2. überarbeitete Ausgabe, Düsseldorf: Symposion, 2006.

11. **Bernhard, Martin G.**: Die richtige Software finden und auswählen, in: IT-Outsourcing und Service-Management, Hrsg.: Bernhard, Martin. G.; Mann, Hartmut; Lewandowski, Winfried; Schrey, Joachim, Düsseldorf: Symposion, 2003.

12. **Bernhard, Martin G.**: Schritt für Schritt zum Service-König – Anwendungsmöglichkeiten und ihre Facetten, in: Service-Level-Managent in der IT – Wie man erfolgskritische Leistungen definiert und steuert, Hrsg.: Bernhard, Martin G.; Lewandowski, Winfried; Mann, Hartmut, 4. Aufl., Düsseldorf: Symposion Publishing GmbH, 2002.

13. **Bernhard, Martin G.**: Service-Level-Management – Die IT als Supply-Chain organisieren, in: Strategisches IT-Management, Band 1, Hrsg.: Bernhard, Martin G.; Blomer, Roland; Bonn, Jürgen, Düsseldorf: Symposion Publishing GmbH, 2003.

14. **Bernhard, Martin G.**: Service-Level-Management=Supply-Chain-Management!, in: Service-Level-Management in der IT, Hrsg: Bernhard, Martin G.; Lewandowski, Winfried; Mann, Hartmut, 5. Auflage, Düsseldorf: Symposion, 2004.

15. **Bernhard, Martin G.; Blomer, Roland**: Die Entwicklung einer IT-Strategie, in: Strategisches IT-Management, Band 2, Hrsg.: Bernhard, Martin G.; Blomer, Roland; Bonn, Jürgen, Düsseldorf: Symposion Publishing GmbH, 2003.

16. **Bernhard, Martin G.; Mann, Hartmut; Lewandowski, Winfried**: Einführung – Zielsetzung und Motivation des Buches, in: Service-Level-Managent in der IT – Wie man erfolgskritische Leistungen definiert und steuert, Hrsg.: Bernhard, Martin G.; Lewandowski, Winfried; Mann, Hartmut, 4. Aufl., Düsseldorf: Symposion Publishing GmbH, 2002.

17. **Bernhard, Martin**: Ein Projektmodell für die praktische Anwendung, in: Service-Level-Management in der IT – Wie man erfolgskritische Leistungen definiert und steuert Hrsg.: Bernhard, Martin G.; Mann, Hartmut; Lewandowski, Winfried; Schrey, Joachim, Düsseldorf: Symposion Publishing GmbH, 2003.

18. **Bihler, Wolfgang**: Weiterbildungserfolg in betrieblichen Lehrveranstaltungen, Wiesbaden: Deutscher Universitäts-Verlag, 2006.

19. **Binner, Hartmut F.**: Einführung eines prozessorientierten Qualitätsmanagement-Systems nach der ISO 9000:2000 mit Rechnereinsatz, in: Leistung und Lohn – Zeitschrift für Arbeitswirtschaft, Nr. 363-366/2001, Hrsg.: Bundesvereinigung der Deutschen Arbeitgeberverbände, Bergisch Gladbach: Heider, 2001.

20. **Blokdijk, Gerard; Menken, Ivanka:** Service-Level-Managent Best Practice Handbook, Brisbane: Emereo Publishing, 2008.

21. **Blomer, Roland**: Die zukünftige Rolle der IT im Unternehmen – Motor für Veränderungen, in: Service-Level-Management in der IT – Wie man erfolgskritische Leistungen definiert und steuert, Hrsg.: Bernhard, G. Martin; Lewandowski, Winfried; Mann, Hartmut, Düsseldorf: Symposion Publishing GmbH, 2002.

22. **BMC Software (Hrsg.):** BMC Analytics for BSM, Online im Internet: http://documents.bmc.com/products/documents/30/86/93086/93086.pdf, 02.07.2010.

23. **BMC Software (Hrsg.):** BMC Atrium CMDB, Online im Internet: http://www.bmc.com/products/product-listing/atrium-cmdb.html, 02.07.2010.

24. **BMC Software (Hrsg.):** BMC Atrium CMDB, Online im Internet: http://documents.bmc.com/products/documents/32/11/63211/63211.pdf, 06.08.2010.

25. **BMC Software (Hrsg.):** BMC Dashboards for BSM Datasheet, Online im Internet: http://documents.bmc.com/products/documents/30/87/93087/93087.pdf, 05.07.2010.

26. **BMC Software (Hrsg.):** BMC Remedy IT-Service Management Suite Datasheet, Online im Internet: http://documents.bmc.com/products/documents/67/14/106714/106714.pdf, 05.07.2010.

27. **BMC Software (Hrsg.):** BMC Service-Level-Managent, Online im Internet: http://www.bmc.com/products/product-listing/53174792-132703-1311.html, 02.07.2010.

28. **BMC Software (Hrsg.):** Business Service Management – Simplify and Automate IT, Online im Internet: http://documents.bmc.com/products/documents/80/96/128096/128096.pdf, 02.07.2010.

29. **BMC Software (Hrsg.):** Business Service Management: Wie schnell können Sie dieses Ziel erreichen?, Online im Internet: http://documents.bmc.com/products/documents/08/21/50821/50821.pdf, 20.07.2010.

30. **BMC Software (Hrsg.):** Executive Dashboards: Putting a Face on Business Service Management, Online im Internet: http://documents.bmc.com/products/documents/72/99/67299/67299.pdf, 06.07.2010.

31. **BMC Software (Hrsg.):** IT Decision Support Automation, Online im Internet: http://www.bmc.com/solutions/esm-initiative/it-decision-support-automation.html, 02.07.2010.

32. **Brunner, Franz J.:** Japanische Erfolgskonzepte, München: Hanser 2008.

33. **Buchsein, Ralf; Victor, Frank; Günther, Holger; Machmeier, Volker:** IT-Management mit ITIL V3, aktualisierte und erweiterte 2. Auflage, Wiesbaden: Teubner Verlag, 2008.

34. **Bundesamt für Sicherheit in der Informationstechnik (Hrsg.):** Netz- und Systemmanagement, Online im Internet: https://www.bsi.bund.de/cln_134/Content BSI/grundschutz/kataloge/baust/b04/b04002.html, 06.05.2010.

35. **Bundesanstalt für Finanzdienstleistungsaufsicht (Hrsg.):** Rundschreiben 15/2009: Mindestanforderungen an das Risikomanagement, Online im Internet: http://www.bundesbank.de/download/bankenaufsicht/pdf/marisk/090814_rs.pdf, 15.09.2010.

36. **Burr, Wolfgang:** Service-Level-Agreements, in Praxishandbuch Service-Level-Management, Hrsg: Bernhard, Martin G.; Mann, Hartmut; Lewandowski, Winfried; Schrey, Joachim, 2. überarbeitete Ausgabe, Düsseldorf: Symposion, 2006.

37. **Burr, Wolfgang:** Service-Level-Agreements: Arten, Funktionen und strategische Bedeutung, in: Praxishandbuch Service-Level- Management, Die IT als Dienstleistung organisieren, Hrsg.: Bernhard, Martin G.; Mann, Hartmut; Lewandowski, Winfried; Schrey, Joachim, Düsseldorf: Symposion Publishing GmbH, 2003.

38. **CA Technologies (Hrsg.):** CA CMDB, Online im Internet: http://www.ca.com /us/cmdb.aspx#overview, 05.07.2010.

39. **CA Technologies (Hrsg.):** CA Spectrum Service Assurance Manager, Online im Internet: http://www.ca.com/files/ProductBriefs/ca-spectrum-service-assurance-manager_218614.pdf, 05.07.2010.

40. **CA Technologies (Hrsg.)**: Implementierungsstrategien für die CMDB, Online im Internet: http://www.ca.com/files/technicaldocuments/cmdb_impl_tech_brief _de.pdf, 31.07.2010.

41. **CA Technologies (Hrsg.)**: Infrastrukturmanagement, Online im Internet: http://www.ca.com/de/products/category/it-management-solutions/Service-Assur ance/Infrastructure-Management.aspx, 05.07.2010.

42. **CA Technologies (Hrsg.)**: Unicenter Service Catalogue, Online im Internet: http://www.ca.com/de/products/product.aspx?id=4931, 05.07.2010.

43. **Carr, Nicholas G.**: IT Doesn't Matter, in: Harvard Business Review, Mai 2003.

44. **Chalmers, Alan F.**; Wege der Wissenschaft, Einführung in die Wissenschafts- theorie; 6, Aufl.; Berlin, 2006.

45. **Chandler, Alfred D.**: Strategy and Structure, in Oxford Management Readers, Resources Firms and Strategies – A Reader in the Resource-Based Perspective, Hrsg.: Foss, Nicolai J., Oxford: Oxford University Press 1997.

46. **Depprich, Ina; Eckardt, Bernd; Frey, Dieter; Gennen von Müller, Klaus:** Praxishandbuch Medien-, IT- und Urheberrecht, Heidelberg et. al.: C.F. Müller, 2007.

47. **Dernbach, Wolfgang:** IT-Strategie und Geschäftsstrategie, in: Strategisches IT- Management, Band 1, Hrsg.: Bernhard, Martin G.; Blomer, Roland; Bonn, Jür- gen, Düsseldorf: Symposion Publishing GmbH, 2003.

48. **Deutsches Institut für interne Revision (Hrsg.):** Grundsätze des internen Kon- trollsystems (IKS), Online im Internet: http://www.diir.de/arbeitskreise/ak09/ pruefungshandbuch/iks/grundsaetze-des-internen-kontrollsystems-iks/, 18.05.2010.

49. **Donath, Andreas:** IBM übernimmt Micromuse, Online im Internet: http://www. golem.de/0512/42332.html, 22.12.2005.

50. **Döring, R.**: Netzwerkmanagement, Online im Internet: http://mufasa.prakinf. tu-ilmenau.de/Lehre/NMS/script/nmsskript.pdf, 26.07.2003.

51. **Dörr, Christian; Rüdiger, Ariane:** Migration verbessert Simulation, Online im Internet: http://www.crn.de/panorama/artikel-19603.html, 23.11.2006.

52. **Drogseth, Dennis; Erickson-Harris, Lisa:** Can You Buy Business Service Management?, Online im Internet: http://www.cioupdate.com/trends/article.php/ 3724196/Can-You-Buy-Business-Service-Management.htm, 28.01.2008.

53. **Dubie, Denise:** Never-fail business services: Business-Impact-Management software takes network management to a new level by assuring Service-Levels for business objectives, Online im Internet: http://www.networkworld.com/buzz/ 2002/bim.html, 10.09.2010.

54. **Dubie, Denise:** Same software, different name? Business-Impact-Management software resembles service-Level-Managent tools, but they have critical differences, Online im Internet: http://www.networkworld.com/buzz/2002/bimside.ht ml, 10.09.2010.

55. **DVGW (Deutsche Vereinigung des Gas- und Wasserfaches e.V.)** Arbeitskreis Service-Level-Agreements: Leitfaden zur Erstellung von Service-Level-Agreements (SLA), Online im Internet: http://www.dvgw.de/pdf/sla.pdf, 2001, 24.03.2004.

56. **Ebel, Nadine:** ITIL V3 Basis-Zertifizierung, München: Addison-Wesley 2008.

57. **Elben, Helmut; Handschuh, Martin:** Handbuch Kostensenkung – Methoden, Fallstudien, Konzepte und Erfolgsfaktoren, Weinheim: Wiley, 2004.

58. **Engelhardt, Peter; Budde, Roland:** Ein kundenorientiertes Unternehmensmodell zur inhaltlichen Strukturierung von nach Geschäftsprozessen ausgerichteten Lernfeldern im Ausbildungsberuf Industriekaufmann/-kauffrau, Online im Internet: http://www.ibw.uni-hamburg.de/bwpat/ausgabe4/engelhardt_budde_bwpat4. pdf, 2003.

59. **Eraut, M.; Alderton, J; Cole, G.; Senker, P.:** Development of knowledge and skills in employment, Research report no 5, Brighton: University of Sussex Institute of Education 1998.

60. **Fonseca, Brian:** Tivoli targets Business-Impact-Management, Online im Internet: http://www.computerworld.com.au/article/11159/tivoli_targets_business_im pact_management/, 09.04.2002.

61. **Frank, Ulrich**: Wissenschaftstheoretische Herausforderungen der Wirtschafts-informatik, in: Innovationen in der Betriebswirtschaftslehre: Tagung der Kommission Wissenschaftstheorie, Hrsg.: Gerum, Elmar, Wiesbaden: Gabler, 1998.

62. **Gadatsch, Andreas**: IT-Controlling realisieren, Wiesbaden: Vieweg & Teubner, 2005.

63. **Gerbich, Sandra; Wiehr, Hartmut**: Netzwerk- und System-Management: Manager ärgere Dich nicht, in: Informationweek, 16/2000.

64. **Gerick, Thomas**: Asset-Controlling spart Ressourcen: Das Lizenzmanagement übernimmt für die IT-Abteilung betriebswirtschaftliches Denken, in: Computer Zeitung, 13/2003.

65. **Glohr, Carsten**: IT Performance Management – Die Wertschöpfung in der Informationstechnik, in: IT Management, 10/2003.

66. **Grawe, Tonio**: Eine Architektur für ganzheitliches Service-Management, in: Praxishandbuch Service-Level-Management – Die IT als Dienstleistung organisieren, Hrsg.: Bernhard, Martin G.; Mann, Hartmut; Lewandowski, Winfried; Schrey, Joachim, Düsseldorf: Symposion Publishing GmbH, 2003.

67. **Grechenig, Thomas; Bernhart, Mario; Breiteneder, Roland; Kappel, Karin**: Softwaretechnik – Mit Fallbeispielen aus realen Entwicklungsprojekten, München: Pearson Studium, 2010.

68. **Greiner, Wilhelm**: IT-Ressourcen nach Bedarf: Automation im Rechenzentrum, in: LANLine, 08/2003.

69. **Günther, Hans-Otto; Nitschke, Steffen**: Automatisierung, in: Management-Lexikon, Hrsg.: Bühner, Rolf, München et al.: Oldenbourg, 2001.

70. **Hackmann, Joachim**: Kennzahlen-Korsett für Service-Provider: SLAs im Outsourcing-Umfeld, in: Computerwoche, 11/2002.

71. **Hackmann, Joachim**: Redundanter Speicher ist teuer, Online im Internet: http://www.computerwoche.de/management/it-services/1876270/, 15.09.2010.

72. **Haering, Antoinette; von Arb, Reto**: IT Performance Management – ein Ansatz zur Steuerung des IT-Bereichs, in HMD, Heft 237, 06/2004, Dpunkt-Verlag: Heidelberg.

73. **Hagl, Stefan:** Schnelleinstieg Statistik, München: Haufe 2008.

74. **Haluschak, Bernhard:** Grundlagen: System- und Netzwerkmanagement, Online im Internet: http://www.tecchannel.de/netzwerk/management/402047/grundlagen _system_und_netzwerk_management/, 31.01.2003.

75. **Häusler, Anne:** Überstunden statt Weihnachtsmarkt, Online im Internet: http:// www.news4press.com/%C3%9Cberstunden-statt-Weihnachtsmarkt-N_415524 .html, 11.12.2008.

76. **Hausmann, Bernd:** Service-Level-Management als Basis für eine neue IT-Servicekultur, Online im Internet: http://www.datasystems.de/fileadmin/pdf/ITIL _Fachaufsatz.pdf, 28.07.2010.

77. **Hegering, Heinz-Gerd; Abeck, Sebastian; Neumair, Bernhard:** Integriertes Management vernetzter Systeme: Konzepte, Architekturen und deren betrieblicher Einsatz, Heidelberg: dpunkt-Verlag, 1999.

78. **Hein, Mathias; Griffiths, David:** SNMP: Simple Network Management Protocol Version 2, Bonn et al.: International Thomson Publishing, 1994.

79. **Heinecke, Mathias:** Performance-Messung (1), Online im Internet: http://ivs. cs.uni-magdeburg.de/~dumke/ProSemWebPerf/Heinecke/, 2002, 16.05.2004.

80. **Heitlinger, Paulo:** Netzwerkmanagement: Komplettlösungen und Tools, Bonn et al.: International Thomson Publishing, 1995.

81. **Heldt, Cordula; Amelung, Volker E.; Mühlbacher, Axel; Krauth, Christian:** Gabler Wirtschaftslexikon – Compliance, Online im Internet: http://wirtschafts lexikon.gabler.de/Archiv/748/compliance-v9.html, 20.07.2010.

82. **Herrmann, Thomas H.:** Meister-Installation: Verfahren zur automatischen Softwareverteilung, in: c't, 13/2002.

83. **Herzberg, Frederick:** One more time: How do you motivate employees, in: Harvard Business Review, Vol. 46 Issue 1 – Jan/Feb 1968.

84. **Hewlett-Packard (Hrsg.):** Business Service Management, Online im Internet: https://h10078.www1.hp.com/cda/hpms/display/main/hpms_content.jsp?zn=bto &cp=1-11-15_4000_5__, 01.07.2010.

85. **Hewlett-Packard (Hrsg.):** HP Business Availability Center, Online im Internet: https://h10078.www1.hp.com/cda/hpms/display/main/hpms_content.jsp?zn =bto&cp=1-11-15-25_4000_5__, 03.07.2010.

86. **Hewlett-Packard (Hrsg.):** HP Business Service Management Demo, Online im Internet: http://h10124.www1.hp.com/campaigns/us/en/software/index.html, 06.07.2010.

87. **Hewlett-Packard (Hrsg.):** HP Network Management Center Produktbroschüre, Online im Internet: https://h10078.www1.hp.com/cda/hpdc/navigation.do?action =downloadPDF&caid=9604&cp=54_4000_5&zn=bto&filename=4AA1-6185EN W.pdf, 04.07.2010.

88. **Hewlett-Packard (Hrsg.):** HP Operations Center, Online im Internet: https:// h10078.www1.hp.com/cda/hpms/display/main/hpms_content.jsp?zn=bto&cp=1- 11-15-28_4000_5__#, 03.07.2010.

89. **Hewlett-Packard (Hrsg.):** Looking for HP OpenView?, Online im Internet: https://h10078.www1.hp.com/cda/hpms/display/main/hpms_content.jsp?zn=bto &cp=1-10^36657_4000_100, 01.07.2010.

90. **Hewlett-Packard (Hrsg.):** Products – HP – BTO Software, Online im Internet: https://h10078.www1.hp.com/cda/hpms/display/main/hpms_content.jsp?zn=bto &cp=1-10_4000_5__, 01.07.2010.

91. **Hewlett-Packard (Hrsg.):** Screenshots of Business Service Management Products, Online im Internet: http://www.hp.com/hpinfo/newsroom/press_kits/2008/ virtualization/hpsoftware.html, 03.07.2010.

92. **Hochstein, Axel; Zarnekow, Rüdiger; Brenner, Walter:** ITIL als Common-Practice-Referenz-modell für das IT-Service-Management - Formale Beurteilung und Implikationen für die Praxis, in: Wirtschaftsinformatik, 46/2004.

93. **Hoffmann, Jürgen:** Pflegeprogramme fürs Computernetz: Wie IT-Administratoren den Überblick behalten, in: Financial Times Deutschland, 27.05.2003.

94. **Hofmann, Marc:** Management operationeller IT-Risiken, in Schriftenreihe Studien zur Wirtschaftsinformatik Band 20, Hamburg: Verlag Dr. Kovač, 2006.

95. **Horchler, Hartmut; Schoepp, Oliver:** IT-Standards und Service-Standardisierungen aus der Sicht eines Outsourcing-Dienstleisters, in: IT-Outsourcing und Service Management – Praxisbeispiele-Strategien-Werkzeuge, Hrsg.: Bernhard, Martin G.; Mann, Hartmut; Lewandowski, Winfried; Schrey, Joachim, Düsseldorf: Symposion Publishing GmbH, 2003.

96. **Horstmann, Ralf:** Marktbereinigung trägt kuriose Züge, Online im Internet: http://www.computerwoche.de/heftarchiv/2006/9/1208276/, 22.02.2006.

97. **Hügel, Holger:** Geschäftsprozessmonitoring fängt beim Router an, in Informationweek Juli/2010, S. 16-17.

98. **IBM (Hrsg.):** Business Service Management, Online im Internet: http://www.ibm.com/developerworks/tivoli/bsm/, 20.07.2010.

99. **IBM (Hrsg.):** IBM Tivoli Asset Management for IT, Online im Internet: ftp://public.dhe.ibm.com/common/ssi/pm/sp/n/tid10269usen/TID10269USEN.PDF, 01.07.2010.

100. **IBM (Hrsg.):** IBM Tivoli Change- und Konfigurations-Management, Online im Internet: http://www-142.ibm.com/software/products/de/de/subcategory/tivoli/SWK20, 01.07.2010.

101. **IBM (Hrsg.):** IBM Tivoli Identity Manager (TIM) sorgt für Ordnung in der Benutzerverwaltung, Online im Internet: http://www-05.ibm.com/de/pressroom/presseinfos/2008/10/27_5.html, 05.07.2010.

102. **IBM (Hrsg.):** IBM Tivoli Monitoring solutions for performance and availability, Online im Internet: http://www.currimjeeinformatics.com/news/pdf/Tivoli_Monitoring_Solutions.pdf, 31.07.2010.

103. **IBM (Hrsg.):** IBM Tivoli Netzwerkmanagement & Leistung, Online im Internet: http://www-142.ibm.com/software/products/de/de/subcategory/tivoli/SWK50, 01.07.2010.

104. **IBM (Hrsg.):** IBM Tivoli Produkte nach Kategorie, Online im Internet: http://www-142.ibm.com/software/products/de/de/category/tivoli?pgel=lnav, 30.06.2010.

105. **IBM (Hrsg.)**: IBM Tivoli Prozess-, Portfolio- und Projektmanagement, Online im Internet: http://www-142.ibm.com/software/products/de/de/subcategory/tivo li/SW720, 01.07.2010.

106. **IBM (Hrsg.)**: Security, Risk and Compliance Management, Online im Internet: http://www-01.ibm.com/software/tivoli/solutions/security/, 02.07.2010.

107. **IBM (Hrsg.)**: Tivoli Service-Level Advisor – Software, Online im Internet: http://www-01.ibm.com/software/tivoli/products/service-level-advisor/, 28.06.2010.

108. **IBM (Hrsg.)**: Tivoli Service-Level-Management, Online im Internet: http:// www-142.ibm.com/software/products/de/de/subcategory/tivoli/SWK70, 01.07.2010.

109. **IBM (Hrsg.)**: Visibility: See your business services with IBM business service management, Online im Internet: ftp://ftp.software.ibm.com/software/tivoli/ brochures/TIB10414-USEN-00_2.pdf, 06.07.2010.

110. **Ingendahl, Norbert; Tigelaar, Menno**: IT-Service Management – Eine Einführung in ITIL, Aachen: Verlag Mainz, 2000.

111. **Janssen, Rainer; Schott, Wolfgang**: SNMP: Konzepte, Verfahren, Plattformen, Bergheim: Datacom, 1993.

112. **Kargl, Herbert**: Der Wandel von der DV-Abteilung zum IT-Profitcenter: Mehr als eine Umorganisation!, in: Arbeitspapiere WI, Nr. 1/1997, Hrsg.: Professur BWL - Wirtschaftsinformatik, Justus-Liebig-Universität Gießen, 1997.

113. **Kargl, Herbert; Kütz, Martin**: IV-Controlling, 5. Auflage, München: Oldenbourg, 2007.

114. **Karlstetter, Florian**: Mit Business Service Management zu mehr Geschäftserfolg (Teil 1), Online im Internet: http://www.searchsoftware.de/strategieundpro zesse/soa/articles/269608/index.html, 23.06.2010.

115. **Kauffels, Franz-Joachim**: Durchblick im Netz, 5. überarb. Aufl., Bonn: mitp-Verlag, 2002.

116. **Kauffels, Franz-Joachim**: Herausforderung Netz- und Systemmanagement, in: Online: erfolgreiches Informationsmanagement, 3/1995.

117. **Kauffels, Franz-Joachim:** Lokale Netze, 16. Aufl., Bonn: mitp-Verlag, 2008.

118. **Kauffels, Franz-Joachim**: Moderne Datenkommunikation – Eine strukturierte Einführung, 2., Aufl., Bonn et al.: International Thomson Publishing, 1997.

119. **Kauffels, Franz-Joachim**: Netzwerk- und System-Management: Probleme – Standards – Strategien, Bergheim: Datacom, 1995.

120. **Kerner, Helmut**: Rechnernetze nach OSI, 3. Aufl., Bonn et al.: Addison-Wesley, 1995.

121. **Kersten, Heinrich; Reuter, Jürgen; Schröder, Klaus-Werner:** IT-Sicherheitsmanagement nach ISO 27001 und Grundschutz, Wiesbaden: Vieweg, 2008.

122. **Kessler, Heinrich; Winkelhofer, Georg:** Projektmanagement: Leitfaden zur Steuerung und Führung von Projekten, 4. Auflage, Berlin et. al.: Springer, 2004.

123. **Kintscher, Burkhard**: Horizontal statt vertikal: Überwachung IT-gestützter Geschäftsprozesse, in: IT Management, 5/2003.

124. **Klein, Stephan; Schwickert, Axel C.**: Netzwerkmanagement, OSI-Framework und Internet SNMP, in: Arbeitspapiere WI, Nr. 3/1997, Hrsg.: Professur BWL – Wirtschaftsinformatik, Justus-Liebig-Universität Gießen, 2004.

125. **Knecht, Marita; Pifko, Clarisse:** Psychologie am Arbeitsplatz, 4. überarbeitete Auflage, Zürich: Compendio, 2010.

126. **König, Andrea:** IT soll proaktiver werden – System-Management macht die IT zum Dienstleister, Online im Internet: http://www.cio.de/strategien/methoden/856372/index1.html, 01.08.2008.

127. **König, Wolfgang (Hrsg.)**: Propyläen Technikgeschichte – Technik im hohen Mittelalter zwischen 1000 und 1340/1400, Berlin: Ullstein Verlag, 1997.

128. **König, Wolfgang; Heinzl, Armin; v. Poblotzki, Ansgar:** Die zentralen Forschungsgegenstände der Wirtschaftsinformatik in den nächsten zehn Jahren, in: Wirtschaftsinformatik, Heft 6/95.

129. **Kopperger, Dietmar; Kunsmann, Jörg; Weisbecker, Anette:** IT-Service-Man-agement, in Handbuch IT-Management – Konzepte, Methoden, Lösungen und Arbeitshilfen für die Praxis, Hrsg.: Tiemeyer, Ernst, 2. Auflage, München: Hanser, 2007.

130. **Kourim, Nicolas:** IT-Service braucht Kontrolle: Service-Level-Management, in: Computerwoche, 32/2001.

131. **Kowalk, W.:** Rechnernetze: SNMPv3, Online im Internet: http://einstein.infor matik.uni-oldenburg.de/rechnernetze/snmpv3.htm, 19.3.2002.

132. **Kranz, Matthias:** Verteilung in komplexen heterogenen Umgebungen: Softwarekonfigurationsmanagement, in: LANLine, 2/2003.

133. **Krüger, Wilfried:** Excellence in Change: Wege zur strategischen Erneuerung, 4. Auflage, Wiesbaden: Gabler, 2009.

134. **Kurbel, Karl; Szulim, Daniel; Teuteberg, Daniel:** Internet-Unterstützung entlang der Porter'schen Wertschöpfungskette – innovative Anwendungen und empirische Befunde, Online im Internet: http://www.wiwi.euv-frankfurt-o.de/wiwww/en/team/members/fteuteberg/PDF_Dateien/Iunterstuetzung.pdf, 21.08.2003.

135. **Kuri, Jürgen:** Panne im D1-Netz führt zu Einbußen in sechsstelliger Höhe, Online im Internet: http://www.heise.de/newsticker/data/jk-05.09.03-002, 05.09.2003.

136. **Larisch, Dirk:** Netzwerkpraxis für Anwender, 3., aktualisierte und erweiterte Auflage, München, Wien: Hanser, 2000.

137. **Lehner, Franz; Locher, Christian; Graf, Tanja:** Application Service Providing (ASP) und Service-Level-Agreements (SLA), in: Schriftenreihe des Lehrstuhls Wirtschaftsinformatik III, Nr. 53/2001, 1. Auflage, Hrsg.: Lehrstuhl für Wirtschaftsinformatik III, Universität Regensburg: Regensburg, 2001.

138. **Lenz, Ulrich:** Hochverfügbarkeit für virtualisierte Server – Risiken durch Virtualisierung vermeiden, Online im Internet: http://www.tecchannel.de/server/virtualisierung/2026813/ratgeber_mehr_ausfallsicherheit_fuer_virtualisierte_server/, 11.05.2010.

139. **Leuze, Theo:** IT-Markt - ein Käufermarkt?/Investieren und das Eigenkapital schonen: Mit Leasing günstiger fahren?, Online im Internet: http://www.computerwoche.de/index.cfm?pageid=267&type=ArtikelDetail&id=80111704, 04. 04. 2003.

140. **Lewandowski, Winfried; Mann, Hartmut**: Die AgrEvo GmbH und ihr Service-Projekt – Drei Phasen für eine optimale IT, in: Service-Level-Management in der IT – Wie man erfolgskritische Leistungen definiert und steuert, Hrsg.: Bernhard, Martin G.; Lewandowski, Winfried; Mann, Hartmut, Düsseldorf: Symposion Publishing GmbH, 2003.

141. **Liebe, Rüdiger**: ITIL – Entstehung eines Referenzmodells, in: Strategisches IT-Management: Organisation – Prozesse - Referenzmodelle, Band 1, Hrsg.: Bernhard, M. G.; Blomer, Roland; Bonn, Jürgen, Düsseldorf: Symposion Publishing, 2003.

142. **Löding, Torge**: Nach Computerpanne normalisiert sich BA-Flugverkehr, Online im Internet: http://www.heise.de/newsticker/data/tol-07.09.03-004, 07.09.2003.

143. **Lüder, Christoph**: Wadenbeißer Service-Level-Manager, in der EDV-Leiter 01/07.

144. **Mansmann, Urs**: Website Telekom.de ausgefallen, Online im Internet: http://www.heise.de/newsticker/data/uma-10.09.03-001, 10.09.2003.

145. **Martin, Wolfgang**: Optimierung der geschäftlichen Abläufe: Business Performance Management, in: IT Management, 6/2003.

146. **Mauro, Douglas R.; Schmidt, Kevin J.**: Essential SNMP, Online im Internet: http://docstore.mik.ua/orelly/networking_2ndEd/snmp/ch07_02.htm, 10.09 2010.

147. **Mertens, Peter**: Wirtschaftsinformatik – Von den Moden zum Trend, in: Wirtschaftsinformatik ´95 – Wettbewerb, Innovation, Wirtschaftlichkeit, Hrsg.: König, Wolfgang, Heidelberg: Physica-Verlag, 1995.

148. **Müller, Dietmar**: Jeder fünfte IT-Euro fließt ins Outsourcing, Online im Internet: http://www.zdnet.de/news/business/0,39023142,39121189,00.htm, 21.02.2004.

149. **Mutschler, Stefan**: An den richtigen Rädchen drehen: Dienstleistung Netzoptimierung, in: LANLine Spezial, II/2003.

150. **Net-Consult (Hrsg.)**: Service-Level-Managent nach ITIL – Rollen und Gremien, Online im Internet: http://www.netcons.net/rollen_slm.htm, 19.06.2010.

151. **o. V.** Online im Internet: http://de.wikipedia.org/wiki/Concurrent-User-Lizenz modell Stand 13.01.2010.

152. **o. V.**: CeBIT: BMC Software zeigt Business Service Management, Online im Internet: http://www.bmc.com/de-DE/news/press-releases/2003-archive/9550144-01822.html, 17.02.2003.

153. **o. V.**: Cisco Systems, Inc. (Hrsg.): Network Management Basics, Online im Internet: http://www.cisco.com/univercd/cc/td/doc/cisintwk/ito_doc/nmbasics.pdf, 12.09.2002.

154. **o. V.**: Enhanced Telecom Operations Map, Vgl. TeleManagement Forum: eTOM Documents, Online im Internet: http://www.tmforum.org/DocumentsBusiness/1649/home.html, 16.09.2009.

155. **o. V.**: ISACA: COBIT 4.1, Online im Internet: http://www.isaca.org, 16.09.2009.

156. **o. V.**: IT-Inseln behindern Umsetzung von Solvency II – Solvency II: Herausforderung für das Datenmanagment, in: vb – Versicherungsbetriebe, IT & Kommu-nikation in der Assekuranz, Heft 1/2008, Hans Holzmann Verlag, Wörishofen, 2008.

157. **o. V.**: List of ICS fields: 35.100.70 Application layer, Online im Internet: http://www.iso.org/iso/en/CatalogueListPage.CatalogueList?ICS1=35&ICS2=10 &ICS3=70, 23.08.2004.

158. **o. V.**: Planning to Implement Service Management: 1.7 Service Management benefits, Online im Internet: http://www.tso.co.uk/pism/app/content/pism_10 .htm, 30.07.2010.

159. **o. V.**: Service-Level-Managent – Service Anforderungen, Online im Internet: http://www.eitsm.de/site/Lernstoff/Service_Level_Management/Service_Anfor-derungen, 17.06.2010.

160. **o. V.**: Service-Level-Managent – Teilprozess Implementierung, Online im Internet: http://www.e-itsm.de/site/Lernstoff/Service_Level_Management/Teilprozess _Implementierung, 18.06.2010.

161. **o. V.**: Service-Level-Managent – Teilprozess Planung , Online im Internet: http://www.eitsm.de/site/Lernstoff/Service_Level_Management/Teilprozess_Planung, 18.06.2010.

162. **o. V.**: Tivoli Produktinformationen für eine Business-Impact-Management-Lösung, Hrsg.: IBM Deutschland GmbH, München, 27.05.2003.

163. **o. V.**: Was ist eine Balanced Scorecard?, Online im Internet: http://www.balanced-scorecard.de/konzept.htm, 31.07.2010.

164. **o. V.**: Wirtschaftslexikon24.net: Kostenschlüsselung, Online im Internet: http://www.wirtschaftslexikon24.net/d/kostenschluesselung/kostenschluesselung.htm, 31.07.2010.

165. **o. V.**: Wirtschaftslexikon24.net: Taylorismus, Online im Internet: http://www.wirtschaftslexikon24.net/d/taylorismus/taylorismus.htm, 31.07.2010.

166. **o. V**: Kess DV-Beratungs-GmbH: Service-Level-Management nach ITIL, Online im internet: http://www.kess-dv.de/StandardsUndMethoden/ITIL/ServiceDelivery/ServiceLevelM/servicelevelm.html, 20.05.2004.

167. **o. V.**: Business-Impact-Management (BIM), Online im Internet: http://www.networkworld.com/details/759.html, 10.06.2003.

168. **o. V.**: Introduction to MIBs, Online im Internet: http://www.rad.com/networks/2001/mibs/mib.htm, 09.09.2002.

169. **o. V.**: ITIL.org – Overview, Online im Internet: http://www.itil.org/en/vomkennen/itil/ueberblick/index.php, 04.05.2010.

170. **o. V.**: IT-Service Management Forum Deutschland e. V., Online im Internet: http://www.itsmf.de/, 16.09.2009.

171. **o. V.**: PC-Management birgt Sparpotenzial: Gartner bewertet Softwaredistribution, in: Computer Zeitung, 19/2003.

172. **o. V.**: SNMP : Theorie SNMP, Online im Internet: http://www.ita.hsr.ch/studienarbeiten/arbeiten/SS98/Netzmanagement/theorie_snmp.html, 25.08.2002.

173. **o. V.**: TCO, Online im Internet: http://www.webopedia.com/TERM/T/TCO.html, 22.05.1997.

174. **o. V.**: Tivoli Produktinformationen für eine Business Impact Management Lösung, Hrsg.: IBM Deutschland GmbH: München, 27.05.2003.

175. **o. V.**: Whatis.com Definitions: systems management, Online im Internet: http://searchcio.techtarget.com/sDefinition/0,,sid19_gci510449,00.html, 20.07.2003.

176. **O'Neill, Peter**: Business Service Management wird erwachsen – Zeit für eine genaue Definition, Online im Internet: http://www.cio.de/strategien/analysen/ 818673/index2.html, 27.02.2006.

177. **Oberschulte, Hans; Mann, Holger**: Die Personalabteilung als Wertschöpfungs-Center, in: Personalwirtschaft, 11/98.

178. **OGC (Hrsg.)**: ITIL V3 – Service Design, London: TSO, 2007.

179. **Olbrich, Alfred**: ITIL kompakt und verständlich, erweiterte und verbesserte 4. Auflage, Wiesbaden: Teubner Verlag, 2008.

180. **Patel, Manoj**: Konsolidierung von Ereignissen: Adaptives Event Management, in: LANLine, 03/2002.

181. **Pawellek, Günther**: Produktionslogistik, München: Hanser, 2007.

182. **Pesch, Ulrich**: Geregeltes Auskommen: Service-Level-Agreements, in: Informationweek, 2/2000.

183. **Pfeifer, Andreas; Holtschke, Bernhard**: Der Netto-IT-Aufwand: ein Beitrag zum wertorientierten Management, in: Strategisches IT-Management, Band 2, Hrsg.: Bernhard, Martin G.; Blomer, Roland; Bonn, Jürgen, Düsseldorf: Symposion Publishing GmbH, 2003.

184. **Plakosh, Dan**: Simple Network Management Protocol: Software Technology Roadmap, Online im Internet: http://www.sei.cmu.edu/str/descriptions/snmp_body.html, 16.01.1998.

185. **Plate, Lars**: Qualitätsmanagement im bankbetrieblichen Kreditgeschäft – Wettbewerbsvorteile durch Prozessorientierung und Differenzierung im Marktauftritt, Wiesbaden: Deutscher Universitäts-Verlag, 2005.

186. **Pohlmann, Norbert; Blumberg, Hartmut**: Der IT-Sicherheitsleitfaden, 2. akt. Aufl., Heildelberg: MITP-Verlag, 2006.

187. **Porter, Michael E.**: Competitive Advantage: Creating and Sustaining Superior Performance, New York: Free Press, 2004.

188. **Ptak, Richard L.; Keyworth, Bill:** IBM's Strategy for Business-Oriented Service Management, Online im Internet: http://www.bsmreview.com/bsm_ibm .shtml, 01.08.2010.

189. **Pulliam Phillips, Patricia; Phillips, Jack J.:** Return on Investment Basics, Alexandria (USA): Astd, 2006.

190. **Pütsch, Felix:** Der Wertbeitrag der IT, Online im Internet: http://www.at.cap gemini.com/m/at/doc/Wertbeitrag_der_IT_Puetsch.pdf, 29.07.2010.

191. **Quack, Karin:** Im Rechenzentrum alles unter Kontrolle, Online im Internet: http://www.computerwoche.de/management/it-strategie/552496/, 1.10.2007.

192. **Quack, Karin:** Leitfaden des itSMF hilft beim SLA-Management, Online im Internet: http://www.computerwoche.de/management/it-services/1932190/, 18.03.2010.

193. **Quack, Karin:** Was Sie schon immer über SLAs wissen wollten, Online im Internet: http://www.computerwoche.de/management/compliance-recht/1866335/, 11.06.2008.

194. **Rasig, Hubert:** Rahmen zur Verwaltung von Operationen und Ressourcen, Online im Internet: http://www.computerwoche.de/heftarchiv/1996/39/1109313/, 27.09.1996.

195. **Reiss, Manuela; Reiss, Georg:** Praxishandbuch IT-Dokumentationen, München: Addison-Wesley, 2009.

196. **Reitz, Andreas:** Lean TPM, München: Moderne Industrie-Verlag, 2008.

197. **Rose, Marshall T.:** Einführung in die Verwaltung von TCP-IP-Netzen: Netzwerkverwaltung und das Simple Network Management Protocol (SNMP), München, Wien: Hanser, 1993.

198. **Scherm, Ewald; Pietsch, Gotthard:** Organisation, München: Oldenbourg-Verlag, 2007.

199. **Schick, Heinz:** IT-Strategie ist die Verantwortung des Top-Managements, Online im Internet: http://www.silicon.de/cio/strategie/0,39038989,39160612,00/ it_strategie+ist+die+verantwortung+des+top_managements.htm, 15.06.2010.

200. **Schiefer, Helmut; Schitterer, Erik:** Prozesse optimieren mit ITIL, überarbeitete 2. Auflage, Wiesbaden: Vieweg & Teubner, 2008.

201. **Schmelzer, Hermann J.; Sesselmann, Wolfgang:** Geschäftsprozessmanagement in der Praxis, 6. vollständig überarbeitete und erweiterte Auflage, München: Hanser, 2008.

202. **Schmid, Hans-Joachim; Ortwein, Tobias:** Application Management. Eine wirtschaftliche Strategie zur Optimierung der Anwendungsbetreuung, Online im Internet: http://www.unilog-integrata.de/beratung/Dateien/AM_Unilog_PAC.pdf, 03.04.2004.

203. **Schmidt, Holger:** Entwurf von Service-Level-Agreements auf Basis von Dienstprozessen, München: Utz, 2001.

204. **Schneider, Dieter:** Allgemeine Betriebswirtschaftslehre, 3. Aufl., München, Wien: Oldenburg, 1987.

205. **Schreibauer, Marcus; Taraschka, Klaus:** Service-Level-Agreements für Softwarepflegeverträge, in: Computer und Recht, 8/2003.

206. **Schrey, Joachim:** Ein Wegweiser für effektive vertragliche Regelungen – Fehlende gesetzliche Regelungen erfordern detaillierte Absprachen, in: Service-Level-Management in der IT – Wie man erfolgskritische Leistungen definiert und steuert Hrsg.: Bernhard, Martin G.; Lewandowski, Winfried; Mann, Hartmut, 4. Aufl., Düsseldorf: Symposion Publishing GmbH, 2002.

207. **Schuhknecht, Ulrich:** Durchblick auf physikalischer Ebene: Netzwerkmanagement in geswitchten Netzen, in: LANLine, 2/2003.

208. **Schwickert, Axel C.; Fischer, Kim:** Der Geschäftsprozess als formaler Prozess, in: JFB – Journal für Betriebswirtschaft, 2/1997.

209. **Seiler, Martin:** Tivoli konzentriert Management-Suite, in: Computerwoche, 17/2002.

210. **Seiler, Martin:** Was bringt Software für das Business? Roundtable zum Thema Geschäftsprozess-Management, in: Computerwoche, 23/2002.

211. **Spaniol, Otto; Jakobs, Kai:** Rechnerkommunikation: OSI-Referenzmodell, Dienste und Protokolle, Düsseldorf: VDI-Verlag, 1993.

212. **Stadler, Annette:** Netzwerkmanagement muss Kosten senken, in: LANLine, 2/2003.

213. **Stallings, William**: Sicherheit in Netzwerk und Internet, München et al.: Prentice-Hall, 1995,

214. **Steiner, Jürgen**: IT-Leistungsverrechnung: Pauschale vs. Individuelle Kosten, in IT Management, 6/2003.

215. **Stevenson, Douglas W.**: Network Management: What it is and what it isn't, Online im Internet: http://netman.cit.buffalo.edu/Doc/DStevenson, April 1995.

216. **Stiel, Hadi; Gerbich, Sandra**: Systemmanagement: Alt-backen oder Web-frisch?, in: Informationweek, 23/1999.

217. **Stier, Marcus**: IT-Kosten lassen sich fair verrechnen, Online im Internet: http://www.computerwoche.de/software/erp/584778/, 12.12.2006.

218. **Studer, Bruno**: Einführung Netzwerkmanagement, Online im Internet: http://www.bstuder.ch/fhnw/01_Einfuehrung_NM.pdf, 30.07.2010.

219. **Tainter, Mike; Likier, Martin**: Key Differences Between ITIL v2 and v3, Online im Internet: http://www.itsmwatch.com/itil/article.php/3707341/Key-Differences-Between-ITIL-v2-and-v3.htm, 25.10.2007.

220. **Terplan, Kornel**: Effective management of local area networks: functions, instruments, and people, 2nd ed., New York et al.: McGraw-Hill, 1996.

221. **Terplan, Kornel**: Remote Monitoring: Standards, Probes, Implementation und nachgelagerte Verfahren, Bonn et al.: International Thomson Publishing ,1997

222. **Thejendra, B. S.**: Practical IT-Service Management; UK: IT Governance Publishing, 2008.

223. **Thommen, Jean-Paul**: Betriebswirtschaftslehre, 4. Aufl., Zürich: Versus, 1996.

224. **Tiemeyer, Ernst**: IT-Projektmanagement, in Handbuch IT-Management – Konzepte, Methoden, Lösungen und Arbeitshilfen für die Praxis, 3. Auflage, Hrsg.: Tiemeyer, Ernst, München: Hanser, 2009.

225. **Tierling, Eric; Lackerbauer, Ingo**: Knoten im Auge: Managementsysteme erleichtern die Netzverwaltung, in: c't, 2/1995.

226. **Ueberhorst, Stefan**: Hewlett-Packard bringt Openview auf Adaptive-Kurs, in: Computerwoche, 26/2003.

227. **Ueberhorst, Stefan:** HP stellt Business-Service-Management fertig, Online im Internet: http://www.computerwoche.de/produkte-technik/1850124/, 7.12.2007.

228. **Ueberhorst, Stefan:** Schwachstellen der IT-Automation, Online im Internet: http://www.computerwoche.de/software/software-infrastruktur/itsm/1932580/, 30.03.2010.

229. **Vahrenkamp, Richard:** Produktionsmanagement, 6. Auflage, München: Oldenbourg, 2008.

230. **Van Bon, Jan (Hrsg.):** IT-Service Management basierend auf ITIL V3 – ein Taschenbuch, Zaltbommel (NL): Van Haren Publishing, 2008.

231. **Van Bon, Jan; de Jong, Arjen; Pieper, Mike; Tjassing, Ruby; Verheijen, Tieneke; van der Veen, Annelies:** IT-Service-Management Global Best Practices, Zaltbommel (NL): Van Haren Publishing, 2008.

232. **Van Bon, Jan; van der Veen, Annelies; Pieper, Mike (Hrsg.):** Foundations in IT-Service Management basierend auf ITIL, Zaltbommel (NL): Van Haren Publishing, 2006.

233. **Vizard, Michael; Fonseca, Brian:** Tivoli preps for Business-Impact-Management, Online im Internet: http://www.networkworld.com/news/2002/0321ibm tiv.html, 31.03.2002.

234. **Walker, Charles R.:** The Problem with the Repetitive Job, in: Harvard Business Review, Vol. 28 Issue 3 – Mai 1950.

235. **Walker, Diana:** What is business service management?, Online im Internet: http://www.information-age.com/channels/management-and-skills/features/27 3886/what-is-business-service-management.thtml, 21.01.2005.

236. **Wallner, Gerry:** Tipps für besseren IT-Service, Online im Internet: http:// www.computerwoche.de/subnet/hp-itsm/1938470/, 23.06.2010.

237. **Wassermann, Dirk; Kleinhans, Peter; Richardt, Martin:** Online-Banking & Co.: IT-Servicequalität wird für Finanzdienstleister zum Wettbewerbsfaktor, in: Praxishandbuch Service-Level-Management – Die IT als Dienstleistung organisieren, Hrsg.: Bernhard, Martin G.; Mann, Hartmut; Lewandowski, Winfried; Schrey, Joachim, Düsseldorf: Symposion Publishing GmbH, 2003.

238. **Weigert, Johann:** Der Weg zum leistungstarken Qualitätsmanagement, Hannover: Schlütersche, 2004.

239. **Wende, Sandra:** IT-Projekte im Mittelstand: Die fünf Kardinalfehler, Online im Internet: http://www.itmittelstand.de/startseite/itm-news/artikel/358/it-projekte-im-mittelstand-die-fuenf-kardinalfehler.html?tx_ttnews[pS]=1264114471 &cHash=59b152fcf4, 23.02.2010.

240. **Wengorz, Jürgen:** Service-Level-Management: ein strategisches Planungs- und Steuerungsinstrument, in Praxishandbuch Service-Level-Management, Hrsg: Bern-hard, Martin G.; Mann, Hartmut; Lewandowski, Winfried; Schrey, Joachim, 2. überarbeitete Ausgabe, Düsseldorf: Symposion, 2006.

241. **Werder, Axel:** Gabler Wirtschaftslexikon – Corporate Governance, Online im Internet: http://wirtschaftslexikon.gabler.de/Archiv/55268/corporate-governance-v5.html, 20.07.2010.

242. **Wieners, Jan Ph.:** Kreditprozesse zwischen Pflicht und Kür, in IT-Banken & Versicherungen 3/2006, Online im Internet: http://www.afb.de/fileadmin/ templates/pdf_pressespiegel/ITBanken_Versicherungen-3-2006.pdf, 15.07.2010.

243. **Wippel, Steffen:** Selbst-Management von IT-Systemen: Durch Autonomic Computing die Administration reduzieren, in: IT Fokus, 3/2003.

244. **Wischnewski, Erik:** Aktives Projektmanagement für den IT-Bereich, Wiesbaden: Vieweg, 2002.

245. **Wöhe, Günther:** Einführung in die Betriebswirtschaftslehre, 23., vollständig neu bearbeitete Aufl., München: Verlag Franz Vahlen, 2008.

246. **Woyke, Martin; Schüler, Carsten:** Business-Intelligence-Technologien, in: Praxishandbuch Service-Level-Management – Die IT als Dienstleistung organisieren, Hrsg.: Bernhard, Martin G.; Mann, Hartmut; Lewandowski, Winfried; Schrey, Joachim, Düsseldorf: Symposion Publishing GmbH, 2003.

247. **Wurl, H.-J.; Mayer, J. H.:** Ansätze zur Gestaltung effizienter Führungsinformationssysteme für die internationale Management-Holding: Ergebnisse einer empirischen Untersuchung, in: Controlling, 1999, Nr. 2.

248. **Zacharias, Roger:** Geschäftsprozess-Analyse/Modellierung, Online im Internet: http://www.roger-zacharias.de/documents/GPA_GPM_10.01.06.pdf, Januar 2006.

249. **Zenk, Andreas:** Lokale Netze: Technologien, Konzepte, Einsatz; Ethernet und Gigabit Ethernet, NetWare5 und Windows 2000, 6., erw. und verb. Aufl., München: Addison-Wesley-Longman, 1999.

Printed in the United States
By Bookmasters